비법사전

술법 · 주문 · 부적 · 점풀이 등을 총망라한 책

한중수 지음

도서출판

동반인

비법사전

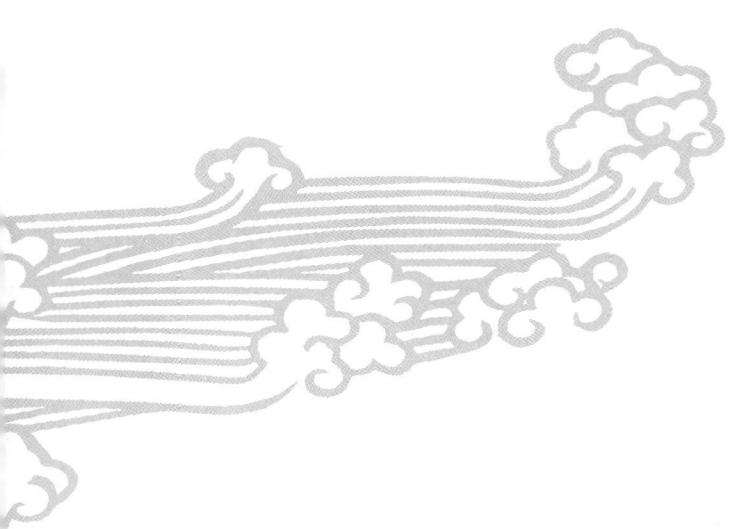

머리말

　비법은 대개가 부(符)를 사용하도록 되어 있다. 그러나 본 책자는 물론 부법(符法)도 많이 소개되어 있지만, 부(符)뿐만 아니라 방법에 대한 것들을 많이 수록하였으므로 흔히 나와 있는 부적책과는 다르다.

　필자는 오래 전부터 비법에 관한 것들을 수집해 왔다. 하지만 필자 자신이 비법을 행할 목적도 아니었고, 모아서 책으로 펴낼 생각도 없었다. 이유를 굳이 비유해서 말한다면 실생활에 쓸모없는 옛 골동품을 모아들이는 취미 같은 것이라고 하겠다.

　비법(秘法)이란 물론 과학적이거나 합리적인 것이 못 되므로 글로 써서 펴내는 일을 매우 망설였다. 독자들이 "왜 책자에 수록된 비법대로 행하였는데도 안 되느냐?"고 질문하거나 항의해 온다면 대답이 궁해지기 때문이다. 만약 본 책자에 소개된 내용대로 술법이 이루어진다면 이 글은 애당초 공개되지 않았을지도 모른다.

　그러나 자신의 절실한 소원을 풀기 위해 온갖 정성을 모아 술법대로 행한다면 열에 하나 소원을 이룰 수도 있으리라 믿는다. 왜냐하면 방법이 문제가 아니라 지성감천(至誠感天)으로 정성이 지극하면 천지신명이 감동하기 때문이다.

날 때부터 부귀가문에 자라난 사람이야 소원이 별로 없을지 모르겠으나 우리네 보통 사람들은 항상 부족함 속에서 살기 때문에 소원이 많을 수밖에 없고, 정서 역시 꼭 합리적이고 과학적인 것만을 가려 믿고 싶어하지 않는다. 비록 미신적이고 허탄스러워도 소원을 이룰 방법이라면 거부하지 못하고 받아들여지는 게 인지상정(人之常情)이 아니겠는가.

용꿈을 꾸었다고 해서 어찌 반드시 출세하고, 돼지꿈을 꾸었다고 해서 어찌 반드시 횡재하겠느냐만, 비록 신빙성 없는 꿈에 불과하더라도 누가 용이나 돼지꿈을 꾸고 기뻐하지 않겠는가.

부(符)나 주문(呪文) 그리고 술법(術法)은 모두 신(神)과의 접속방법이라 하겠다. 그래서 신계(神界)를 왕래하며 신과 대화를 나눠본 기인(奇人)들에 의해 이러한 부적법이나 여러 가지 술법이 전래되었는지 모르지만, 어쨌거나 비법으로 전해진 이상 시험 삼아 행하여 보는 것도 나쁘지는 않으리라 생각된다.

끝으로 당부하고 싶은 말은 모든 비법을 필요 이상으로 행하려 하지 말고, 꼭 필요하고 활용적인 것만을 선택해서 실행해 보기 바란다. 그리고 내용에 따라서는 실용적인 것도 많으므로 참고하면 해롭지는 않으리라 믿는다.

점(占)을 치는 것도 따지고 보면 비법인지라, 맨 끝부분에 첨가하여 그 누구라도 쉽게 점을 칠 수 있도록 하였다.

끝으로 귀댁의 행운을 빈다.

기묘년 겨울 저자 식

차 례

제 1 부 백방비법

제 2 부 가정·부부·자식

제 3 부 흉살막이

제 4 부 점풀이 비법

제1부

백방비법

1. 출행법

출행(出行)이란 기차, 비행기, 자동차, 보행을 막론하고 집을 나서서 외부로 왕래하는 것을 말한다. 단, 매일 되풀이되는 출·퇴근과 학교에 가고 오는 것은 역시 출행에 해당되지만, 비법 적용에서는 제외된다.

출행, 즉 여행에 있어서는 목적지의 멀고 가까운 것을 막론하고 일신의 안전과 출행 목적의 달성이 되어야만 한다. 교통이 불편하던 옛날에는 수륙험로(水陸險路)의 위험이 있었고, 오늘날에는 고속으로 치닫는 문명이기(文明利器)의 위험이 있어 출행기간중 안보(安保)가 염려되며, 또 출행의 목적이 순조롭게 이루어지느냐 않느냐가 문제이다.

때문에 출행을 위한 비법이 있고, 출행을 위한 택일법이 있으며, 출행중 무사안일과 목적달성을 위한 신부(神符)가 있으므로 이를 소개한다.

(1) 출행 길일

출행길일은 일진(日辰)상의 길일과 날짜상의 길일이 있다.

●일진상의 길일은 다음과 같다.
甲子·乙丑·丙寅·丁卯·戊辰·庚午·辛未·甲戌·乙亥·丁丑·

己卯・甲申・丙戌・己丑・庚寅・辛卯・甲午・乙未・庚子・辛丑・壬寅・癸卯・丙午・丁未・己酉・壬子・癸丑・甲寅・乙卯・庚申・辛酉・壬戌・癸亥日   또는   역마(驛馬)・사상(四相)・천월덕(天月德)・개일(開日).

월별 길신	正	二	三	四	五	六	七	八	九	十	十一	十二
역 마	申	巳	寅	亥	申	巳	寅	亥	申	巳	寅	亥
사 상	丙丁	丙丁	丙丁	戊己	戊己	戊己	壬癸	壬癸	壬癸	甲乙	甲乙	甲乙
천 덕	丁	申	壬	辛	亥	甲	癸	寅	丙	乙	巳	庚
월 덕	丙	甲	壬	庚	丙	甲	壬	庚	丙	甲	壬	庚
개 일	子	丑	寅	卯	辰	巳	午	未	申	酉	戌	亥

예를 들어 正月에는 申日(壬申・甲申・丙申・戊申・庚申日)이 역마요, 丙丁日(丙寅・丙子・丙戌・丙申・丙午・丙辰日과 丁卯・丁丑・丁亥・丁酉・丁未・丁巳日)이 사상이요, 또 丁日이 천덕이요, 丙日이 월덕이요, 子日(甲子・丙子・戊子・庚子・壬子)이 개일이다. 그러므로 위에서 말한 일진상의 길일 이외에 역마・사상・천월덕・개일도 출행에 있어 길일이라 한다.

그렇긴 해도(이상 길일에 해당해도) 아래 흉살이 닿는 날은 피해야 한다.

천적(天賊)・수사(受死)・월파(月破)・왕망(往亡)・복단(伏斷)・폐일(閉日)・위일(危日).

흉신\월별	正	二	三	四	五	六	七	八	九	十	十一	十二
천 적	辰	酉	寅	未	子	巳	戌	卯	申	丑	午	亥
수 사	戌	辰	亥	巳	子	午	丑	未	寅	申	卯	酉
월 파	申	酉	戌	亥	子	丑	寅	卯	辰	巳	午	未
폐 일	丑	寅	卯	辰	巳	午	未	申	酉	戌	亥	子
위 일	酉	戌	亥	子	丑	寅	卯	辰	巳	午	未	申

月과 日支를 대조한다.

복단일은 다음과 같다. 요일과 일진이 같이 닿는 날이 복단일이다.

日 支	子	丑	寅	卯	辰	巳	午	未	申	酉	戌	亥
요 일	日	木	火	土	水	日	木	月	金	火	土	水

● 날짜상으로 길일과 흉일은 다음과 같다. 이는 제갈공명의 출행법이라 하는데, 그 진부는 알 수 없다. 위 일진과 함께 참고하면 좋을 것이다.

寅·申·巳·亥月
(正·四·七·十月)
- 당방(堂房) 1, 7, 13, 19, 25 : 유익, 귀인 상봉
- 금고(金庫) 2, 8, 14, 20, 26 : 실물수, 실패
- 금당(金堂) 3, 9, 15, 21, 27 : 만사 여의
- 순양(順陽) 4, 10, 16, 22, 28 : 운수대통
- 도적(盜賊) 5, 11, 17, 23, 29 : 도난, 실물, 손재
- 보창(寶倉) 6, 12, 18, 24, 30 : 매사 여의

子·午·卯·酉月 (二·五·八·十一月)	천도(天盜) 1, 9, 17, 25 : 구하나 얻지 못한다
	천문(天門) 2, 10, 18, 26 : 매사 순조롭다
	천당(天堂) 3, 11, 19, 27 : 구하는 것을 얻고 길하다
	천재(天財) 4, 12, 20, 28 : 구하는 것이 여의하다
	천적(天賊) 5, 13, 21, 29 : 구하는 것을 못 얻고 불리하다
	천양(天陽) 6, 14, 22, 30 : 모든 일이 형통한다
	천후(天候) 7, 15, 23 : 구설·손해가 따른다
	천창(天倉) 8, 16, 24 : 기쁜 일이 생긴다

辰·戌·丑·未月 (三·六·九·十二月)	주작(朱雀) 1, 9, 17, 25 : 관재·구설이 생긴다
	백호두(白虎頭) 2, 10, 18, 26 : 재물을 얻고 기쁜 일이 생긴다
	백호협(白虎脇) 3, 11, 19, 27 : 구하는 것을 쉽게 얻는다
	백호족(白虎足) 4, 12, 20, 28 : 관재수를 당할 우려가 있다
	현무(玄武) 5, 13, 21, 29 : 구설, 손재, 시비
	청룡두(靑龍頭) 6, 14, 22, 30 : 재물 구하는 일이 여의하다
	청룡협(靑龍脇) 7, 15, 23 : 매사 순조롭다
	청룡족(靑龍足) 8, 16, 24 : 관재수가 있고 불리하다

(2) 집을 나설 때

거리의 멀고 가까운 것을 막론하고 집을 나서서 목적지를 향해 발걸음을 옮겨놓기 전에 다음과 같은 방법을 행하면 좋다고 한다.

우선 정성스런 마음과 신념을 가져야 한다.

집 문 밖을 막 나와 동쪽을 향해 서서 마음을 가다듬고 5~6초 동안 숨을 멈추었다가 먼저 숨을 길게 들이마신다(이는 東方의 生氣를 마신 것이 된다). 다음에는 한껏 들이마신 숨을 양쪽 손바닥에 '후우' 하고 내뿜은 뒤 오른손 손가락으로 왼손 손바닥에다 획으로 그어 다음과 같이 출행 목적에 따라 글씨를 쓰고, 목적지를 향해 나아가되 뒤를 돌아보아서는 안 된다.

● 글씨 쓰는 요령은 다음과 같다.

고관(高官 —지위가 높은 사람)이나 귀한 신분(유명인)을 만나러 갈 때는 **天**(하늘 천)자를 쓴다.

혼처를 구하거나 애인을 구하기 위해 나설 때는 **合**(모일 합)자를 쓴다.

기타 이런 일 저런 일을 보기 위해 출행할 때는 **通**(통할 통)자를 쓴다.

물건을 매매할 목적으로 나설 때는 **利**(이로울 리)자를 쓴다.

내기(장기, 바둑, 기타 게임)나 스포츠 등 이길 목적으로 나설 때는 **乾**(하늘 건)자를 쓴다.

사람들이 많이 모이는 곳에 갈 때는 **遯**(달아날 둔, 숨을 둔)자를 쓴다.

밤길을 걷게 될 때는 **魁**(괴수 괴)자를 쓴다.

군막(軍幕)이나 병영(兵營)으로 가게 될 때는 **强**(강할 강)자를 쓴다.

문병(問病)을 가기 위해 집을 나설 때는 **鬼**(귀신 귀)자를 쓴다.

술이나 기타 음식을 대접받기 위해 연회장 등으로 갈 때는 **少**(젊을 소)자를 쓴다.

산(山)에 갈 때는 **子**(아들 자)자를 쓴다.

물에 들어갈 일이 있거나 배를 타고 가게 될 경우에는 **土**(흙 토)자를 쓴다. 또는 **戊**(별 무)자 혹은 **龍**(용 룡)자를 써도 좋다.

(3) 출행 길부

가야 할 목적지가 멀거나 가깝더라도 코스가 험하거나 지난밤의 꿈자리가 사나워 왠지 불안할 때는 호신부(護身符) · 여행안전부 등을 써서 몸에 지니고 나서도 좋고, 직접 운전을 하고 가게 되거나 승합차 · 승용차 등을 이용한 여행에는 교통사고 방지부를 써서 몸에 지니고 떠나면 좋다.

① 선신수호부

선신수호부(善神守護符)는 여행할 때 뿐만 아니라 항시 몸에 지녀도 좋다. 선신이 수호해 줌으로써 질병, 사고 등을 당하지 않는다고 한다.

② 보신부(保身符)

오른쪽 부적은 각각 보신부이다.

마음 내키는 대로 골라 그 하나를 써서 몸에 지니면 좋다.

요령은 황지(黃紙)에 경면주사(鏡面朱砂)로 써야 효험이 있다.

③ 교통사고 예방부

이상 세 가지 그림은 모두 교통사고를 방지해 달라는 부적이다.

마음에 드는 것으로 두 장을 써서 한 장은 몸에 지니고, 한 장은 차 안의 보이지 않는 곳에 붙여두면 좋다.

④ 여행대길부

어떤 교통방법을 이용하든지간에 이 부적을 지니고 길을 나서면 일신의 안전을 지켜주고, 아울러 여행 목적을 순조롭게 이루고 돌아온다고 한다.

⑤ 원행대길부

여행길이 먼 경우는 이 부적이 더 좋다. 일신의 안전과 재수대통을 기하는 신부(神符)다.

⑥ 험로안전부

위험한 코스의 여행, 자가운전, 등산 또는 해상여행, 악천후의 우려가 있는 항공여행 등 왠지 불안의 요소가 있을 때는 이 부적을 선신수호부와 함께 지니면 좋다.

2. 인기를 얻는 방법

(1) 제1법

더불어 사는 사회에서의 인기(人氣)는 절대적이다. 그러므로 모든 사람들에게 가장 얻고 싶은 게 무엇이냐고 묻는다면 거의가 인기라 대답할 것이다. 그러나 인기는 아무나 쉽게 얻어지는 게 아니므로 매우 탐은 나지만 아예 포기해 버리는 사람이 많다.

인기는 특별한 예를 제외하고는 출세의 척도(尺度)로도 볼 수 있다. 여러 사람의 찬동이나 표를 얻는 데도 인기는 절대적이므로 학교 내에서의 반장에서부터 서클·단체의 리더, 그리고 국회의원이나 대통령에 당선되고자 하는 데도 인기가 없으면 안 된다.

인기는 팬과 정비례한다. 인기가 없으면 팬이 있을 수 없고, 팬이 없는 인기도 있을 수 없다.

인기의 필요성을 가장 실감할 수 있는 직업이 연예인이다. 즉 영화배우, 탤런트, 가수, 개그맨 등은 인기가 바로 그들의 생명이다. 그러므로 인기가 없는 연예인, 팬이 없는 연예인은 그 자리를 지키기가 어렵다. 그래서 인기를 높여 많은 팬을 확보하기에 끊임없는 노력을 한다.

물론 어떤 사람을 막론하고 인기를 끈다는 것은 그만한 재능과 소질, 인격 등을 갖추었기 때문이지만, 똑같은 재능과 인격을 지녔더라도 인기면에서는 상당한 차이가 있음을 흔히 본다. 요즘 같은 매스컴

시대에는 매스컴에 종사하는 사람의 눈에 들면 그 인기는 상승한다.

보석이 진흙이나 쓰레기더미 속에 숨겨져 있으면 무슨 소용이 있겠는가. 옛날에 인기가 없던 사람도 요행히 시대의 조류(潮流)를 타고 나면 갑자기 인기가 하늘로 치솟는 경우를 많이 볼 수 있다. 그 이유는 사람의 가치관이 시대의 경향에 따라 얼마든지 변화될 수 있기 때문이다. 예를 들면 쉰 목소리를 내는 가수는 원칙상 탁음(濁音)이라서 취할 게 못 되지만, 그 탁음이 도리어 히트를 치던 시절도 있었지 않았는가.

각설하고 본론으로 들어가 이성이든 혹은 그 밖의 사람이든 간에 남의 눈에 예쁘게 보이거나 매력있게 보이도록 하는 비술(秘術)이 있어 이를 소개하는 바이니, 시험 삼아 행술(行術)해 보는 것도 나쁘지 않으리라 생각된다.

● 방법

춘사일(春祀日 — 춘분 무렵)이나 추사일(秋祀日 — 추분 무렵) 전후 가까운 辰日(戊辰·庚辰·壬辰·甲辰·丙辰日)에 들에 나가서 사퇴(蛇退 — 즉 뱀껍질, 이를 龍衣라고도 한다)를 주워다가 저고리 옷깃〔衣領 ; 양복·양장인 경우 윗옷 깃 속〕에 넣고 꿰맨 뒤 그 옷을 입고 다니면 어디를 가거나, 또 어떤 사람을 만나거나 신분의 여하를 막론하고 그 사람의 눈에 들고 호감을 사서 잘 대접받을 뿐만 아니라 인기가 상승된다고 한다.

단, 뱀껍질을 주울 때, 그리고 그것을 주워다가 옷깃에 넣기 전에 다음과 같은 주문(呪文)부터 외워야 한다.

용의용의　동인심의　출입구모　이관견귀　아뢰여령　호아신체　급급
龍衣龍衣　動人心意　出入求謨　利官見貴　我賴汝靈　護我身體　急急
여율령
如律令

※뱀껍질은 산골 바위틈, 시골 농가 토담, 장독대, 들판의 논두렁
　등에서 흔히 볼 수 있다.

(2) 제 2 법

●또 남이 자기에게 반하도록 하는 술법이 있다. 인기를 얻는 것과
마찬가지의 의미라 하겠다.

수단껏 소머리〔牛頭〕와 말머리〔馬頭〕 하나씩을 구해다가 집 근처
적당한 곳을 골라 땅을 파고 묻은 다음 그 위에 피마자(皮麻子 — 약
초, 속칭 아주까리) 몇 그루를 심어둔다. 그 피마자가 자라서 열매를
맺어 익거든 입추일에서 3일째 되는 날에 열매를 따서 깊이 보관해
두었다가, 넣고 다니기에 편리한 만큼의 피마자씨를 몸에 지니고 다
니면 남들이 자신에게 홀딱 반해 버린다고 한다.

피마자를 몸에 지닐 때 먼저 아래와 같은 주문을 염(念)해야 한다.

우혼영영 마혼령령 가기재세 부안패인 일행천리 한혈류신 염여
牛魂英英 馬魂靈靈 可寄在世 負鞍佩印 日行天里 汗血流身 念汝
축수백단 신근금일주 여속통인성 우작우후 마작마시 비념동지
畜數百端 辛勤今日呪 汝速通人性 牛作牛吼 馬作馬嘶 悲念動地
야지천명 불의아원 천율유리 오봉 태상노군 급급여율령
夜至天明 不依我願 天律有利 吾奉 太上老君 急急如律令

위의 두 가지 비법 가운데 어
떤 법식을 행하든지간에 경면주
사(鏡面朱砂)로 오른쪽 그림〔如
意符〕과 같은 부적을 써서 항상
몸에 지니면 금상첨화라 하겠다.

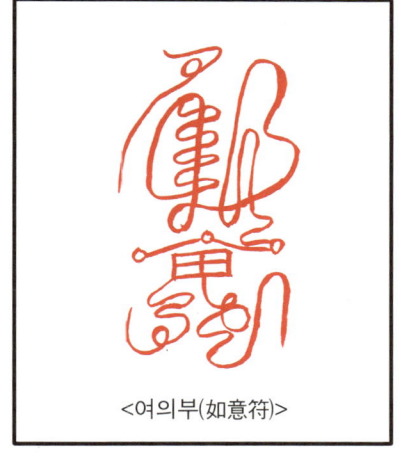

<여의부(如意符)>

(3) 윗사람의 눈에 들려면

사람은 누구나 모든 사람에게 귀염을 받거나 존경받기를 원할 것
이다. 특히 남의 밑에서 일하는 사람, 즉 직위가 낮은 공무원이나 회
사원일 경우 사장이나 윗사람의 눈에 들어서 총애를 받아야만 직장
생활이 편할 것이다. 직위가 높더라도 그 위에 또 윗사람이 있기 마
련이므로 높은 이의 총애를 받을 수만 있다면 얼마나 좋겠는가. 물론

탁월한 능력에다 성실하게 책임
을 완수해 나간다면 어찌 윗사람
의 눈에 들지 않겠는가.

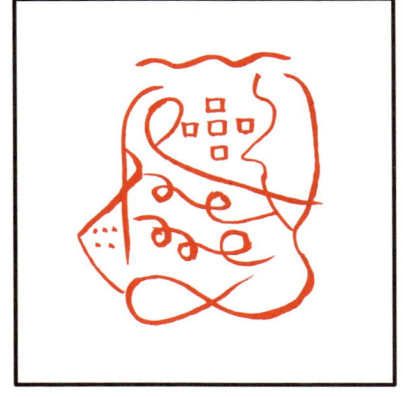

하지만 인간관계란 꼭 그렇게
만 되는 게 아니므로 원망도 생
기고 자신의 인덕이 없음을 한탄
하게도 된다. 속담에 내 것을 뺏
겨도 예쁜 놈이 있고 무엇을 가
져다주어도 미운 놈이 있다는 말처럼, 괜히 싫은 이가 있고 괜히 좋
아지는 사람이 있는 것이다. 이는 그 어떤 보이지 않는 감각작용 때
문에 그렇게 되는 것이므로 같은 일을 가지고도 좋게도 보이고 나쁘
게도 보이는 예가 많은 것이다. 그래서 괜히 은원관계가 형성될 경우
공교롭게 악연관계가 연속되면 '살풀이를 해야겠다'고 한다.

이때 위의 부적을 주사(朱砂)로 써서 몸에 지니면 윗사람의 총애를
받는다 하니 시험해 보기 바란다.

3. 기다리는 사람을 오게 하려면

고귀한 신분과 대면하고 싶거나 부모·형제·남편·아내·자녀·애인·친구를 포함해서 기타 그립고 보고 싶은 사람을 만나보는 비법이 있어 소개한다.

먼저 화합부(和合符)를 써 놓고 화합주(和合呪)를 염(念)한 뒤 난간 밑에 아무도 모르게 감춰두면 만나고 싶은 소원이 이루어진다.

만일 남편이나 아내가 불화로 인해 가출하였거나 자녀가 가출한 경우, 집을 나간 주인공의 생년월일과 이름을 부적에다 같이 써서 남의 눈에 띄지 않는 곳에 숨겨 놓아도 가출한 당사자의 마음이 풀려 스스로 돌아올 뿐 아니라 이후부터는 불화가 없게 된다고 한다.

화합주(和合呪)

천정지정	일월지정	천지합기정	일월합기명	신귀합기형	이심합
天精地精	日月之精	天地合其精	日月合其明	神鬼合其形	爾心合
아심	아심합이심	천심만심만만심	의합아심	태상노군	급급여율
我心	我心合爾心	天心萬心萬萬心	意合我心	太上老君	急急如律
령칙					
令勅					

또는 다음의 부적을 백지에다 주사(朱砂)로 세 장을 써서 한 장은 불에 태우고, 한 장은 입에 물고 기다리는 사람의 이름을 부르며 "아무개 오시옵소서"를 세 번 하고 나서 화합주를 외우면 신효하다.

일러둘 것은 언제나 법술을 행하려면 아무런 몸과 마음으로 법술에 임해서는 효력이 없다. 행하기 2~3일 전부터 목욕재계하여 몸과 마음을 깨끗이 하고, 정성된 마음으로 주문을 외우고 부적도 써야 한다.

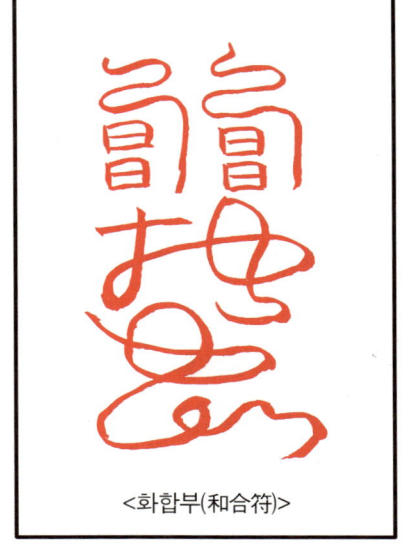

<화합부(和合符)>

4. 원하는 사람과 친해지려면

화합(和合)이란 상대방과 주인공 서로가 마음이 끌려 화목해지는 것을 말한다. 남이든 가족간이든 불화(不和) 상태에 있거나, 현재 아무렇지도 않은 관계에 있더라도 그와 화합되기를 원할 경우 이 비술(秘術)을 사용해 보면 좋을 것이다.

먼저 화합하기(가깝게 지내고 싶은)를 원하는 사람의 머리카락을 구해 둔다. 가족관계에 있거나 만나기 쉬운 사람이라면 그의 머리카락을 취하기가 쉽겠으나 멀리 있는 사람이면 쉽지 않다. 그를 잘 아는 사람에게 부탁해서 구하는 도리밖에 없으리라. 여하튼 어떤 수단을 써서라도 상대방의 머리카락을 구해야 한다.

우선 아래에 있는 화합주(和合呪)를 외운다.

화합주(和合呪)

천정지정 일월지정 천지합기정 일월합기명 신귀합기형 이심합
天精地精 日月之精 天地合其精 日月合其明 神鬼合其形 爾心合

아심 아심합이심 천심만심만만심 의합아심 태상노군 급급여율
我心 我心合爾心 千心萬心萬萬心 意合我心 太上老君 急急如律

령칙
令勅

오른쪽 글씨를 모조 전지에 큼직
하게 써 놓고 '乾'자를 밟고 서서 위
주문을 외운 뒤 보법(步法)을 행한
다.

● 보법(步法)

보강법(步罡法)이라 하는데 먼저,

천 화 만 합 여 아 합 심
天和萬合與我合心

즉, 위의 화합주를 외운
뒤('乾'자를 밟고 서서) '천
화만합여아합심'이란 보
강결(步罡訣)을 아홉 번
외우되 한 차례 구절에 한
번 호흡하면서 한 발짝씩
구궁순(九宮順, 맨 처음
乾자를 밟았으므로 兌·
艮·离·坎·坤·震·巽

<화합부>

※鬼(귀신 귀)자 옆에 주인공의 생년월일을
써 넣는다.

·中의 순서)으로 발을 옮겨 딛는다. 주의할 것은 한 구절을 단숨에 외우되 발음이 또렷하면서도 크게 소리내지 말아야 한다.

다음에는 적당한 장소를 찾아 땅 위에 글자 간격을 일보(一步) 정도로 떼어 팔괘(八卦) 명칭을 써 놓는다. 먼저 화합주를 염한 뒤 주인공의 생년에 해당하는 괘(卦)의 글자를 밟고 서서 '천화만합여아합심'을 한 번 염하고, 팔괘 방위 순서로 한 발짝씩 아홉 발짝에 옮겨 놓는다. 그렇게 아홉 번 외우면 제 위치로 돌아오는데, 멈춘 곳 가까운 땅에 섭마석(攝魔石)으로 위 부적을 그린 다음 상대방의 머리카락을 올려놓고 왼발로 부적 글씨와 머리카락을 밟고 선 채 최신주(催神呪)를 외운다.

최신주(催神呪)

오유현녀진언결 칙령
吾有玄女眞言訣 勅令 ○○○(상대방 성명)

합 여약래순오 신귀
合 如若來順吾 神鬼

가정결 여조불순오 산석개봉렬 염동진언결 천강속현형 파군 오
可停訣 如造不順吾 山石皆崩裂 念動眞言訣 天罡速現形 破軍 吾

문귀섭전형 현녀 급급여율령
聞鬼攝電形 玄女 急急如律令

5. 집이 잘 팔리게 하는 방법

옛날에는 집을 팔고 이사하는 일이 별로 없었다. 혹 다른 데로 이사할 경우라도 집값이 별로 없으므로 집을 파는 일이 그다지 중대하지 않았다. 그러나 시대의 흐름에 따라 인구가 부쩍 늘고, 그렇게 인구가 팽창하게 되자 집은 재산적 가치로서의 비중을 크게 차지할 수밖에 없게 되었다. 그래서 요즘은 주택의 규모로 재산평가를 하고 있다. 물론 재산세도 그 사람이 소유하고 있는 건물·토지의 소재지와 규모에 의해 산출된다.

주택이나 빌딩 등 건물의 매매는 먼저 팔기를 원해 내놓은 사람이 있어야 하고, 또 사고자 하는 사람도 있어야 매매가 이루어진다. 그런데 사는 입장에서는 돈만 있으면 원하는 건물을 쉽게 살 수 있으나, 파는 입장에서는 될 수 있는 한 시세에 밑지지 않는 값을 받아내려고 하기 때문에 매매는 쉽게 이루어지지 않는다. 그래서 매매는 파는 입장에서 보면 언제나 안타까운 법이다.

즉, 매매행위는 파는 이와 사는 이 두 사람의 합의에 의해 공정하게 이루어지는 것이지만, 심리적 부담은 건물을 팔려고 내놓은 사람에게 있게 된다. 손해 보지 않는 가격으로 꼭 필요한 때에 팔아야 되기 때문이다.

그러므로 매매에 최선의 방법이 있다 해도 그 방법을 필요로 하는 측은 팔려는 사람이지 사려는 사람이 아닐 것이다. 그러니 집이 잘 팔리는 방법을 행하여 집을 쉽게 팔 수 있다면 그 방법을 아는 사람은 천하의 돈을 긁어모을 수도 있으리라. 하지만 쉽게 팔고 팔지 못하는 것은 그 사람(팔려고 물건을 내놓은)의 재수요, 운에 맡길 뿐 어쩔 도리가 없다. 그렇긴 해도 빌딩·주택·점포 등 내놓은 물건이 좀처럼 나가지 않을 경우 안타까운 마음에 잘 팔리게 하는 방법이 있다면 되든 안 되든 결과는 뒤로 미루더라도 일단 그 방법을 써보고 싶을 것이다.

사실 비전(秘傳)에 의한 방법이 있으나, 그 비전에 수록된 방법의 허실(虛實)은 필자도 잘 모른다. 그래도 옛날부터 내려오는 비전이므로 본 책자에서 이를 소개하는 바이지만, 집이나 건축물이 잘 팔리는 비법은 일찍이 어느 고전 책자에서도 본 일이 없다. 다만 어느 때 누가 만들었는지는 모르나 전부터 전해져 내려오는 '집이 잘 팔리게 하는 부적'이 있어 필자가 구전(口傳)으로 들은 내용과 함께 간단히 소개해 보겠다.

먼저 팔려고 내놓은 집이 좀처럼 나가지 않거나, 집이나 기타 건물을 내놓고 빨리 팔리기를 원할 경우 손거울 하나를 대문(출입문) 기둥에 걸어놓는다. 그랬을 때 누군가 그 거울을 가져가게 되면 그 집이 곧 팔린다고 한다.

또 하나는 오른쪽 부적 두 개를 각각 한 장씩 써서 방 안 적당한 곳에 붙여 놓으면 집(건물)이 팔리거나, 세로 나

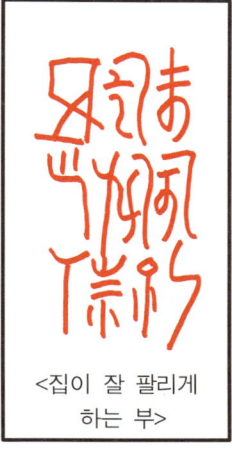

<집이 잘 팔리게 하는 부>

<소원성취부>

가거나, 또는 자기 대신 남이 세들어 온다고 한다. 하나는 소원성취부(所願成就符)이고, 하나는 집이 잘 팔리게 하는 부적이다.

6. 장신술과 둔신술

(1) 장신술(藏身術)

장신술(藏身術)이란 자신의 형체를 남의 눈에 보이지 않도록 하는 술법이다. 과연 술법으로 자기 몸을 남의 눈에 띄지 않게 할 수 있을지는 믿어지지 않는다. 하지만 만약 실제로 그렇게(장신) 할 수만 있다면 이러한 술법 익히기를 원하지 않는 사람은 없을 것이다.

어쨌거나 이에 대한 비술(秘術)이 『만법귀종(萬法歸宗)』이란 책자에 수록되어 있기에 몇 가지 방법을 소개한다.

1) 제 1 법

동남쪽으로 뻗은 버드나무 가지를 꺾어다가 길이 1척 2촌이 되게 잘라 아래 주문(呪文)을 49번 염한다. 염이 끝나면 육정육갑인(六丁六甲印)으로 버드나무 가지에 허인(虛印 — 찍는 시늉만 하는 것)으로 24번을 찍고 신향병(信香餅 — 아래에 만드는 요령 있음) 한 개를 입에 넣고 씹어서 버드나무 가지에 바른다. 그런 다음 한 3분쯤 눈을 감았다가 뜨고, 그 다음에는 서북쪽〔乾方〕으로 5~10 m쯤 걸어가 3척 정도 땅을 파고 묻어둔다. 다음에는 49일 되는 날, 묻어둔 버드나무 가지를 꺼내어 손에 들고 서서 또 주문〔普召呪〕을 외우면 위급한 상황에서 쫓는 자(적)의 눈에 띄지 않으므로 위기에서 몸을 숨기고 생명을 보호할 수 있다. 그렇기 때문에 이 법술은 나쁜 목적에 사용할 우려가 있으니 아무에게나 함부로 알려주지 말라 하였다. 법을 행하지 않을 때는 누런색 비단으로 버드나무 막대를 담을 만큼 큰 주머니를 만들어 넣되 주머니 겉에다 오른쪽 그림과 같은 부적을 써야 한다. 그리고 위험한 곳을 가게 될 때나 위급한 일을 당했을 때 꺼내어 법술을 행하라 하였다.

 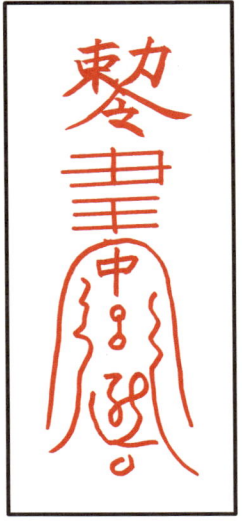

구천도왕군 칙오방은신 청오지법령 수혼지난행 일체원밀의 물
九天都王君 勅五方隱身 聽吾之法令 遂昏之難行 一切遠密意 勿

정찰복순 급칙여의법 구천인봉행 지천천추열 지지지동경 일섭
停刹服巡 急勅如意法 九天印奉行 指天天推裂 指地地動驚 一攝

제이법 중신급봉행 호천만억지 물조별체형 신향성의축 수응부
諸異法 衆神急奉行 呼千萬億至 勿阻別滯形 信香誠意祝 遂應付

법행 소종여아의 문신구천군 위오법령자 봉참이신형 급급여구
法行 所從如我意 問信九天君 違吾法令者 奉斬爾身形 急急如九

천황인 제군율령칙섭
天皇人 帝君律令勅攝

① 육정육갑인(六丁六甲印)

동쪽〔卯方〕에서 벽조목(霹棗木
—벼락맞은 대추나무)을 구하여
가로 세로 4.5 cm 정도의 각인
(各印)을 만들어 오른쪽 보기와
같은 글씨를 나무에 새기되 양각
(陽刻)해야 된다. 그런데 아무 날
이나 새기는 게 아니고 반드시
제(除)·성(成)·개일(開日) 중에

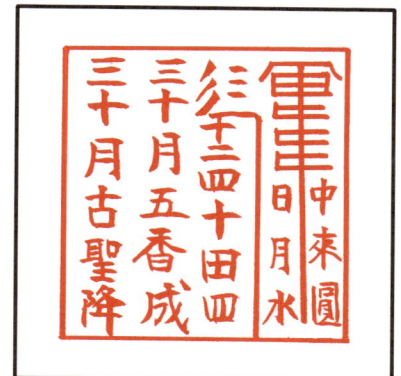

바람이 불거나 우레 소리가 들리거나 짙은 구름이 끼거나 비 오는
때를 이용하는 게 좋다. 그러나 닭이나 개, 중, 임신부, 소복 입은 여
자를 보았거나 기타 부정(不淨)한 것을 보았을 경우에는 육정육갑인
조각하는 일을 하지 말고 부정이 해소된 뒤(일주일 정도 지나) 조각
해야 한다.

② 제(除)·성(成)·개일(開日)

위 내용 중 제(除)·성(成)·개일(開日)에 육갑인을 조각하라 했는
데, 혹 모르는 분이 있을 것 같아 이를 아래와 같이 조건표로 나타낸
다.

月 支	寅	卯	辰	巳	午	未	申	酉	戌	亥	子	丑
제 일	卯	辰	巳	午	未	申	酉	戌	亥	子	丑	寅
성 일	戌	亥	子	丑	寅	卯	辰	巳	午	未	申	酉
개 일	丑	寅	卯	辰	巳	午	未	申	酉	戌	亥	子

예를 들어 寅月은 卯日이 제일(除日)이고, 戌日이 성일(成日), 丑日
이 개일(開日)이다.

③ 신향병

신향병(信香餠)은 아래와 같은 약재를 사용한다.

구기자(枸杞子)·백자인(柏子仁)·관계(官桂)·천초(川椒)·모향
(茅香)·곽향(藿香)·백지(白芷) 각 1냥, 대황(大黃) 2냥 5푼, 현정석
(玄精石), 강황(姜黃), 세신(細辛), 금정석(金精石), 은정석(銀精石), 안
식향(安息香―없으면 川片을 대신 쓴다) 황·백·자색, 강진향(降眞
香), 사향(麝香) 15미(味)를 가루로 만든다.

다음에는 벽조목에 새긴 육정육갑인(六丁六甲印)에다 주사(朱砂)를
인주(印朱) 대신 발라 황지(黃紙)에다 25인을 찍고 향을 피운 연기를
씌우면서 위 주문〔普召呪〕을 21번 염한다. 그런 다음 부적 25장(印으
로 찍은 것)을 불에 태운 뒤 그 재를 약재 가루와 함께 꿀에 반죽해
서 밤톨만하게 환(丸)을 만드는데, 이것이 바로 신향병(信香餠)이다.

2) 제 2 법

●몸을 감추는 비술(秘術)이 또 있다.

음력 정월 초하루 밤 삼경(三更―오후 11시~새벽 1시 사이) 무렵
에 행하는데, 이날을 놓치면 갑자일 밤 오경(五更―새벽 4시)에 밖
에 나가 북두칠성을 바라보고 고개 숙여 묵념한 뒤 분향하고 다음과
같은 주문을 49번 외운다. 이때 외우는 주문을 조두주(朝斗呪)라 한
다.

천즉령　지즉령　좌수지칠성　우수지북두　천상이십팔수　시오소관
天則靈　地則靈　左手指七星　右手指北斗　天上二十八宿　是吾所管

북대북두칠성　각답구곡황하　오봉상계혈자　오시하계피난인　오등
北戴北斗七星　脚踏九曲黃河　吾奉上界血子　吾是下界避難人　吾等

탄두인불견　오등수두편시인　급급여율령칙
呑豆人不見　吾等收豆便是人　急急如律令勅

그리고는　갑일(甲日 — 甲子·甲戌·甲申·甲午·甲辰·甲寅日)　중에서 맨 첫 번째 닿는 갑일(甲日) 밤 오경에 검정팥〔黑豆〕 1되 정도를 솥이나 냄비 등의 적당한 기구에 푹 삶는다.

잘 삶아진 팥을 볕에 말려 정결한 곳에 간직해 두었다가 위급할 때 꺼내어 법술을 행한다.

팥을 삶을 때에는 솥에 넣고 불을 피우기 전에 아래와 같은 주문을 외워야 한다. 이때 외우는 주문을 자두주(煮豆呪)라 한다.

자두주(煮豆呪)

천현지황　육갑구장　출행불견　영보장생　인래추아　엄기양목　마래
天玄地黃　六甲九章　出行不見　永保長生　人來追我　掩其兩目　馬來

추아　단기사족　칙오등은신　근청　북두상원진군　변오가재　수미산
追我　斷其四足　勅吾等隱身　謹請　北斗上元眞君　變吾家在　須彌山

안신　급급여율령
安身　急急如律令

법술을 행할 때(남의 눈을 피하고자) 삶아 말린 팥을 한 숟가락 가량 입 안에 넣고 육갑총패(六甲總牌 — 뒤에 그리는 요령이 있음)를

양손에 들고 있는다. 그리하면 자신을 쫓아오던 사람의 눈에 자신의
모습이 보이지 않는다고 한다.

3) 제 3 법

또 자기의 집이나 기타 장소, 물건, 축조물 등도 남의 눈에 보이지
않게 하는 법술이 있다. 위의 요령에 의해 삶아 말려둔 검정팥 49개
씩을 육갑총부 네 장에다 각각 싸서 숨기고자 하는 집이나 건축물
사방에다 땅을 파고 묻는다.

● 육갑총부(六甲總符)

오른쪽 그림을 복숭아 나무를 납
작하게 만들어 음각(陰刻)한 뒤에
그 팬 곳에 주사를 칠하면 육갑총패
가 되고 종이에다 그리면 육갑총부
가 되는데, 육갑총패는 두 개 만들
고 육갑총부는 네 장을 써야 한다.
  이상의 부적을 쓸 때 다음과 같은
주문부터 외워야 한다.

양명지정　신위장인　수섭음매　둔은인형　영부일도　사택무적　감유
陽明之精　神威藏人　收攝陰魅　遁隱人形　靈符一道　舍宅無迹　敢有
위역　천병상행　급급여율령칙
違逆　天兵上行　急急如律令則

4) 제 4 법

●몸을 숨기는 비법이 또 있다.

제단(祭壇 — 제사를 지내기 위한 단이나 상(床) 같은 것을 설치하면 된다)에 초를 켜고 향을 사른 뒤 뇌공인부(雷公印符)를 주사로 써서 놓고 오방신주(五方神呪)를 염한 뒤에 육갑인부를 가슴에 붙이면 신효하다. 오방신주는 아래와 같다.

<뇌공인부(雷公印符)>

오방신주(五方神呪)

옴 동 방 대 금 정　자 재 륜 천 정 력 사　목 타　칙 지 환　남 화 중 토　서 금 북 수
唵東方大金頂 自在輪天丁力士 木吒 勅只換 南火中土 西金北水

●육갑인

육갑인(六甲印)을 만드는 요령은 다음과 같다. 동쪽 방위에서 벽조목(霹棗木 — 없으면　沈香木으로 대신한다)을 구해다가 가로 세로 약 1척 2촌(27 cm 정도)이 되게 나무판을 만들어 조각 잘하는 사람을 시켜 오른쪽 그림과

<육갑인(六甲印)>

같이 양각(陽刻) 하는데, 먼저 육갑신주(六甲神呪)를 세 번 염하고 나서 조각을 시작하도록 한다. 단, 조각중에는 필요 없는 말은 삼가고 조각에만 정성을 쏟아야 한다. 육갑신주(六甲神呪)는 다음과 같다.

육갑신주(六甲神呪)

上清上帝 東華大帝君令 吾受六印天書 倂使六甲六丁之神 天遊十
二界女 那延天女五人 統攝神兵 三員大將 火光大將 浮海大將 吼
風大將 此等衆聖 各領神兵 百萬垓助 吾法力神通 千變萬化 永得
遵吾 六甲神印 立在壇前 令吾七政 九宮保佑 爾身使之 從吾上朝
元君 與道合眞 和形煉魂 策空駕浮 昇天攝雲 急急如律令

5) 제5법

●또 한 가지 몸을 숨기는 비술이 있는데, 추격자의 앞에 짙은 안개가 끼어 앞이 보이지 않게 하는 법술이다. 이를 운무장신법(雲霧藏身法)이라 한다.

안개가 자욱이 낀 날에 안개에 서린 우물물을 사기 그릇에 한 되 정도 떠다가 제단 위에 놓고 49일간 제사와 기도를 올리고 나서 그 물을 휴대에 편리한 병에 담아 지니고 다니다가 흉폭한 사람, 적군, 맹수 등의 추격을 받을 경우 그 물을 입 안 가득히 머금었다가 하늘을 향해 내뿜는다. 다음에는 왼손으로 머리를 받치고 오른손으로 허공에다 신령 령(靈)자 획을 쓰고 땅에는 괴강(魁罡) 두 글자를 써놓고 양쪽 발로 밟고 서서, 동쪽의 공기를 한 차례 크게 들이마셨다가 내뿜은 뒤에 주문〔遍迷呪―아래에 있음〕을 일곱 차례 외운다.

주문 염하기가 끝나면 잠잠히 심호흡을 계속한다. 그리하면 어떤 기(氣)가 뱃속 깊이 신장에서 나오는 것을 느끼게 된다. 이러한 기를 느끼게 되면 한 차례 공중을 향해 "푸우" 하고 숨을 크게 내쉬고 나서 오른손 손가락으로 오른쪽 글자와 같이 '운수(雲水)'라는 글씨를 획만 그어 쓴다. 이렇게 하고 나면 별안간 천지사방에 짙은 안개가 껴서 단 몇 발자국 앞의 것도 보이지 않게 되므로 용이하게 추격자의 눈을 피할 수 있게 된다.

편미주(遍迷呪)

신중지기 용발오신 취지일적 산만건곤 흑기혼혼 옹호신형 오봉
腎中之氣 湧發吾身 聚之一滴 散滿乾坤 黑氣昏昏 擁護身形 吾奉
삼산구후선생율령섭
三山九候先生律令攝

6) 제 6 법

● 몸을 숨기는 비법이 또 있다.

음력으로 큰 달(大月—30일까지 있는 달) 초하룻날에 부인(婦人)이 사망해서 설치한 궤연상(부녀자의 靈座) 위에 올려놓은 나무젓가락 1개를 몰래 훔쳐 정결한 곳에 간직해 두었다가, 월식(月蝕)이 있는 날 밤에 그 훔친 젓가락을 꺼내어 비녀처럼 만들되 월식이 끝날 때까지 아래 주문을 계속 외우다가 월식이 끝나면 그 비녀를 남이 모르게 머리에 꽂아둔다. 그랬다가 몸을 숨겨야 할 경우가 생기거든 주문을 외우면 되며, 몸을 다시 나타내고자 할 때는 태양을 바라보고 숨을 한 차례 크게 들이마셨다가 내쉬면 된다.

행 뢰 뇌 성 신 팽 전 굉 섭
行雷雷星辰烹轉轟攝

7) 제 7 법

죽은 시체로 보여 추격자의 눈을 피하는 법이 있으니 이를 가시술(假尸術—거짓 시체처럼 보이는 것)이라 한다.

실제로는 죽은 게 아니면서도 남이 보기에는 정말 죽은 것처럼 보이도록 하는 술법이다.

이 술법은 선용(善用)될 수도 있고 악용될 수도 있으므로 원문에는

"마음이 바르지 못한 사람에게는 전하지 말라" 하였고, 또 "선율(仙律─신선의 법칙)을 어기면 효험은 고사하고 하늘이 내리는 벌을 받는다"고 하였으니 실제 술법대로 된다 할지라도 위급한 때의 생명을 지키려는 목적 이외에는 사용해서는 안 될 것이다.

살구씨 여섯 개를 구하여 각각 육갑신(六甲神─여기에서는 六甲陰神인데 文伯, 六公, 文卿, 文通, 昇通, 巨卿이다)의 이름을 써서 자신의 코피에다 1년 동안 담가둔다. 1년이 지난 뒤 맨 처음 돌아오는 음력 초하루 묘시에 그 살구씨를 건져 접시에 담아놓고 동쪽을 향해 서서 주문(呪文)을 크게 일곱 차례 염(念)한 뒤 일곱 차례 숨을 크게 내쉬었다가 들이마신다.

다음에는 살구씨 담은 접시를 조용하고 깨끗한 방에 옮긴 뒤 등불 여섯 개, 냉수 여섯 종발(鐘鉢)을 단(壇─제상으로 대용)에 올려놓고 6일 동안 제사하면서 정신통일(수련)한다.

이렇게 하면 살구씨에 영기(靈氣)가 붙게 되는데, 이 살구씨를 주머니에 넣어 몸에 지니고 다니다가 악당이나 추격해 오는 적에게 잡혀 생명의 위협을 느끼게 되거든 급히 살구씨 한 개를 꺼내들고 주문을 외우고는 땅에 놓아두라. 그리하면 그 살구씨가 자신의 죽은 시체처럼 보인다고 하였다.

주문(呪文)

행인행인 육갑음신 수신수호 용즉성인 근청상봉 삼청금지 옥황
杏仁杏仁 六甲陰神 隨身守護 用卽成人 謹請上奉 三淸金旨 玉皇
칙령 속용속령섭
勅令 速用速靈攝

정묘신(丁卯神)의 자(字)는 인종(仁宗), 명(名)은 문백(文伯) / 정축신(丁丑神)의 자(字)는 인귀(仁貴), 명(名)은 문공(文公) / 정해신(丁亥神)의 자(字)는 인화(仁和), 명(名)은 문통(文通) / 정유신(丁酉神)의 자(字)는 인수(仁修), 명(名)은 문경(文卿) / 정미신(丁未神)의 자(字)는 인공(仁恭), 명(名)은 승통(昇通) / 정사신(丁巳神)의 자(字)는 인혜(仁惠), 명(名)은 거경(巨卿)이다.

8) 제 8 법

이 법술은 혜둔법(鞋遁法)이라 한다. 자신을 해치기 위해 추격해 오는 자의 눈을 피하는 방법이다.

법술을 행하려는 날 넓이 2촌, 길이 4촌쯤 되는 황지(黃紙)에 오른쪽 그림과 같은 부적(이를 雷震符라 한다)을 주사(朱砂)로 써서, 북쪽을 향해 단정히 앉아

<뇌진부(雷震符)>

부적을 태운 뒤 깨끗한 물에 태운 재를 넣고 그 물을 마신다. 그런 뒤에 다음과 같은 주문을 세 차례 거듭 외우고 숨을 크게 들이마셨다가 내뿜기를 세 차례(심호흡 세 차례) 한다. 이와 같은 순서로 9일간 거듭하면 수련이 끝난 것인데, 법술을 행할 때는(누군가 자신을 해치려 추격해 올 경우) 자기가 평소 신고 다니던 신발 한 켤레를 정동(正東)을 향해 던져 버리고 앞으로 세 걸음 나아간다. 그리하면 추

격자의 눈에는 자기가 던진 신발이 자신이 죽어 누운 시체로 보이고, 대신 자신은 신발로 보인다고 한다.

태 상 삼 관 오 뢰　구 수 흘　오 진 선 수 오 진 원　오 봉　태 상 노 군　급 급 여 율
太上三官五雷 久隨吃 吾眞先守吾眞元 吾奉 太上老君 急急如律

령 섭
令攝

"이 법술은 오직 덕이 있는 사람에게만 전해야지 만일 경거망동하거나 마음이 바르지 못한 사람에게 전한다면 반드시 하늘의 문책을 받는다" 하였다.

9) 제 9 법

이 비술의 명칭은 음둔법(陰遁法)이라 한다.

어느 해이건 관계없이(그러나 午年이면 더욱 좋음) 오월(午月) 오일(午日) 오시(午時)에 물가에 서 있는 백양목(白楊木) 중에서 팔뚝 굵기 정도의 가지를 잘라 온다. 만약 백양목이 없으면 서북쪽으로 가서 버드나무 가지를 잘라 온다.

나무의 길이가 2촌 정도 되게 하고 둘레는 3촌 가량 자르는데 부녀자, 복인(服人) 또는 기타 부정한 것을 보지 않도록 주의해서 그 나무를 조용하고 깨끗한 방에 보관해 둔다. 그랬다가 하지일이 되거든 조각가를 초빙하여 그 나무를 조각하되 길이는 1촌 2분, 굵기는

손가락만한 조그만 인형을 만든다. 물론 조각하기 3일 전부터 목욕재계하여 깨끗한 몸과 마음을 가지도록 한다.

인형이 완성되면 옷을 입히고 띠를 두르고 모자를 씌워 자신의 모습처럼 꾸미되 옷 해 입는 비단을 사용할 것이며, 인조[絹]로 주머니를 만들어 인형을 넣는다.

을유일(乙酉日) 축시(丑時)에 일어나 세수하고 옷을 입은 다음 동쪽을 향해 서서 마음을 가다듬고 이[齒]를 "딱딱" 하고 36번 마주치고는, 나무로 깎은 인형을 왼손에 잡고 다음과 같은 주문을 외운다.

주문(呪文)

천원지방   아처중앙   태을사자   여아동장   수아작용   왕반무방   둔형
天圓地方 我處中央 太乙使者 與我同藏 隨我作用 往返無妨 遁形
어세   상시아방   급급여태을진인율령
於世 常時我傍 急急如太乙眞人律令

이상의 주문을 일곱 번 염한 뒤에 그 인형을 주머니 속에 넣어두었다가 다음 을유일(乙酉日)이 되면 지난번 을유일(乙酉日)에 행하던 대로 같은 방법을 되풀이한다.

●몸을 숨기고자 할 때에는 주머니 속에 든 인형을 꺼내어 오른손에 들고 다음과 같은 주문을 세 번 외운다. 이 주문을 은형주(隱形呪)라 한다.

천여아기 공이상수 이장아은 면사인지 막여타시 유아여이 태상
天與我機 共爾相隨 爾藏我隱 免使人知 莫如他視 惟我與爾 太上
사아 입은우기 급급여태을진인율령칙
使我 立隱于己 急急如太乙眞人律令勅

법술 행하기가 끝나면 손에 쥐고 있던 인형을 주머니에 넣어두었
다가 필요할 때 다시 꺼내들고 위 주문을 외운다.

(2) 둔신술(遁身術)

전해오는 말 중에 둔신둔갑(遁身遁甲)이란 게 있다. 사람이 법술을
부려 연기로도 변하고 호랑이, 개, 쥐, 날짐승 등 법술가가 원하는 대
로 형체를 바꿀 수 있다고 한다. 실제 범이 되었다, 새가 되었다 하
는 게 아니라 남의 눈에 그렇게 보이도록 한다는 뜻이다.

옛날 서산대사(西山大師)와 사명당(四溟堂) 대사의 일화에서 신통
술에 대한 이야기가 전해왔고 전우치의 일화도 재미있거니와, 오늘날
에는 둔신둔갑하는 법술가가 있다는 말은 들어보지 못했다. 상식적인
판단에 의한다면 절대 불가능한 일인데, 『만법귀종(萬法歸宗)』이란
책자에 수록되어 있으므로 그중 가장 간단한 방법 하나만을 소개해
본다. 여러분 가운데 실험해 보는 분이 있을지 모르나 둔신술이 되지
않는다고 불평하지 말았으면 좋겠다. 실제로 되는 일이면 어찌 가벼
이 이를 공개하겠는가.

음력 5월 5일 오시(午時)에 황소 쓸개[黃牛膽] 한 벌을 구하고, 또

관계(官桂)를 구하여 넓이 4cm, 길이 6cm, 두께 7mm 정도 되도록 가죽을 벗겨둔다.

먼저 돌아오는 망일(望日—望은 음력 15일이지만 원칙적인 望은 달이 한껏 둥글어지는 때로 음력 14, 15, 16, 17일경에 이루어지므로 책력을 보아야 알 수 있다) 하루 전에 먼저 아래의 주문(呪文)을 세 차례 거듭 염(念)한다. 주문 염하기를 끝내면 북쪽을 바라보고 서서 숨을 한 번 힘껏 들이마신 것을 황소 쓸개와 관계(官桂)에 "후우" 하고 불어넣기를 세 차례 한다. 이런 순서가 끝나면 계자(桂子)를 쓸개 속에 넣어 조용하고 정결한 곳에 걸어두는데, 단 부인(婦人—시집간 여자)과 소·개·돼지·닭 등의 짐승들이 보지 못하도록 해야 된다. 이렇게 백 일 동안 걸어두면 자연 음건(陰乾)되는바, 이것을 칼로 저며 계목(桂木)으로 길이 4cm 정도의 아주 작은 인형을 만들되 얼굴에 눈·코·입 등을 그리고, 분도 바르고, 입술에 색도 칠하여 먼저 걸어두었던 방에 고이 보관하였다가 14일이 지나거든 그 인형을 주머니에 담아 몸에 지니고 다니면서 필요할 때 그 인형을 꺼내어 손에 들고 아래 주문(呪文)을 세 번 외운다. 주문 외우기를 끝내면 숨을 한 번 크게 들이마셨다가 인형에 내뿜고는 그것(인형)을 들고 다니면 남의 눈에 띄지 않는다.

태양유명 이사오형 운무차체 이피일정 급급여율령
太陽幽冥 以使吾形 雲務遮體 易避日精 急急如律令

또는 그 인형을 머리 위에 얹어놓으면 자신의 모습이 백발노인으로 보이고, 입에 물면 늙은 노파로 보인다. 또 귓속에 넣으면 어린

소녀로 보이고 코 위에 올려놓으면 흙덩이로 보인다. 또 이마 위에 얹으면 사내아이로 보이고, 가슴에 대고 있으면 날아다니는 새로 보이고, 등에 짊어지면 소나 말로 보인다. 인형을 사타구니에 끼면 맑은 개울물이 되고, 음부나 꽁무니에 대고 있으면 흐르는 냇물로 보인다. 인형을 주머니에 넣으면 법술이 풀리고 사용할 때마다 꺼내어 위 요령과 같이 하면 된다.

7. 싸움 · 시합에 이기려면

싸움 · 시합 · 내기 · 스포츠 · 소송 등 일 대 일의 대결이 있게 될 경우 이기거나 최소한도 주인공에게 유리하게 되는 비법이 있다. 오른쪽 위 '王(임금 왕)'자는 권투 · 유도 · 탁구 · 레슬링 등 단독 시합에 임하게 되거나, 남과 어떤 승부를 가름해야 될 경우 종이에다 붓글씨로 써서 손에 쥐고 싸우거나 몸에 지니고 싸워라. 상대방과 막상막하의 실력이라면 반드시 승리하게 된다고 한다.

오른쪽 아래 '勝(이길 승)'자는 원고 · 피고의 입장에 관계없이 붓글씨로 손바닥에 쓰거나 주사(朱砂)로 종이에 써서 손에 쥐고 법정에 나가면 소송에 이기거나 유리한 판결이 내려진다고 한다(물론 송사 내용이 문제이지만 이길 수도 있고 질 수도 있는 경우에 한해서다).

8. 이보법(耳報法)

(1) 이보법을 행하는 요령

이보(耳報)란 간단히 말해서 법술가의 귀에 신(神)의 예언을 들려 준다는 뜻이다. 사람이 만일 신에게서 정확한 예언을 들을 수 있다면 그 누가 마다할 것이며, 그러한 술법을 터득할 수 있다면 법술 익히 기를 원하는 이가 많으리라 생각된다.

전해오는 말에 의하면 옛날에 이보(耳報)를 통한 사람들의 예가 많 았다지만 그가 누구라는 이름은 밝혀진 바 없다.

솔직히 말해 필자의 견해로는 이보란 거의 불가능한 술법이 아닌 가 생각된다. 그러면서도 이를 소개하는 목적은 만에 하나라도 성공 하는 사람이 있을지도 모른다는 기우(奇遇) 때문이다. 세상이 넓다 보니 별의별 희한한 일이 많이 일어나고 있지 않은가.

원래 법술(法術)이란 절대적인 것이 하나도 없다. 우리가 차력사 (借力士)의 초인적인 힘을 볼 때 실험적으로는 믿어지는 일이나, 과 학적·역학적(力學的)으로 따진다면 불가능하다. 그러나 그 불가능해 지는 것도 이따금씩 실제로 보면 상식과 부합된 것으로 여겨진다.

이보(耳報)도 혹 가능할 수도 있다는 기우를 완전히 배제할 수는 없지 않을까 싶다.

(2) 구천현녀(九天玄女) 이보법(耳報法)

이보의 법술은 여러 가지가 있으나 그 원문의 뜻을 제대로 이해하기가 어렵고, 또는 이해가 될지라도 이행하기가 심히 어려워 그중에서도 가장 간편한 방법 하나만 소개한다. 속설로 전해오는 이보법이 있지만 더 미신적이라서 생략하고 본 항목에서는 구천현녀(九天玄女) 이보법(耳報法)을 술하고자 한다. 이는 『만법귀종(萬法歸宗)』이란 책자 가운데 수록된 내용임을 밝혀둔다.

이 '구천현녀 이보법'은 옛날 황석공(黃石公)이 한(漢)나라의 장량(張良 ― 字는 子房)에게 전수하였고 장량도 이를 다른 사람에게 전해서 계속 전승된 것이지만, 누가 누구에게 전해 주었다는 기록이 없어 밝히기가 어렵다. 그러나 송(宋)나라 때 사람인 동회(東懷)가 죄를 짓고 남쪽으로 도망치다가 도중에서 우연히 두가대(杜可大)란 사람을 만나 그에게서 이 글을 얻게 되었고, 그 뒤 명(明)나라의 유백온(劉白溫)이 어떤 경로로 인해 이 비급을 받게 되었다고 한다.

● 요령

정월 초하룻날, 동이 희미하게 트기 시작할 무렵 밖으로 나가 동쪽 해가 떠오르는 방향을 보고 선다. 물론 그 전날 밤에 몸을 깨끗이 하고 법을 행하기 며칠 전부터 몸과 마음을 바르고 깨끗이 가져야 한다.

즉 해돋이 방향을 바라보고 다시 한 번 마음을 정리한 뒤 숨을 세 차례 크게 내쉬었다가 들이마신다.

왼손으로 검결(劍訣 ― 뜻 未詳, 木劍을 몸 중심에다 곧게 들고 정신을 집중하는 게 아닌가 생각됨)하고 오른손으로는 뇌결(雷訣 ― 뜻

未詳, 손가락으로 虛劃을 그어 雷字를 쓰는 게 아닌지)한 다음 아래와 같은 추신주(追神呪)를 염(念)한다.

천지영광 지지정광 일월휘광 원작위광 비부상주 급강아방 오봉
天之靈光 地之精光 日月輝光 原作威光 飛符上奏 急降我傍 吾奉
태상노군 급급여율령칙 옴굉
太上老君 急急如律令勅 唵轟

위 추신주(追神呪)를 염한 뒤 미리 써놓은 추신부(追神符) 세 장과 '雲鶴(운학)'이란 글씨를 불사른다.

이상의 순서를 끝내고 정결하고 조용한 방으로 들어가 앉는데 닭 우는 소리, 개 짖는 소리가 들리지 않아야 하고, 여자가 보지 못하는 곳이라야 한다. 이러한 곳에 앉아 다시 주문[追神呪]을 외우고, 부적 [追神符]과 '雲鶴'이란 글자를 불사르면 홀연히 시커먼 구름이 눈앞에서 왕래할 것이다. 이런 광경이 나타나면 법술이 성공했다는 징험 (徵驗)이고, 아무런 변화가 없으면 다시 추신주 외우는 일에서 '雲鶴' 불사르는 일까지 되풀이하되 검은색 구름이 왕래할 때까지 같은 방법을 계속한다.

만약 법술이 성공(흑운이 날아다님)하거든 일단 멈추고 다음날 명이주(鳴耳呪)를 외우고, 명이부(鳴耳符)와 '雲鶴'을 불사른다. 그리하면 귓속에서 '윙윙' 하고 마치 벌이 우는 것 같은 소리가 들린다. 이 또한 법술이 성공하고 있는 증거로서 하루 종일 '윙윙' 소리가 그치

지 않으리라.

삼일째가 되거든 개후주(開喉呪)를 외우고, 개후부(開喉符)와 '雲鶴'을 불사른다. 그리하면 이번에는 벌 소리가 아니라 신선(神仙)의 말소리가 온종일 들릴 것이다. 이 또한 증거로서 하루가 끝날 무렵 "당신은 뉘십니까?" 하고 신선의 성명을 물어보아, 그가 나는 누구라고 대답하거든 앞으로 친밀히 사귀자고 건의한다. 그래서 그가 응낙하거든 "이 약속 서로 지킵시다" 하고 맹세한다. 이러한 상황까지 이르면 법술은 완전히 성공한 셈이다. 이후부터는 신선을 부르고 싶을 때 오직 추신주 외우는 일과 추신부와 '雲鶴'만 불사르면 신선이 제단 앞으로 하강하여 "무엇 때문에 불렀느냐?"고 묻게 될 것이다. 그러면 신선에게 묻고 싶은 내용에 대해 물어보라. 신선이 대답해 줄 것이다.

이 법술은 아무나 성공하는 게 아니며 아무에게나 전해서도 안 된다. 마음이 정대(正大)하고 바른 사람이 49일간 단에 정성되게 제사한 뒤에라야 성공할 수 있음을 알아두어야 한다. 만약 마음이 간험하거나 바르지 못하다면 일생 동안 법술을 되풀이한다 해

<추신부(追神符)>

도 성공은 고사하고 신선의 노여움만 살 것이다.

명이주(鳴耳呪)

산유산상　수해유해　중차오
山有山上　水海有海　中槎五

룡　즐타아옴굉　태상노군　급
龍　叱咤阿唵轟　太上老君　急

급여　율령칙옴굉
急如　律令敕唵轟

<명이부(鳴耳符)>

개후주(開喉呪)

적산동적산동　칠칠정구구성
赤山東赤山東　七七定九九成

오봉　태상노군　급급여율령
吾奉　太上老君　急急如律令

칙옴굉
敕唵轟

<개후부(開喉符)>

● 맹세하는 글

오욕사여상천 여오상천 사 여입지 여오입지 인간백무 여오통보
吾欲使汝上天 與吾上天 使汝入地 與吾入地 人間百務 與吾通報

타일행만공완 일체공행 여여평분 이약부전 상주천정 오봉 태상
他日行滿功完 一切功行 與汝平分 爾若不悛 上奏天庭 吾奉 太上

노군 급급여율령칙옴굉
老君 急急如律令敕唵轟

<풀이>

"내가 너를 데리고 하늘에 오르고자 하면 나와 함께 하늘에 오르자. 내가 너를 데리고 땅 속에 들어가고자 하면 너도 나와 함께 땅 속에 들어가자. 인간의 모든 일을 나에게 알려다오. 그리하여 뒷날 행한 일이 많아서 공을 이루면 일체의 행한 공적을 너와 평등하게 나누리라. 그러나 네가 만약 내 뜻에 따르지 않는다면 하늘에 아뢰리라. 나는 태상노군의 칙령을 받들었으니 신속히 계율을 지키라."

(3) 귀신을 종으로 부리는 법

솔개〔鴟〕는 주로 산에 사는 새인데 까마귀〔烏〕와 마찬가지로 사람들이 아주 싫어하는 날짐승이다. 까닭인즉 까마귀나 솔개가 울어대면 사람들에게 우환이 생긴다고 생각하기 때문이다. 그러나 귀신들은 솔개 고기를 매우 좋아하는 모양이다. 그래서 귀신(鬼神)에게 솔개 고기를 먹인 뒤 종으로 부린다고 한다.

어떤 수단에 의해서든지 요령껏 솔개를 잡아 털을 뜯고 적당한 크기로 토막친 뒤 기름 프라이팬(냄비), 땔나무(현재는 야외용 버너로 대용) 등을 준비해 가지고 (인가에서 멀리 떨어진) 오래 묵은 무덤이

많은 곳으로 간다. 묘지에 도착하여 프라이팬에 불을 지피고 기름에 다 솔개 고기를 볶으면 고기 굽는 냄새가 사방으로 풍길 것이다. 그렇게 되면 얼마 안 가서 근처에 있던 귀신들이 그 냄새에 혹해서 모여들기 시작한다. 모르는 체 잠시만 기다리면 별의별 형상을 지닌 귀신들이 히히거리며 수도 없이 많이 모여든다. 이때 법술을 행하는 이는 귀신들에게 큰 소리로 호령한다.

"이놈들아, 이게 무슨 짓이냐? 너희들은 귀신이 지켜야 할 도리를 어기고 하늘의 율법을 어겼으니 내가 시키는 대로 순순히 따르겠느냐? 아니면 하늘이 내리는 벌을 받겠느냐?"

그리하면 귀신들은 "예, 예, 시키는 대로 하겠습니다" 하고 연신 머리를 조아릴 것이다.

"그렇다면 어디 살던 누구였는지 생전에 살던 곳과 성명을 대라."

귀신들이 주소와 성명을 대면 종이에다 일일이 기록한다. 기록이 끝나면 바야흐로 술과 고기를 내어 먹이고 나서 그 귀신들을 향하여 명령한다.

"네가 이미 내 술과 고기를 먹었으니 이제부터는 내게서 반걸음도 떠나지 못할 것이며, 영원히 나의 심복(心腹)이 되어야 하느니라. 내 말을 따를 놈은 즉시 대답하라."

이렇게 명령하면 그 가운데 몇 놈이 "그리하겠습니다" 하고 대답하거든 그 이름을 적은 뒤 집으로 돌아온다. 집에 도착하면 즉시 제사 지낼 자리를 마련하여 그 귀신 이름을 써놓고 다음과 같은 주문(呪文)을 외우며 제사지낸다.

陰靈陰靈 同汝死生 陰陽二界 結爲兄弟 我若有難 預先報陳 天上
음령음령 동여사생 음양이계 결위형제 아약유난 예선보진 천상

地下 通幽達冥 汝若負我 永墮北酆 我若負汝 身遭極形 他日有功
지하 통유달명 여약부아 영타북풍 아약부여 신조극형 타일유공

同趨帝城 太上老郡 急急如律令
동추제성 태상노군 급급여율령

<풀이>

"음계의 영아, 음계의 영아, 너와 함께 죽고 살리라. 음계에 있는 너와 양계에 있는 내가 형제의 의를 맺었느니라. 내가 만일 어려운 일이 있게 되거든 네가 먼저 미리 알려주어 피할 수 있도록 해다오. 하늘 위와 땅 속 깊고 어두운 곳의 일까지도 다 알려다오. 네가 만일 나를 배반하면 너는 영원토록 지옥에 떨어질 것이고, 내가 만일 너를 배신한다면 지극한 형벌을 받으리라. 다른 날 공을 세운 뒤에는 나는 너를 데리고 옥황상제가 계신 곳으로 함께 가겠노라. 태산노군의 율령을 받드느니라."

이렇게 하여 사귄 귀신이 하늘 위와 땅 속, 그리고 모든 인간지사를 상세히 예보해 준다고 한다.

이보법(耳報法)에 대해 지난날 필자가 전해들은 말이 있는데 비슷하면서도 다른 점이 있다. 와전(訛傳)인지, 아니면 방법이 각각 다른 때문인지는 몰라도 들은 대로 간단히 소개한다.

솔개 고기를 준비하여 기름에 볶을 준비를 갖추어 자정(子正—밤 12시) 무렵에 애장[兒葬—어린이 무덤. 옛날에는 홍역·마마 등으로 어린이가 많이 사망했으므로 공동묘지에 어린이 무덤끼리 모이도록 하였다]터를 찾아가 냄비를 걸고 그 솔개 고기를 볶는다. 하루만으로

그치지 않고 며칠 밤을 같은 방법으로 솔개 고기를 볶고 있으면 하루는 마침내 고기 굽는 냄새에 이끌려 죽은 소년들의 영혼이 모습을 나타내어 냄비 가까이 둘러앉아서는 먹고 싶은 듯이 침을 꿀꺽꿀꺽 삼킨다.

"그래, 실컷 먹어라." 허락하고 자리를 피해 주면 어린이 귀신들이 정신없이 솔개 고기를 먹고 있을 때 미리 준비해 둔 인주를 손가락에 묻혀 그중 가장 똑똑해 보이는 어린이의 이마에다 신속하게 찍는다. 그리하면 그 어린이가 깜짝 놀라며 인주를 지워달라 애걸한다.

"그래, 지워주마. 대신 내가 묻는 말을 모두 알려주어야 한다. 당분간 나를 따라다니며 나를 위해 내가 모르는 일을 다 보고해 주어야 한다."

이렇게 하여 어린이 영혼을 데리고 다니며 인간의 길흉화복 등을 미리 알아내는데, 다만 뒤에 어린이 영혼의 이마에 찍은 인주를 지워 줄 방법이 없다고 한다. 그래서 마침내는 그 어린이 영혼에게 보복을 당하게 되어 있으므로 이보(耳報―귀신이 남몰래 귓속에다 대고 속삭임)를 통하는 데는 신효하지만 어린이 영혼의 보복이 두려워 이 방법 쓰기를 기피한다고 한다.

(4) 영조(靈鳥) 만드는 법

새가 모르는 게 없다면 이는 영조(靈鳥)요, 영물(靈物)이다.

『만법귀종(萬法歸宗)』의 내용 중에 새를 영조로 만드는 비술(秘術)이 수록되어 있어 이를 소개한다.

산에 사는 날짐승으로 구욕새〔鴝鳥〕가 있는데 모습이 왜가리〔鶬〕

와 흡사하다.

이 구욕새를 산 채로 잡아다가 9년 동안 잘 기르면 털이 모두 흰빛으로 변하는 수가 있는데, 만약 9년을 길러 털이 흰빛으로 변하면 이는 영물이 되었다는 증거다. 영물이 된 구욕새를 팔가(八哥)라 별명하게 된다.

구욕새는 성미가 까다로워 죽지 않게 기르기가 어렵다. 그러나 먹이 등 성미를 잘 맞춰주면 무난히 9년간을 기를 수가 있다.

산에서 잡아다가 집에 가두어 두고 1년을 기르면 앵무새 이상의 말을 하고, 3년을 기르면 손님에게 인사말을 하는 것은 물론이거니와 시구(詩句)도 짤막하게 외우는 정도라 하며, 9년을 기르면 털이 희어지면서 앞서 말한 바와 같이 영조(靈鳥)가 된다.

이렇게 영물이 된 구욕새는 하늘과 땅의 이치〔天上天下之理〕와 인간의 미래에 생길 생사존망(生死存亡)과 길흉화복을 다 알아서 영조를 기른 주인에게 다 알려준다. 즉 어떤 일이거나 영조에게 묻기만 하면 척척 다 알려준다는 것이다. 옛날 좌산도인(坐山道人)이 바로 구욕새를 9년간 기른 끝에 영조를 만들었으므로 도인은 이 구욕새의 보고로 인해 인간들의 길흉화복을 미리 알아냈다. 뿐만 아니라 도인 자신에게 이를 위난에서 무사히 구제되었다 한다. 하지만 과연 실제로 영조가 될 수 있는지는 모르겠거니와 산 채로 잡아다 9년간 기른다는 것도 결코 쉬운 일이 아니다.

9. 강신법(降神法)

　사람이 어떤 재난을 당하거나 어떤 소원이 있으면 신명(神明)께 제사를 지내며 기도한다. 아무리 신명은 무소부재(無所不在)라지만 특별히 신명을 청하는 주문(呪文)을 외우지 않으면 어찌 신명이 빌고 있는 장소에 강림(降臨)한다 하겠는가.

　액을 빌건 소원을 빌건 신명께 액을 막고 소원성취를 빌기 위해 제사를 지내려면, 향을 피우고 나서 미리 아래의 주문(呪文)을 염(念)하여 신명이 강림하기를 청해야 더욱 효과적이라 하겠다.

강신주(降神呪) 1

상화금루병옥전　금루옥전청성현　일루명향통삼계　통온삼계치
上化金樓並玉殿, 金樓玉殿淸聖賢, 一縷名香通三界, 通氳三界値

부신　치부사자문아향　제대향신청성인　향연침침인건곤　점기청
符神, 値符使者聞我香, 齊待香信淸聖人, 香煙沉沉氳乾坤, 點氣淸

향투법문　남신북두공하강　오색채운뇨분분　자미궁중개궁전　도
香透法門, 南辰北斗共下降. 五色彩雲鬧紛紛, 紫微宮中開宮殿, 桃

원동리청신선　삼십삼천개궁전　조청오방치부신
園洞裡請神仙. 三十三天開宮殿, 調請五方値符神.

　뒤의 주문을 이어서 염하면 더욱 좋다.

調請東方靑帝靑寶宮, 甲乙宮中値符神, 値符使者聞我香信請, 齊待

香信請聖人, 速到本壇來勅令, 淸香迎請到壇前.

調請南方赤帝紅雲宮, 丙丁宮中値符神, 値符使者聞吾香信請, 齊待

香信請聖人, 速降臨本壇勅令, 淸香迎請到壇庭.

調請西方白帝金雲宮, 庚申宮中値符神, 値符使者聞吾香信請, 齊待

信香請聖人, 速降本壇來勅令, 淸香迎請到壇庭.

調請北方黑帝黑寶宮, 壬癸宮中値符神, 値符使者聞吾香信請, 齊待

香信請聖人, 速降本壇來勅令, 淸香迎請到壇庭.

調請中央黃帝黃寶宮, 戊己宮中値符神, 値符使者聞吾香信請, 齊待

香信請聖人, 速降本壇來勅令, 淸香迎請到壇前.

調請年月日時, 四値功曹陰陽二使, 奉符有旨, 奉符有令, 直往天宮

請帝神, 在天宮離天宮, 在地府離地符, 在天騰雲駕霧, 在地力馬撻

鞭, 在山開道取路, 在水搖船橋櫓, 速到壇前來勅令, 淸香迎請到壇

前.

이상의 강신주(降神呪)를 염(念)하고 나서 다음의 강신부(降神符)를
봉안해 놓고 신명(神明)께 제사를 올리면서 기도하면 대길하다.

<강신부(降神符)>

10. 분실물 찾는 법

도둑맞은 물건을 찾는 방법이
다. 그러나 잃은 물건이 그다지
소중한 것이 아니라면 이런 방법
을 사용하지 말라. 잘못하면 그
물건을 가져간 사람에게 큰 액이
이를 것이므로 그만두는 게 덕을
쌓는 일이다. 하지만 도둑질 한
사람이 그 물건을 몰래라도 돌려
주면 화를 입지 않는다. 그러나
이미 가져간 이상 누가 자기 잘
못을 깨닫고 되돌려 주겠는가.
차라리 오른쪽 부적을 써서 도둑
을 직접 잡도록 노력하는 게 좋
은 방법이 될 수 있다.

삼무일(三戊日), 즉 戊午日·戊
辰日·戊戌日 중에 편리한 날을
가려 금이나 은이 아니면 지폐
(종이돈)를 들고 밖으로 나가 집
에서 가까운 곳에서 깨끗한 흙으
로 비둘기만큼 그 들고 간 지폐

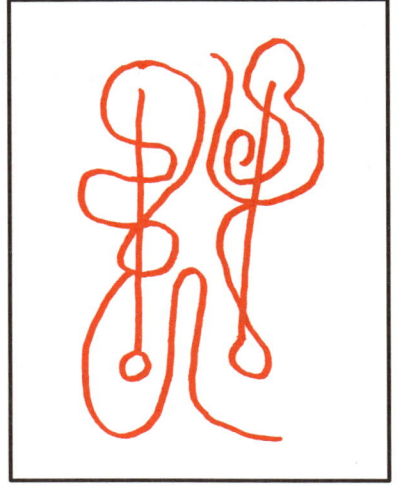

를 주고 사오는 형식을 취한다. 그 흙과 부엌 바닥에서 긁어모은 흙 약간과 달걀 흰자위를 기름(기름 대신 술이나 식초를 써도 무방하다)에 개어 아궁이 언저리에 바른 다음 아래에 기록된 주문(呪文)을 외운다.

某年某月某日 某 家被盜失去 某物(잃은 물건) 不知取物之人 是
모년모월모일 모 가피도실거 모물 부지취물지인 시

誰姓名 願竈君令取物者 頭撞火中 額爛頂腐
수성명 원조군령취물자 두당화중 액란정부

이상과 같은 주문을 외우면 물건을 훔쳐간 사람이 화상을 입게 될 뿐 아니라 죄를 뉘우쳐 그 물건을 다시 제자리에 갖다 놓는다. 만일 화상을 입고서도 깨달아 뉘우침이 없으면 화상보다 더 큰 액을 당한다. 그러므로 웬만한 물건이면 방법 행하는 일을 단념하는 게 좋다는 것이다.

● 어떤 경로로 인해서든간에 물건을 잃어버렸거나 어디에 있는지 알지 못해서 찾지 못할 경우 오른쪽 부적을 써서 벽에 붙여놓고 그 앞에 앉아서 잃은 물건의 이름을 대며 "○○○○ 나와라" 하면 신효하다.

11. 도둑의 침입을 막으려면

황지(黃紙)에다 아래 부적을 주사로 써서 대문 앞에 붙여두거나 대들보(지금은 반자)에 붙여두면 도둑이 들지 않는다고 한다. 단, 1개월간의 효력이 있으므로 자주 새로 써서 붙여야지 오래 묵으면 도리어 해로운 일이 생긴다 하니 유의하는 게 좋다.

12. 좋은 사람을 구하려면

가정부, 고용인, 운전기사 등 필요한 사람을 구하려는데 마땅한 사람이 없어 고심하는 경우가 있다. 이럴 때 아래 부적을 써서 출입문 위에 붙여두면 신효하다.

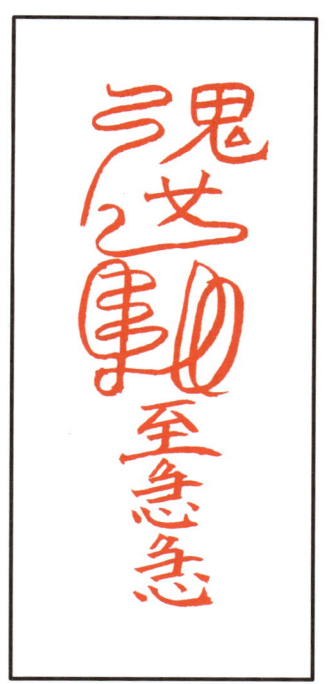 

13. 물고기가 잘 잡히게 하는 법

어부(漁夫)나 낚시꾼은 물고기가 많이 잡히는 게 소원이다. 어부는 그물을 치거나 낚시로 고기를 잡고, 낚시꾼은 오직 낚시로만 고기를 낚아낸다. 그물이건 낚시이건 우선은 물고기가 많이 모여들어야 그물에 많이 걸려들고 낚시에도 자주 걸리게 된다.

물고기가 사방에서 모여들도록 하는 방법이 있어 이를 소개한다.

염소〔羔羊〕 오줌보 한 개를 구하여 썩지 않도록 잘 보관해 둔다. 여름철 저녁에 풀섶이 있는 들로 나가면 반디〔螢虫 — 속칭 개똥벌레〕를 많이 잡을 수 있다. 이 반디를 백여 마리 정도 잡아다가 염소 오줌보에 넣고 입으로 불어 오줌보가 팽창하도록 공기를 채운 다음 공기가 새지 않도록 고무줄로 잘 묶는다. 이것을 어부는 그물 밑에 달아매고, 낚시꾼은 물 속에 돌을 달아 넣어두면 물고기들이 오줌보 냄새와 불빛에 홀려 사방에서 모여든다. 그렇게 되면 자연 그물에 가득하게 물고기가 걸릴 것이고 낚시도 잘될 것이 아니겠는가.

옛날에는 물 속에서 꺼지지 않는 불빛을 사용하려면 반딧불밖에 없으므로 반디를 사용하라 하였지만, 반디를 잡는다는 것은 여름철에나 가능한 일인데다 비록 미물이지만 무고한 생명을 해치는 것 같아 안된 마음이 든다. 그러므로 전등을 반딧불 대신 사용해 보는 게 어떨까 생각된다. 전선의 연결이 어렵겠지만 건전지나 배터리 등을 이용할 수 있으리라 믿는다. 단, 오줌보 대신 비닐이나 고무풍선을 사용할 수 있는데 비닐을 사용할 경우 비닐 표면에다 짐승의 피나 오줌 따위를 발라 노린내가 풍기도록 하면 효과적일 것이다.

　또는 고기가 잘 잡히는 일진이 있다. 바닷가에 살면서 어업으로 종사하지 않고 취미로 고기잡이를 나가는 사람이라면 고기가 잘 잡히는 일진을 가려 사용하면 효과적일 것이다. 물론 산에 가서 수렵하는 데도 같은 일진을 사용하면 좋다.

　正月—戌日과 未日,　七月—丑日,
　二月—辰日과 申日,　八月—寅日과 未日,
　三月—酉日과 亥日,　九月—寅日과 卯日,
　四月—巳日과 戌日,　十月—辰日과 申日,
　五月—亥日과 子日,　十一月—卯日과 巳日,
　六月—午日과 子日,　十二月—午日과 酉日

14. 추첨에 당첨되려면

  이 방법을 써서 복권 따위의 확률이 매우 적은 것에 당첨되려는 생각은 단념하기 바란다. 하지만 확률이 높은 것이라도 당첨된다고 장담할 수 없는 것이 바로 추첨이다. 이런 경우 아래 부적 글씨를 두 장 써서 한 장은 침실의 정결한 곳에 붙여두고, 또 한 장은 몸에 지니고 추첨장소에 가면 다른 사람에 비해 비교적 당첨 확률이 높아질 것이다.

15. 죽은 이를 소생시키는 법

만약을 위해 본 방법에 의해 처방약을 미리 준비해 두는 것도 나쁘지 않으리라 생각된다. 불치병에 걸리거나 치명적인 부상을 입어 사망한 경우에는 어쩔 수 없는 일이지만 질식(窒息)하거나, 탈진(脫盡)하거나, 몹시 놀라 기절(氣絶)한 경우는 살려내기만 하면 이후는 아무 탈이 없이 살아갈 것이다. 물론 인공호흡 등 비상수단을 쓰는 방법도 있지만 비상수단을 썼음에도 불구하고 깨어나지 못할 때는 본 방법을 써볼 필요가 있다. 실제로 간혹 완전히 죽지 않고 가사(假死) 상태에 빠진 것을 처방법을 몰라 살려내지 못하는 수도 없지 않으므로 미리 준비해 두면 죽게 된 생명을 건지게 되지 않을까 생각된다.

먼저 음력 7, 8월에 월식(月蝕)이 있는 해의 봄이 되거든 배에 누런 빛이 도는 두꺼비 몇 마리를 잡아다가 도망치지 못하도록 끈으로 묶어 들보에다 달아맨다(지금은 들보가 반자에 가려져 있으니 들보 대신 벽 높직한 곳에 못을 박고 달아매면 된다). 다른 벌레 따위가 침범하지 않도록 망을 씌워 보호해야 되는데 7, 8월경 월식이 있는 날, 월식이 시작하는 때를 맞추어 조그마한 동이에다 따끈한 물을 붓고 달아매어 두었던 두꺼비를 내려 물이 담긴 동이 안에 넣고는 그 위에 그보다 더 큰 동이로 뚜껑을 덮는다. 그리고는 대막대로 덮어씌운 동이 위를 월식이 끝날 때까지 쉬지 말고 계속 두드리다가 달의 모습이 완전히 드러나거든 두드리기를 끝내고 덮개를 연다. 동이 안에 있는 두꺼비의 상태를 살펴보노라면 법술이 성공한 경우 여러 마리의 두꺼비 가운데 기적적으로 다시 살아나 도망치려는 놈이 있게 된다(살아 도망치는 놈이 없으면 법술은 실패한 것이니 처음부터 방법을 다시 해야 한다). 혹 두세 마리가 함께 살았더라도 다리에 힘이 빠진 놈은 쓸모가 없으니 그 가운데 가장 팔팔한 놈 한 마리만 취한다. 그 팔팔하게 살아난 두꺼비를 광명전두(光明箭頭 —뜻은 未詳이나 번쩍번쩍 빛나는 화살촉이 아닌가 생각된다)와 주사(朱砂) 한 냥가량을 함께 절구에 넣고 천 번 만 번 오래도록 찧은 뒤 일백 개의 환(丸)을 짓는다. 이렇게 만든 약 1환에 사람 생명 하나를 건지게 되리니, 두꺼비 몇 마리 희생되는 것은 살생(殺生)이므로 딱한 일이지만 대신 일백 사람의 생명을 건질 수 있다는 게 위안이 된다. 사람이 죽은 지 10시간이 넘지 않았다면 이 약을 끓인 물에 타서 죽은 이의 입 속에 흘려넣고 부드럽게 주무르면 잠시 후 소생할 것이다.

16. 신화(神畵) 그리는 법

이는 그림을 그리는 사람에게만 필요로 하는 비술(秘術)이다.

그림에 취미 또는 소질이 있거나 전문업으로 종사하는 사람이라면 훌륭한 작품을 그려보고 싶은 게 소원일 것이다. 더욱이 신화(神畵)를 그릴 수만 있다면 평생에 작품 한 가지만 남겨도 원이 없으리라 믿는다.

신화(神畵)란 그림 속에 정신(精神)이 살고 기(氣)가 살아서 나무를 그리면 잎이 나부끼는 듯하고, 새를 그리면 실제의 새가 날갯짓하며 날아가는 듯이 보이며, 짐승을 그리면 뛰는 듯 생동감이 넘치는 그림을 말한다. 옛날 신라 때 솔거가 그린 소나무가 실제 살아 있는 소나무처럼 보였으므로 새들이 산 소나무인 줄로 착각하고 날아와 그 소나무에 깃들이려다 벽에 부딪쳐 땅에 떨어졌다는 이야기가 전해지고 있는데, 이러한 그림이 바로 신화(神畵)인 것이다.

살아 있는 그림, 즉 생동감(生動感)이 넘치거나 기(技)가 완벽에 이른 그림을 명화(名畵)라 하는바 신화(神畵)란 명화의 범주를 능가하는 그림, 즉 신(神)이 아니고는 도저히 그려낼 수 없는 그림을 말한다.

그런데 이런 그림, 즉 신화(神畵)를 그릴 수 있는 비법이 있다 하니, 어쨌거나 알아두면 좋지 않을까 생각한다.

까마귀를 잡아 까마귀 머리에서 피를 받아 그늘에 말려 보관해 두었다가 먹이나 물감에 섞어 그것으로 그림을 그리면 신화(神畵)가 된다고 한다. 그리하여 이렇게 해서 그린 신화(神畵)는 그 값으로 치면 부르는 게 값이라 하는데, 과연 믿을 수 있는 비법인지 그 진부(眞否)는 알 수 없다.

17. 우물 있는 곳을 찾는 법

식수나 농업용으로 우물을 파거나, 또는 어떤 목적으로 우물을 파서 임시로 사용하게 될 경우가 있다. 어느 곳을 막론하고 한없이 땅을 파고 들어가면 물이 나오기 마련이지만, 깊이 파는 것도 정도 문제이므로 가능하면 얕게 파서 물을 얻어야 할 것이다. 현재 수맥 전문가들은 쇠붙이를 이용해서 물이 통하는 위치를 알아낸다 하므로 이 책자에서 제시하는 방법보다 효과적인지 아닌지는 모르겠으나, 이는 옛날 군사를 주둔하여 현지에서 식수를 쉽게 구하기 어려울 때 사용하던 방법의 하나이므로 기록에 있는 그대로를 소개하는 바이다.

자기(磁器—자기그릇)를 물이 나올 수 있다고 예상되는 위치에 엎어놓고 그 둘레를 빙 둘러 흙으로 덮어놓았다가 하룻밤이 지난 다음 날 새벽에 그 자기그릇을 젖혀본다.

자기그릇에 물방울이 서려 있으면 부근에 물이 난다는 증거이므로 그 밑을 파면 물이 나온다. 그러나 자기그릇에 물이 서려 있지 않으면 가까운 주위에는 물이 없다는 표시이므로 다른 곳에 옮겨놓고 같은 방법으로 물방울이 맺히는 곳을 찾아내야 한다. 물이 숨어 나오는 곳을 쉽게 찾으려면 자기그릇을 여러 곳에 설치하여 확인해 보면 물 나오는 곳 찾기가 훨씬 쉬울 것이다.

18. 신궁(神弓)이 되려면

활을 쏘아 백발백중하는 사람을 일컬어 명궁(名弓) 또는 신궁(神弓)이라 한다. 궁수(弓手)나 사수(射手)라면 누구나 명궁·명사수가 되는 게 소원일 것이다.

그런데 신궁(神弓), 명사수(名射手)가 되는 비법이 있다. 법술을 행한다 해서 아무나 신궁이 되는 게 아니다. 최소한도 궁법(弓法), 사격법에 밝고 평소에도 사술(射術)에 능한 사람만이 가능한 것이지 궁법, 사격법을 전혀 모르는 사람까지 신궁이 될 수 있다는 뜻은 아니다.

법을 행하기 시작하는 날은 갑자일(甲子日)이나 경신일(庚申日)을 택한다. 먼저 제단(祭壇)을 설치하여 활(사수는 총), 향(香)과 차〔茶〕와 술〔酒〕과 지마(紙馬)와 등촉(燈燭)과 일곱 가지 과일, 염소머리, 생록포(生鹿脯—사슴을 생으로 포를 뜬 것) 등을 준비해 둔다. 물론 제를 올리기 3일 전(壬戌日 혹은 戊午日)부터 목욕재계하되 부녀자, 상복 입은 사람, 개, 닭, 그리고 기타 부정한 것을 보지 않아야 한다.

갑자일(甲子日)이나 경신일(庚申日)이 이르면 제단이 설치된 곳에 가서 7일간 제사를 지내면서 기(氣)의 수련을 한다. 7일 제사가 끝나거든 활을 들고 나와 시위를 당겨보라(사수는 총을 들고 나와 사격한다). 목표물에 적중될 것이다. 그렇더라도 8일을 더 제사하고 수련하는 게 좋다. 제사를 지낼 때 향을 피운 뒤 다음과 같은 제문(祭文)을 읽고 이어서 주문(呪文)도 외워야 한다.

유세차 모년 간지　모월모일 간지　　시 도　　구 군　　동 면
維歲次 某年(干支) 某月某日(干支) ○市(道) ○區(郡) ○洞(面)

리 제자　　　고 어
○里 弟子○○○(성명) 告於

보도현성　묘도진군지신왈　유신득도　우주위변　건곤조화막측　현기
普度顯聖 妙道眞君之神曰 維神得道 宇宙威變 乾坤造化莫測 玄機

현명　재천포강　재지통령　부위조난　정국안방　음양표리　제발군생
顯明 在天逋降 在地通靈 扶危助難 定國安邦 陰陽表裡 濟拔群生

현　신위지묘용　포원기지분운　선양묘법　전포단정　영위　모월
顯, 神威之妙用 佈元氣之紛紜 宣揚妙法 展布壇庭 令爲 某月

　　　　　　　숙 치일　근비향의　용표정성　회신래강　복유　상 향
○○○(성명) 宿値日 謹備香儀 用表精誠 希神來降 伏惟尚 饗

이상의 제문(祭文) 읽기가 끝나면 이어서 아래와 같은 주문을 염(念)한다. 이 주문은 천봉주(天蓬呪)라 한다.

천봉천봉　래호오신　오령신부구아　생남불역　내호오신　천전천승
天蓬天蓬 來護吾身 吾令神符俱我 生南不亦 來護吾身 千戰千勝

만사만령　천봉원수　내호오신　오용사법　발중타인　육정육갑　당일
萬射萬靈 天蓬元帥 來護吾身 吾用射法 發中他人 六丁六甲 當日

통병　영오용사　상수아신　오봉　보도현성　묘도진군　급급여율령
統兵 令吾用射 常隨我身 吾奉 普度顯聖 妙道眞君 急急如律令

이상의 주문 염하기가 끝나면 아래 보기의 부(符)를 써서 불사르고, 이어서 또 주문을 외운다.

<기부(旗符)>

<성부(星符)>

기부(旗符)와 성부(星符)는 제단 앞 벽에 붙이고 제사한다.

<궁부(弓符)>

<제련부(祭煉符)>

궁부(弓符)는 흰 비단에다 주사 가루를 백급수(白笈水)에 개어 쓰는데 활(혹은 총)에 붙여놓고 제사 지내면서 수련한다.

제련부(祭煉符)는 신위(神位) 앞에 안치하고 제를 지내는데, 먼저 천봉주를 염하고 나서 이 부적을 써야 한다.

제문(祭文)을 다 읽으면 이어서 위의 천봉주(天蓬呪)를 외워야 하며, 이 주문을 끝내고 제련부(祭煉符)를 써서 신위(神位) 앞에 안치한 뒤 기부(旗符)와 성부(星符)를 종이에 써서 불사른다. 이 두 부적은 제련하는 날 밤마다 새로 써서 불살라야 한다.

부적 불사르기가 끝나면 단 앞 신위에다 절을 일곱 번 한다.

절한 뒤에는 또 아래와 같은 주문을 염(念)한다.

精精靈靈 赫赫長生 通天達地 道氣氤氳 天心正法 祭煉通靈 急急

勅旨 賞罰明明 弓矢應念 神人合心 雷霆靈寶 火速奉行 吾奉 普

度顯聖 妙道眞君 急急如律令

● 제련(祭煉)하는 준비

다음의 글씨와 같은 신위(神位)의 명칭을 써서 제사지낼 때 신주(神主)나 지방(紙榜)처럼 안치한다.

단(壇—제상 비슷한 것)에 활과 화살(사격술을 통하려면 총과 총탄을 올려놓는다)을 놓고 그 앞에 차[茶], 술[酒], 염소머리[羊頭], 사슴포(생것), 과일 등을 차려놓는다.

탁자 밑에는 향수(香水)와 지마(紙馬—종이로 만든 말) 셋을 놓아 두고, 염소머리 위에다 등 일곱 개를 걸고, 촛불도 일곱 개를 밝힌다.

축(祝)과 주문과 부적 사용하는 방법은 앞서 말한 바와 같으니 7일
간 제련하되 8일을 더 하면 더욱 좋으며, 일의 성불성은 얼마만큼 정
성이 담겨 있느냐에 달렸다.

天猷元帥來護我身　神位

普度顯聖妙道眞君　神位

天蓬天蓬來護我身　神位

<신위(神位)>

19. 태풍 재우는 법

태풍(颱風)은 수륙(水陸)을 막론하고 온갖 피해를 입히므로 두렵다. 육지에서는 농작물의 피해가 크고, 바다에서는 배가 풍랑에 뒤집힐 우려가 있기 때문이다. 그러므로 태풍을 멈추게 하는 방법이 있다면 미리 준비해 두었다가 위급할 때 법술을 행하도록 하는 게 좋다.

검정색 염소가죽을 구해다가 불에 태워 그 재를 보관해 두었다가 바람부는 방향을 향해 뿌리면 태풍이 멈춘다고 한다.

배를 타고 가다가 태풍을 만나 물결이 거칠어지면 심히 위험하다. 그러므로 바다 한복판에서 태풍을 만나거든 즉시 왼편 손바닥에 임금 왕(王)자를 써서 바람이 불어오는 방향으로 왼손을 흔들어대면 바람이 멈춘다고 한다.

또 다른 방법이 있다.

배를 타고 항해(航海)하게 될 경우 태풍을 만날까 두렵거든 천웅(天雄)을 작말(作末 ― 가루로 만드는 것)하여 배가 떠나기 전에 뱃머리〔船頭〕에다 발라두면 태풍을 만나지 않는다고 한다. 태풍이 멈추도록 하는 방법이 또 있다. 강이나 바다 가운데서 갑자기 바람이 불거든 개가죽〔狗皮 ― 미리 준비해 둔다〕을 태운 재를 사방에다 뿌리면 불던 바람이 멈춘다고 한다.

20. 벼락부자가 되려면

이 방법은 필자가 어떤 사람에게 우연히 얻어들은 비술(秘術)이다. 그는 이 말을 하면서 실제로 이 법을 사용한 사람이 한의사였는데, 이 법을 사용한 뒤부터 고객이 문전성시(門前成市)를 이루어 몇 년 사이에 큰 부자가 되었다고 한다.

그는 말하기를 "사람이 무슨 일이고 잘 안 되는 것은 신(神)의 도움이 없어서라기보다 앞을 가로막는 훼방살이 있기 때문이므로 이 훼방살만 집에 들어오지 못하도록 막아주면 만사대통"이라고 하였다.

필자도 이 말을 듣고 그대로 해보려 마음먹은 적이 있으나 차일피일 미루다가 지금껏 시험해 보지는 못하였다. 반신반의한 데다 그 절차가 약간 까다로웠기 때문이다.

이제 아시다시피 본 책자는 온갖 비법을 소개하는 데 있으므로 비록 의문점이 없지 않으나, 진부는 여러분에게 맡기기로 하고 아는 대로 기술하겠다.

본래 오동나무는 속이 비었다. 그러나 커가는 오동나무를 두세 번 잘라주면 속이 찬다. 속이 찬 오동나무, 즉 팔뚝 굵기의 오동나무를 베어다가 말린 뒤에 신장(神將) 모양으로 조각하되 두 벌을 만든다.

하나는 푸른색 장군복을 입히고, 하나는 붉은색 장군복을 입힌다. 모두 칼을 채우는데 푸른색 신장에는 '靑帝將軍(청제장군)', 붉은색 신장에는 '赤帝將軍(적제장군)'이라 쓴다.

모두 갑(匣) 속에 넣되 열고 닫을 수 있는 문을 달아 출입문(내실 혹은 영업장) 왼편에는 청제장군, 오른편에는 적제장군을 안치(걸어놓음)한다.

음력 5월 5일(단오일)에 걸어놓고 돼지 한 마리를 두 신장에게 준다. 그런 뒤에 매년 5월 5일에 돼지 한 마리만 신장 앞에 제(祭)하면 모든 재앙이 침입하지 않을 뿐 아니라 날로 재물이 모인다고 한다.

이 신장은 섬긴다기보다 주인공이 수호신으로 부린다는 의의가 있다. 즉 '일 년 한 차례 돼지 한 마리씩 먹고 네 소임(지키는 것)을 다 하라'는 뜻이라 하였다.

21. 보행신비법(步行神秘法)

옛날에는 교통수단이 나빴으므로 하루에 50리나 100리쯤 걷기는 예사였다. 물론 보행으로 먼 거리를 걷자니 다리가 아플 뿐 아니라 시간이 많이 소요되었으니 어찌 불편치 않았으랴만 당시의 실정이 그러하고 보니 어쩌는 수가 없었다.

오늘날에야 교통이 좋아져서 자가용은 말할 것도 없거니와 승합차나 기차 등 대중교통을 이용할지라도 10리를 넘게 걷는 이가 별로 없다. 물론 건강을 위해 일부러 걷거나 등산하는 경우를 제외하고 말이다.

한데 아무리 교통이 좋아졌어도 교통수단을 이용할 수 없는 곳이 있다. 차가 다닐 수 없는 곳이라면 다리로 걸어야 하기 때문이다. 어쨌거나 험한 길이나 먼길을 걸을 때 다리가 아프지 않으면서도 빨리 걷는 방법이 있어 이를 소개한다.

양쪽 손가락을 이용하는데, 맨 처음 엄지와 새끼손가락을 힘껏 오므린다. 다음에는 식지(食指), 즉 둘째손가락과 무명지(無名指), 즉 넷째손가락을 오므린 엄지와 새끼손가락 위에 바싹 겹쳐 오므린다. 그리고 나머지 가운뎃손가락은 뒤로 힘껏 젖힌다.

양쪽 손가락 모양을 이렇게 하면 손가락이 뻐근하고 불편한 점이 있다. 그러나 길을 걸어보면 신기하게도 발걸음이 가볍다. 이는 옛적 도사(道士)들이 사용한 방법이라고 한다.

또는 부적을 사용하는 방법도 있다. 다음과 같은 부적 글씨 일곱

자를 써서 신 위에 거꾸로 붙여놓고 걸으면 다리가 자연히 가벼워져서 나는 듯 빨리 걸어진다고 한다.

22. 밤에 무서운 길을 걸을 때

지금은 온나라 방방곡곡에 넓은 차도가 생겨 밤낮 상관없이 어디를 왕래할지라도 차를 이용할 수 있으므로 혼자서 무서운 밤길을 걷게 될 일이 별로 없다. 그러나 아직도 강원도 깊은 산골이나 찻길이 멀리 떨어진 시골길이 있고, 살아가다 보면 밤에 이런 길을 혼자서 걷게 되지 않는다고 장담할 수만은 없다. 어쨌거나 호젓하고 무서운 밤길을 걷더라도 일신의 안전을 지켜주고 무섭지 않게 걸으려면 아래 부적을 써서 몸에 지니면 된다.

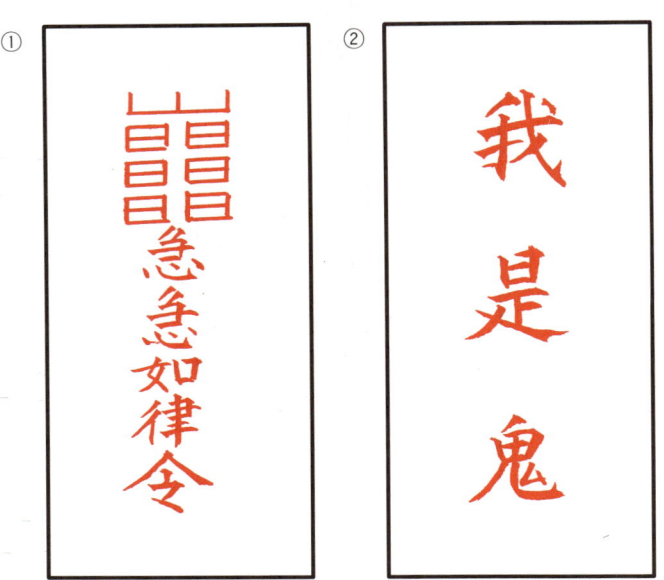

23. 눈이 밝아지려면

평소에는 이상이 없던 눈이 간혹 침침해져서 사물이 흐릿하게 보이는 때가 있다. 중증(重症)이면 당연히 병원 안과(眼科)나 내과(內科)를 찾아가 치료받는 게 상책이지만, 병원까지 갈 정도가 아니라고 생각될 경우 한번 이 방법을 시험해 보는 것도 나쁘지 않을 것이다. 즉 아래 보기와 같은 부적 그림을 백지에 주사로 써서 불사른 뒤 그 재를 구기자(枸杞子) 한 돈쯩 달인 물에 타서 마시면 눈이 밝아진다고 한다.

24. 목에 생선가시가 걸렸을 때

음식을 먹다가 생선가시가 목에 걸리면 여간 괴롭지 않다. 심한 경우 침을 삼킬 수 없고 목이 붓는다.

물론 병원을 찾아가 치료받는 게 상책이지만, 병원이 멀거나 병원 치료까지 해야 할 필요가 없다고 생각되는 정도면 집에서 이 방법을 사용해 보는 것도 좋으리라 생각된다.

목에 걸린 가시가 빠져 넘어가도록 하는 방법은 다음과 같다.

대접에다 맑은 물을 반그릇 정도 떠다가 소반 위에 올려놓고 정남향을 바라보고 선다. 왼손은 주먹을 쥐고 오른손은 팔을 휘둘러 하늘과 땅[上下]과 동서(東西)를 가리킨 뒤 손가락으로 그릇에 담긴 물에다 오른쪽 부적 글씨를 획만 그어 쓰면서 아래 주문(呪文)을 염한다.

글씨를 다 쓴 뒤에도 몇 번이고 같은 주문을 외우는 게 좋다.

주문(呪文)

차 완 화 위 동 양 대 해　　인 후 화 위 만 장 심 담　　구 룡 귀 동　　오 봉 태 상 노 군　　급
此碗化爲東洋大海　咽喉化爲萬丈深潭　九龍歸洞　吾奉太上老君　急

급 여 율 령
急如律令

---

92 | 비법사전

주문 외우기를 끝내고 동쪽을 향해 세 차례 숨을 크게 들이마셨다
가 대접에 담긴 물에다가 내뿜은 뒤 그 물을 마시면 걸린 가시가 넘
어간다고 한다.

25. 가위에 자주 눌릴 경우

가위란 자면서 꿈을 꾸다가 무엇에 쫓기거나, 위태로운 일을 당하거나, 기타 무서운 꿈을 꾸면 쉽게 깨어나지 못하고, 헛소리를 하고, 또는 진땀을 흘리게 되는 경우를 말한다. 이런 꿈을 어쩌다가 꾸면 근심할 바가 아니지만, 밤마다 가위에 눌리면서 자게 된다면 괴로운 일이다. 의학적으로는 신경쇠약 및 허약증 때문이라지만 건강한 사람도 자주 가위에 눌리는 수가 있고, 특히 평소에 어떤 불안한 일이 있는 사람에게 많이 나타난다.

어쨌거나 가위눌리는 것 때문에 잠자는 일이 괴롭거든 위의 보기와 같은 부적을 두 장 써서 한 장은 주인공이 베는 베개 속에 넣어두고, 한 장은 불에 태운 재를 복신(茯神 ; 소나무의 뿌리를 싸고 뭉키어 생긴 복령(茯笭). 한방에서 오줌을 잘 나오게 하는 데에 씀. 신목(神木)이라 함) 한 돈쭝 달인 물에 타서 복용하면 신효하다.

26. 장수비결(長壽秘訣)

(1) 수명을 연장하는 법

예로부터 '인명재천(人命在天)'이라 하여 사람의 수명(壽命)은 하늘이 맡아 좌우하므로 명(命)의 길고 짧음은 하늘만이 아는 일이지 아무리 술수(術數)에 능하고 점(占)이 용한 사람일지라도 언제 죽을지는 알 수가 없으며, 또는 어느 정도 짐작할 수 있다 해도 하늘이 정한 명을 그 어떤 방법으로도 연장할 수가 없다는 뜻이다. 물론 몸에 나쁜 병이 없고 기(氣)가 왕성하면 오래 살고, 항시 몸이 불편하여 병치레를 심하게 하거나 불치병에 걸리거나 기(氣)가 쇠약하면 오래 살지 못하는 것은 확률적인 상식이다. 그러나 일생 병치레가 잦으면서도 살 만큼 사는 이가 있는가 하면 병을 모르고 건강하기만 하던 사람이 어느 날 갑자기 세상을 뜨는 경우도 적지 않으므로 "명(命)은 따로 있다"고 하는 것이다.

그러나 사람에게는 어떤 예지감각 같은 것이 있어 "저 애는 아무래도 명이 길지 못할 거야"라고 생각된다거나 "내 명은 결코 길지 못할 것 같아" 하는 불안감이 드는 경우가 있고, 또는 신통한 점술가나 사주(四柱) 및 상학(相學)에 통철한 이에 의해 명이 길지 못하다고 추리되었다면 아무리 하늘만이 아는 게 인간의 수명이라지만 불안해하지 않을 수 없는 것이다. 그러므로 명 짧은 것이 우려되거나 혹 짧을 가능성도 있다고 생각될 경우 그 수명을 연장하는 방법이 있다면 누가 마다하랴. 하지만 그 방법이라는 게 믿어지지 않으므로 사람들은 그저 "하늘이 내린 명, 즉 타고난 운명대로 사는 수밖에 없지 않는가"라면서 사는 날까지 살자는 게 누구나 다 지닌 공통된 마음일 것이다.

옛날이야기, 즉 전설에 의하면 음덕을 쌓은 탓에 팔자(八字)에 없는 자식을 두게 되었다느니, 음덕을 쌓아 단명한 사람이 수명이 몇십 년 더 연장되었다는 등 음덕의 공이 지대함이 미담(美談)으로 등장하였다. 이는 권선징악(勸善懲惡)의 목적으로 만들어낸 이야기도 있겠으나 예나 지금이나 우리네 삶 속에는 상식으로 풀 수 없는 기적이 일어나는 예가 얼마든지 있으므로 저 인간의 명수(命數)를 맡은 하느님이 도우려고 든다면 어떤 기적인들 불가능하겠는가. 그러므로 '지성(至誠)이면 감천(感天)'이라 하여 "지극한 정성은 하늘도 감동한다" 하였다.

건강을 지키기 위해 병원에 자주 드나들면서 건강을 체크하고, 몸에 좋은 음식만을 먹는 대신 해로운 음식은 피하며, 마음을 항시 평화롭게 하고 적당한 운동으로 몸의 기(氣)가 잘 운행토록 하면 이것이 바로 건강을 지키는 방법이고 장수비결(長壽秘訣)임은 두말할 나위가 없는 것이다. 그러나 이러한 건강법은 그 사람에게 주어진 명수(命數 — 즉 天數, 하늘이 내린 수명)를 다 누릴 수 있도록 하는 노력이지 명수를 연장하는 방법은 아니다. 아무리 건강관리에 철저해도 사고도 당하고, 불치병에 걸리는 수도 있고, 급병(急病)에도 걸려 인간의 평균수명을 다 채우지 못하고 세상을 뜨는 사람들이 적지 않으므로 철저한 건강관리와 안보(安保)만으로 장수(長壽)를 기한다 장담할 수 없다. 그러므로 만약 운명적으로 명을 짧게 타고났다면 부처님

게 빌고, 칠성·용왕·남두·북두성에 빌고, 하느님께 빌어서라도 명을 연장해 주기 바라는 마음 간절하지 않겠는가. 하기야 예로부터 자식의 명이 길라고 절이나 무당(巫堂)에게 가서 명줄도 걸어주고, 부처님께 사십구일 혹은 백일 치성도 드리면서 장수경(長壽經)·연명경(延命經)·속명경(續命經) 등을 수없이 읽어주기도 한다.

1) 제1법

●먼저 덕을 쌓으라.

짧은 명(命)을 연장하는 데는 뭐니 뭐니 해도 남이 모르게 선행(善行)을 많이 해서 음덕(陰德)을 쌓는 일이다. 선행 중에도 가장 큰 선행은 사람이건 동물·미물·곤충이건 생명을 구해주는 일이다. 사람의 생명 구하는 것을 활인(活人)이라 하고, 기타 생명 살려주는 일을 방생(放生)이라 한다. 그래서 절에서는 방생법회(放生法會)를 간간이 하고 있는데, 좋은 일이기는 하지만 방법에 문제가 있는 것으로 생각된다. 왜냐하면 불가피 죽게 되는 물고기를 살려주는 게 아니라 방생용으로 쓰기 위해 일부러 잡은 물고기를 사다가 물고기의 생식성(生殖性)에 맞지도 않는 물에다가 놓아줌으로써 제대로 사는 물고기가 반도 못 되기 때문이다.

그건 그렇고 생명을 살려준 음덕으로 청춘에 죽을 나이가 연장된 고사(故事) 몇 가지만 간단히 소개한다.

옛날 어느 도사(道士)가 길에서 우연히 어떤 젊은이와 마주쳤다. 보니 인물이 수려하고 재기(才氣)가 넘치며 마음씨도 착해 보였으나 딱한 일 한 가지가 있었다.

"쯧쯧, 아깝구면. 장래가 유망해 보이는데 서른 살밖에 못살게 되었으니."

"예? 노인어른, 제 명이 그렇게도 짧습니까? 그렇다면 연장하는 방법이라도 있으면 알려주십시오."

"없어, 없어. 암, 없고말고. 하늘을 감동시키기 전에는……. 그게 그리 쉬운 일인가. 아깝지만 명수(命數)가 그러하니 하는 수 없지."

예사 노인 같아 보이지 않아서 젊은이는 자신의 명이 짧다는 말이 틀림없다고 믿었다. 그러나 어쩌는 수 없지 않은가. 지금까지 젊은이는 찬란한 꿈을 그리며 살아왔다. 과거에 급제해서 먼저 부모님을 기쁘게 해드리고, 양갓집 미모의 규수에게 장가가서 부모님 모시고 행복하게 살겠다고. 하지만 이제 와서 도사노인의 말을 듣고 보니 모든 게 절망이 아닌가. 그래서 젊은이는 노인의 말이 항시 마음에 걸렸지만, 하루 이틀 한 해 두 해 지나는 사이 차츰 잊어버리고는 그냥 현실에 닥치는 일을 성실히 행하면서 글공부를 게을리하지 않았다. 이렇게 세월을 잊으며 살다 보니 어느덧 삼십이 넘었고, 그 동안 과거에 급제해서 벼슬자리도 얻고 양갓집 미모의 처녀에게 장가가서 행복하게 살고 있었다. 노인이 예언한 나이 삼십을 넘은 지도 2, 3년이 지났으므로 젊은이는 무척 다행으로 여겼을 뿐 도사노인을 험구하지는 않았다.

그러던 어느 날, 그는 도사노인과 공교롭게도 길에서 다시 만나게 되었다.

"노인어른, 또 뵙게 되어 반갑습니다. 그간 안녕하셨는지요?"

"아, 젊은이, 기이한 인연이로군. 그런데 젊은이, 이게 웬일인가? 그때(지난날 만났을 때)는 분명 단명할 상(相)이라서 서른을 넘지 못할 것으로 보았는데, 이제 보니 앞으로 30년을 더 살 상을 지녔으니 정말 기이한 일이로군. 묻겠는데 젊은이는 그 동안에 혹 활인(活人)한 공이 있거나 많은 생명을 살려준 일이 있었나?"

"그런 일 없습니다."

"잘 생각해 보게, 젊은이. 분명히 그런 일이 있었을 거야. 아무렴, 그렇지 않고서야 자네 얼굴이 장수할 상으로 바뀔 까닭이 없지."

젊은이는 지난날의 일을 대충대충 기억에 떠올려 보았다.

"혹 그 일이……?"

"뭔가 있는 게로군. 대수롭지 않은 일 같더라도 말해보게."

"예, 덕이라고 할 것은 못 되지만 하찮은 생명 여럿을 살려준 일은 있는 것 같습니다."

"그게 뭐지? 어서 말해보게."

전날 노인을 만났다가 헤어진 지 2년 후쯤 있었던 일이다.

젊은이가 어디를 가는 도중에 갑자기 하늘에 먹구름이 끼더니 소나기가 퍼부었다. 한 10분쯤 내린 비였으나 어느덧 물이 없던 개울에 물이 고여 콸콸 흘러내리고 있었다. 평소 같으면 쉽게 건널 수 있는 개울이었으나 물이 가득차 흐르므로 잠시 발을 멈추고 건너뛸 수 있을지 없을지를 가늠하기 위해 콸콸거리며 흐르는 개울을 바라보았다. 그런데 마침 폭우에 개미굴이 씻겼는지 수천 수만마리의 개미떼가 엉겨붙은 채 물에 떠내려가고 있었다. 비록 하찮은 미물들이지만 측은한 마음이 들어 도와주고 싶었다. 그래서 주위를 살펴보다가 부근에서 큼직한 나뭇가지를 꺾어 떠내려가는 개미떼 아래쯤에 걸쳐놓고 잠시 바라보고 있었다. 그랬더니 나뭇가지를 놓쳐 그냥 떠내려가는 놈들도 있었지만 대개는 나뭇가지를 타고 기어올랐다. 별것 아닌 것

같았지만 왠지 마음이 홀가분해진 기분으로 뒤를 한번 돌아보고는 목적지를 향해 걸어갔다. 그리고는 그 일을 까마득히 잊었는데 도사 노인의 말을 듣고 기억이 살아나 그 이야기를 들려주었다.

"옳지, 옳지, 바로 그거야. 그것이 바로 숱한 생명을 살려준 음덕이야. 그거면 충분하지. 젊은이, 앞으로 30년 더 살 뿐 아니라 복록이 무궁할 걸세."

말을 마친 노인은 어느덧 자취를 감추고 말았다.

이런 이야기도 있다.

일곱 살쯤 되는 어린이가 밖에 나가 놀다 들어오더니 갑자기 울음을 터뜨렸다.

평소에는 좀처럼 울지 않던 아이였다. 그런 아이가 엉엉 울어대니 여간 심상한 일이 아닌 것 같았다. 그래서 그 어머니는 놀라며 우는 까닭을 물었다.

"어머니, 제가 들에 나가 놀다가 머리가 둘 달린 뱀을 보았습니다. 제가 듣건대 머리가 둘 달린 뱀을 본 사람은 죽게 된다는데 제가 죽는 것은 괜찮으나 부모님보다 앞서 가는 게 대불효(大不孝)라 그것이 슬퍼서 울었습니다."

"오, 그래? 그렇다면 그 뱀을 어찌했느냐?"

"죽여서 남이 보지 못하도록 땅 속에 묻었습니다."

"보기만 해도 무서운 뱀을 어린 네가 어찌 죽이기까지 하였느냐?"

"무섭긴 했지만 그래도 꼭 죽여야 되지 않겠습니까?"

어머니는 미소를 지으면서 다음 대답이 무엇인지 짐작이 갔지만 그래도 넌지시 물었다.

"왜지? 그 뱀을 애써 죽인 까닭이?"

"저는 이미 그 뱀을 보았으니 죽게 되겠지만 살려두면 다른 사람이 또 보고 죽을까봐 무서움을 참고 가까스로 죽여 없앴습니다."

"그래? 오, 장하도다, 내 아들아. 너는 결코 죽지 않으리니 염려 마라. 성현의 말씀에도 사람이 음덕(陰德)을 쌓으면 죽음을 면할 뿐 아니라 명도 길어진다 하셨느니라. 머리 둘 달린 뱀을 본 사람이 과연 죽는다면 너는 숱한 생명을 구한 게 아니냐. 네가 많은 사람의 생명을 구했거늘 어찌 하늘이 너를 살리지 않겠느냐? 잘했다, 잘했어."

어머니의 말과 같이 과연 그 아이는 죽지 않았을 뿐 아니라 자라서 훌륭한 사람이 되었고 명도 길었다 한다.

이왕 명(命) 이야기가 나온 김에 이에 관련된 옛날이야기 하나를 더 들려준다.

때는 중국 삼국시대(三國時代)라 하겠다.

조안(趙顔)이란 소년이 집 앞 들에서 보리이삭을 자르고 있었다. 철은 한껏 더위가 기승을 부리는 여름인지라 일하다가 목마르면 마시기 위해 소년이 일하고 있는 곳 가까이 물병 하나가 놓여져 있었다. 이때 마침 수염을 길게 늘어뜨린 어떤 노인이 그 옆을 지나다가 소년 옆에 물병이 놓인 것을 보고 목이 몹시 마르던 참이라 다가갔다.

"애야, 그 물 좀 얻어마실 수 없겠느냐?"

소년은 일손을 멈추고 노인을 흘깃 바라보다가 곧 물병을 들고 노인한테 다가갔다.

"드시지요, 다 잡수셔도 좋으니 염려 마시고 실컷 드십시오."

"그래, 고맙다."

노인은 마실 만큼 마신 뒤 소년에게 물병을 넘겨주면서 얼굴을 자세히 살펴보았다.

이 노인은 다른 사람이 아닌 당시 상(相) 잘 보기로 유명한 관노(管輅―혹은 左慈라고도 전한다)였다. 예삿사람 같으면 남의 얼굴을 무심히 보겠지만 그 노인은 관노였으므로 이 마음씨 고운 소년의 장래성을 봐주고 싶은 마음이 생겼다. 한데 이게 웬일인가. 소년은 아깝게도 단명(短命)할 상을 지니고 있지 않은가?

그래서 쯧쯧 하고 혀를 찬 뒤 이름과 나이 등을 묻고는,

"네 덕분에 이런 들판에서 갈증을 면하였으니 고맙구나. 그런데 좋은 얘기를 못해주어 안됐구나. 너는 아깝게도 명이 짧게 태어났으니 말이다."

그러자 소년은 본시 총명하고 재치가 있었으므로 이 노인이 예삿사람이 아님을 알았다. 그래서 땅에 넙죽 엎드려 애걸로 구원을 청했다.

"어르신, 저를 살려주세요. 저는 늙으신 부모님에게 늦게야 태어난 자식입니다. 제가 단명해서 부모님보다 앞서 죽는다면 그 죄가 어떠하겠습니까? 그리고 대는 누가 잇겠습니까?"

노인은 난처한 표정으로 한동안 말이 없이 눈을 감고 무언가를 깊이 생각하더니, 눈을 뜨고는 결심한 듯 입을 열었다.

"귀찮은 일이지만 네 사정이 딱하니 될지 안 될지는 모르겠으나 어디 한 번 노력이나 해보자. 사흘 후 이곳에서 이 시간에 다시 만나자. 너는 올 때 좋은 술 한 병과 술안주로 사슴고기를 준비해 오너라."

"고맙습니다, 어르신."

소년은 노인에게 고두백배(叩頭百拜)하다시피 연신 굽신거린 뒤 억

지로 노인을 집까지 모시고 가서 극진한 대우를 하였다. 아들에게 자초지종을 들었을 것이므로 조안 소년의 부모가 관노를 얼마만큼 우대하였으리라는 것은 짐작하고도 남을 일이다.

사흘 뒤에 소년은 노인의 말대로 좋은 술과 사슴고기를 들고 약속 장소로 갔다.

"여기서 남쪽으로 한참 동안 가면 뽕나무밭이 있을 것이다. 그 뽕나무밭 안으로 들어가면 아름드리 나무가 있고, 그 나무 밑 그늘에 두 노인이 앉아 바둑을 두고 있을 것이다. 너는 발자국 소리, 숨소리도 내지 말고 가만가만히 그 옆으로 다가가서 술을 따라 양쪽 노인 옆에다 놓고 사슴고기도 놓아두어라. 노인들은 바둑에만 정신이 팔려 누가 따라놓은 술인지도 모르는 채 그냥 술잔을 들어 홀짝홀짝 마실 것이다. 너는 술잔이 비는 대로 계속해서 따라부어라. 노인들이 바둑을 다 두고 난 뒤에야 비로소 너를 발견하고 너에게 무슨 소리를 하거든 대답 대신 덮어놓고 그냥 절만 해라. 절대로 입을 열어서는 안 된다."

조안은 노인의 지시대로 따랐다. 과연 뽕나무밭 가운데 큰 나무 밑에서 바둑을 두고 있는 두 노인이 있었다. 발자국 소리를 죽이기 위해 신을 벗고 맨발로 살금살금 다가가 노인들 옆에 앉았으나 정말 소년이 옆에 와 앉은 것도 모르는 채 바둑에만 정신이 팔려 있었다. 바둑알을 집으려 손이 옆으로 왔다가 옆에 있는 술잔이 잡히자 "웬 술인가" 하고 이상히 생각할 여유도 없는지 그냥 술잔을 들어 쭉 들이마셨다. 다음에는 안주를 찾아 입에 넣었다. 어쩌면 두 노인의 술과 안주 드는 모습이 그렇게 똑같을 수가 없었다. 소년은 술잔이 비는 대로 계속 잔을 채웠고, 안주도 똑같이 나누어 놓았다. 해가 뉘엿 뉘엿 질 무렵 바둑의 승부가 끝났다. 바둑이 끝나자 그때서야 소년이 옆에 무릎 꿇고 앉아서 술시중 들고 있는 것을 발견하였다.

"웬 놈이냐? 누가 너더러 여기 와 술을 따르라 하였느냐? 고얀 놈!"

북쪽 편에 앉은 노인이 호통쳤다. 소년은 입을 다문 채 그냥 절만 했다.

"명을 연장해 달라고 찾아와 술과 안주를 내고 있는 것 같네."

남쪽 방향에 앉은 노인이 대신 대답해 주었다.

"고얀 놈, 누가 너를 이곳에 보냈더냐?"

북쪽노인은 화가 치미는지 소리를 버럭 질렀다. 그러나 조안은 아무 말 없이 연거푸 절만 했다.

"여보게. 적든 많든 남에게 대접을 받았으면 공을 갚는 게 도리가 아닌가, 화만 내지 말고 이 소년의 청을 들어줄 수가 있는지나 연구해 보세나."

"안 될 소리. 이미 장부에 기록된 것을 어떻게 고친다는 말인가?"

"방법이 혹 있을는지 아나, 어디 이 소년의 수명을 적은 장부나 펼쳐 보세."

북쪽 노인은 못 이기는 체 장부를 남쪽 노인에게 내밀었다. 이리저리 장부를 한참 뒤적이다가,

"음, 조안의 명이 19세라. 이 글자 아래위를 바꾸면 되겠군."

하고 붓을 들어 글씨 바꾸는 시늉을 한 뒤 조안에게 보여주면서,

"네 수명 19를 90(九十)으로 바꿔놓았으니 너는 90세까지 살 것이다. 염려 말고 물러가거라."

조안이 감격의 절을 수없이 하고 집으로 돌아오니 관노 노인이 집

까지 와서 기다리고 있다가 조안에게 자초지종을 듣고는 한바탕 크게 웃더니,

"이젠 안심해도 좋다. 바둑 둘 때 남쪽에 앉아 있던 노인이 남두성(南斗星)이고, 북쪽에 앉은 노인이 북두성(北斗星)이다. 이 두 노인은 인간의 수명을 맡은 성신(星神)으로 남두성은 인간의 삶[生]을 맡고, 북두성은 인간의 죽음[死]을 맡은 별이므로 능히 너의 수명을 연장할 수 있었느니라."

소년의 부모는 너무도 고마워서 관노에게 황금으로 보답하려 하였으나 관노는 사양하고 그 집을 나와 어디론가 발길을 재촉했다.

물 한 모금 적선한 공으로 수명 19세에서 70년이 넘는 90세로 연장되었으니 참으로 값진 물값이라 하겠다. 그보다도 오뉴월 염천에 물을 구하기 힘든 광활한 들판에서 물을 비는 나그네에게 자신이 먹을 물을 공손한 자세로 아낌없이 줄 수 있었다는 그 마음이 더욱 값졌기 때문이다.

우리는 아주 작은 적선이라도 행하려면 인색하다. 길을 걷다 구걸하는 장애인을 보았을 때 백 원짜리 동전 하나만 던져주어도 십시일반(十匙一飯)으로 그 장애인에게는 큰 도움이 된다. 그런데도 그것을 못하는 것은 그 백 원짜리 동전 한 개가 아까워서가 아니다. 바삐 걷던 발걸음을 멈춰야 하고, 호주머니에 손을 넣어 동전 찾아내기가 귀찮고, 혹은 잔돈이 없어 천 원짜리 주기는 아깝고 등등의 몇 가지 이유 때문이다. 하기야 불쌍한 장애자나 고아의 구걸이 순수하였다면 사람들의 마음이 그처럼 인색하지는 않으리라. 그 진부는 모르지만 앵벌이니 조직벌이니 하여 그 불쌍한 사람들을 내세워 돈을 버는 사람들이 있다는 소문이 있으므로 이래저래 동정에 인색하지 않은가

생각된다.

하기야 요즘 사람들 중에는 "복을 누리는 데는 선악이 없다", 심지어는 "악한 사람이 더 잘되고 잘사는 것은 보았어도 착한 사람이 잘되는 것은 별로 보지 못했다", 또는 "하늘은 착한 이에게 복을 주고 악한 이에게 재앙을 내린다는 성현의 말씀은 믿을 수가 없다"면서 자신이 악랄하지 못하게 살아온 것을 후회하는 사람도 적지 않다. 그러나 그 착한 사람을 과거로 되돌려주고 "이제부터 악하게 살면 성공하리니 악하게 살아라"라고 한다 해도 그는 역시 악한 짓은 못하고 착하게 살아갈 것이니 사람이 타고난 선악의 본성은 어쩔 수가 없는 것이지 남이 악하게 살아 성공했다 해서 나도 악한 사람이 될 수는 없는 것이다.

필자는 사람들을 대하며 선악에 대해 토론할 경우 "악한 사람도 잘되는 것은 돈 한 가지 잘 따르고 잘 버는 것뿐이지 그 외는 좋은 일이 별로 없지 않은가"라고 반문한 바 있다. 사실이 그렇다. 사람에게 적악(積惡)하고도 잘되는 것이란 축재(蓄財)뿐이지 그 외 무엇을 복받았다 하겠는가. 여러분은 적악한 사람의 모든 것을 다 지켜본 뒤에 그가 과연 온전한 복을 누렸는지 못 누렸는지를 판단해야 할 것이다.

필자는 간혹 추명(推命)에 임하는 수가 있다. 이런 분야의 글을 쓰다 보니 추명의 달인(達人)으로 잘못 알고 먼 곳에서 찾아와 사주 따위를 보아주기를 요청하는 분들이 이따금 있다. 그러면 먼 곳에서 일부러 찾아온 정성 때문에 차마 거절을 못하고 별로 아는 게 없으면서도 외람되게 상담에 응하게 된다. 추명 중 필자의 판단에 혹 어떤 이의 사주가 지극히 나쁘다고 판단된 경우, 좋은 말로 위로해 주면서 그 나쁜 운명을 좋게 하는 방법은 오직 불쌍한 사람들에게 좋은 일을 많이 하는 것뿐이라고 일러주곤 하였다.

"귀하가 귀하의 복을 비는 것보다 귀하에게 은혜를 입은 사람이 귀하를 위해 귀하가 잘되기를 빌어줄 때 어떤 비방보다 가장 효과적인 방법이다"라고 한 것이다.

물론 그 고객이 필자의 권유를 얼마만큼 믿고 실행했는지는 알 수 없다. 특히 명(命)이 짧을지도 모른다고 불안해하는 사람에게는 음덕(陰德)은 수명연장에 가장 큰 공이라면서 앞서 얘기한 고사(古事)를 들려주며 사람들에게 좋은 일을 많이 하라고 역설하곤 하였다.

2) 제 2 법

이상은 활인(活人) · 방생(放生) · 적덕(積德)의 공으로 수명을 연장하게 된 고사(故事)를 소개한 것이므로 어떤 비술(秘術)이라고는 할 수 없다.

수명을 연장하는 법에 대해서는 여러 가지 무속적(巫俗的)인 관행(慣行) 같은 것이 있으나 무속적인 방법은 무속을 행하는 그분들에게 맡기고, 여기에서는 경(經)과 부(符)를 쓰는 방법에 대해서만 수록한다.

앞서도 말했거니와 사람의 명(命)은 하늘에 달렸거늘 누가 명의 짧고 긴 것을 확실히 알 수 있겠는가. 그러나 물건도 흔하면 천하게 되고 천한 것은 아무렇게나 굴려도 손상되지 않는다. 반대로 흔치 않은 물건은 소중하게 여기고 소중한 것은 파손되기 쉬운 법이다. 때문에 아름다운 옥[美玉]은 자칫 깨질 우려가 있듯이 가까스로 얻은 자식은 귀한 값을 하느라고 나약해지거나 병치레를 자주 하여 부모된 심정에 불안하기 그지없다. 그래서 아기의 이름을 천하게 지어 부르면 명이 길다 해서 '돼지'니 '개똥이'니 하고 본 이름 대신 천한 이름으로 불러오던 예가 적지 않았다. 또한 이러한 것은 귀한 자식을 이름이라도 천하게 불러 명이 길기를 바라는 부모의 애틋한 심정임을 엿볼 수 있다.

모처럼 어렵게 얻은 자식, 태몽에 의한 꺼림칙한 느낌, 신들린 사람이나 역술가의 판단 등으로 자신이건 자식이건 명이 짧다고 생각되면, 아무리 하늘이 맡고 하늘만이 아는 게 명이라지만 불안하지 않을 까닭이 없다. 그래서 예수를 믿는 사람은 교회를 찾고, 부처를 믿는 사람은 절을 찾아 기도하고 불공을 드리며, 혹은 무당에게 의뢰해서 굿을 하거나 명줄 잇는 주술(呪術)을 한다.

앞서 옛날이야기를 예로 든 것처럼 하늘이 정한 명(天命)을 사람의 힘으로 어찌 연장시킬 수 있겠는가. 오직 착한 일을 많이 해서 하늘을 감동시키는 게 제일 좋은 방법이며, 하늘을 감동시킬 수 있는 일이란 아무도 모르게 덕(德)을 쌓는 일이다. 그렇지만 설사 그런 일을 할 만한 착한 마음을 타고났더라도 음덕을 쌓을 만한 인연이 있어야지 일부러 찾아다니며 남의 눈에 띄게 좋은 일을 한다는 것은 물론 덕은 되어도 음덕이라고는 할 수 없다. 그래서 불우이웃을 돕는 일, 고아원·양로원·복지원 등에 성금을 내고 재민(災民)들에게 의연금을 보내는 일도 아무나 하는 일이 아닌 선행이지만, 매스컴에 이름이 크게 소개된다면 신(神)도 모르게 쌓는 음덕은 아니므로 그 정도로 짧은 명이 길어진다 말할 수는 없다.

그러나 어쨌든지 악의가 없는 순수한 마음으로 기도를 하건 경(經)을 읽건 천지신명(天地神明)을 감동시킬 수 있는 경지의 정성을 기울인다면 꼭 음덕을 많이 쌓은 일이 없더라도 명을 잇고 재앙을 물리치는 데 신명의 가호가 있으리라 생각된다.

그건 그렇고 명(命)을 이어주는 경(經)이 있으니 아래 경을 항시 염하면 혹 짧은 명을 타고났다 할지라도 명이 연장된다고 한다. 그래서 아래 경을 동자연명경(童子延命經)이라 한다.

南無佛説廣本童子神(나무불설광본동자신)

南無大本修身童子神(나무대본수신동자신)

南無大德居生童子神(나무대덕거생동자신)

南無求良生養童子神(나무구량생양동자신)

南無積良計養童子神(나무적량계양동자신)

南無助良積養童子神(나무조량적양동자신)

南無年一親犯士玄童子神(나무연일친범사현동자신)

南無年三元嗔士玄童子神(나무연삼원진사현동자신)

南無年五短命士玄童子神(나무연오단명사현동자신)

南無年七黃泉士玄童子神(나무연칠황천사현동자신)

南無年九命空士玄童子神(나무연구명공사현동자신)

南無十一九限童子神(나무십일구한동자신)

南無十二士玄童子神(나무십이사현동자신)

南無十三送殺童子神(나무십삼송살동자신)

南無東方兒限童子神(나무동방아한동자신)

南無南方兒限童子神(나무남방아한동자신)

南無西方兒限童子神(나무서방아한동자신)

南無北方兒限童子神(나무북방아한동자신)

南無東方木鬼童子神(나무동방목귀동자신)

南無南方火鬼童子神(나무남방화귀동자신)

南無西方金鬼童子神(나무서방금귀동자신)

南無北方水鬼童子神(나무북방수귀동자신)

南無中央土鬼童子神(나무중앙토귀동자신)

南無月光明淨(나무월광명정)

南無日光金淨(나무일광금정)

南無短命水鬼(나무단명수귀)

佛說此經已童子神(불설차경이동자신)

信受奉行 作禮而去(신수봉행 작례이거)

唵 急急如律令婆婆詞(옴 급급여율령사바아)

延壽命陀羅尼(연수명타라니) 홈홈시기 사바아

또 부(符)를 사용해도 좋다. 오른쪽 부적을 주사로 써서 벽에 붙여놓고 위 동자연명경을 계속 염(念)해도 좋다. 또는 오른쪽 부적 두 장을 써서 한 장은 베고 자는 베개 속에 넣어두고, 한 장은 항시 몸에 지니고 다니면 횡액을 면할 뿐 아니라 수명이 길어진다고 한다.

<연수부(延壽符)>

(2) 장수약 제조법

건강과 장수(長壽)는 불가분(不可分)의 원칙이므로 요절(夭折)하는 일이 없이 오래 살려면 우선 건강해야 되고, 건강하면 자연 장수하게 된다.

● 『만법귀종(萬法歸宗)』이란 책자 내용 중에 장수약을 제조하는 방법에 대한 항목이 있어 이를 수록하니 참고하기 바란다.

인삼(人蔘)·백출(白朮)·관계(官桂)·오미자(五味子) 각 1전, 유황(硫黃) 4냥, 유향(乳香)·공진(空辰)·주사(朱砂) 각 1전, 웅황(雄黃) 2전, 감송(甘松)·삼내(三奈)·천궁(川芎)·고본(藁本)·백지(白芷)·승마(升麻)·복령(茯苓)·황백(黃柏)·황련(黃蓮)·황금(黃芩)·감초(甘草) 약간씩.

이상의 약재를 모두 작말(作末 — 가루로 만듦)하여 물을 붓고 달인 뒤 찌꺼기는 걸러내고 달인 약물을 종발에 따라 놓는다. 한편 향유(香油)와 저유(猪油)를 적당한 분량으로 약하게 달여 먼저 달여 놓은 약물과 같이 센 불에 다시 달인다.

이상의 약을 따뜻한 물에 타서 복용하되 1년 동안 계속 복용하는 게 좋다. 반년만 복용해도 자음강화(滋陰降火 — 오장의 음양이 조화되는 것, 즉 心火는 위에서 위로 솟구쳐 오르고 腎水는 아래에서 아래로만 내려가면 水火가 相濟를 못해 병이 생긴다. 그러나 心火가 아래로 내려오고 腎水가 위로 올라가면 이는 水火相濟요, 음양이 交流되는 것)하여 건강장수한다.

● 장수약 제조법이 또 있다.

흑연(黑鉛) 1근을 쇠그릇[鐵器]에 달이는데, 처음에는 불을 약하게 지피다가 차츰 세게 하면서 달이되 찌꺼기가 위로 떠오르면 달이기를 그만둔다. 흑연이 다 달여지면 달인 물 1냥에 홍자(紅砒) 3분(分)의 비율로 넣으면서 16차례 다시 달인다. 그리고 약이 진하게 달여지면 불길을 낮추어 꺼지지 않을 정도로 불을 유지시켜야지 끄면 안 된다. 나중에 보면 약이 호박빛을 띤 구슬 모양으로 된다. 이렇게 되면 약 제조는 완성된 것이니 식은 뒤에 조금씩 복용하면 건강장수에 매우 좋다고 한다.

27. 쥐를 막는 법

여우나 이리의 눈망울을 구해다가 그늘에 말린 뒤 가루로 만든다. 庚午日 午時를 맞추어 개의 쓸개〔狗膽〕에서 받은 피에다(미리 준비해 둔다) 여우나 이리의 눈망울을 말려 가루를 낸 것을 개어 환(丸)을 짓는다. 이 환을 쥐가 설치는 곳에 몇 알 놓아두거나 쥐구멍에 막아 두면 극성부리던 쥐가 자연 없어진다.

28. 모기에 안 물리는 법

산골이나 농촌, 들판에서는 여름철만 되면 모기 때문에 괴롭다. 특히 여름 휴가를 이용해 바캉스를 가서 텐트 생활을 할 경우에는 모기가 더 두렵다. 미리 모기에 물리지 않는 방법을 쓰는 것만이 최선이다. 즉 계목(桂木), 고련나무(苦練木) 잎과 포황(蒲黃)·황미(黃米)를 함께 가루로 만들어 지니고 가서 몸에 문지르면 모기가 덤벼들지 못한다.

29. 모든 재난을 막는 방법

(1) 제 1 법

음력 5월 5일, 즉 단오날에 서남쪽으로 뻗은 오동나무 가지〔梧桐枝〕를 잘라다가 길이가 5치 가량 되게 인형(人形)을 만든 다음 색동옷〔彩色衣〕을 만든다. 그리하여 위험한 곳으로 다니게 될 때 왼쪽 어깨 옷 속에 메고 다니면, 전염병 환자가 있는 곳에 가도 질병이 전염되지 않고 위험한 코스의 여행길에도 사고 없이 안전하다고 한다.

(2) 제 2 법

이는 부(符)를 사용하는 방법인데 집안에 도둑이 들지 않고 요괴(妖怪) 따위의 침입을 막는다고 한다. 뿐만 아니라 재물이 자연히 생기고 소원도 성취하는 길부(吉符)로 쓰인다. 만드는 요령은 복숭아나무를 얇게 켜서 부적 쓰기에 적당한 크기로 같은 것 두 개를 만든다. 주사(朱砂)를 사용하여 오른쪽 보기와 같이 부(符)를 써서 안방 대들보 위에 걸어

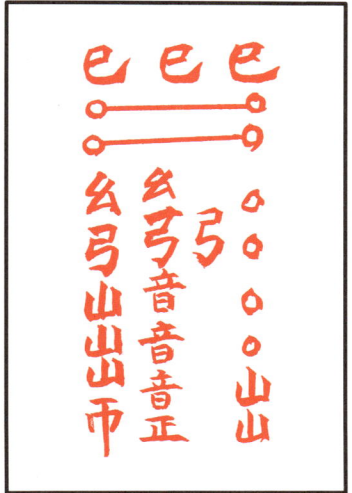

둔다(지금은 들보가 반자에 막혀 있으
므로 벽에 걸어두면 될 것이다).

또는 오른쪽 부적을 사용해도 좋다.
황지나 백지에다 주사로 써서 사람이
자주 드나드는 문 위쪽에 붙여두어도
좋고, 몸에 항시 지녀도 좋다. 모든 재
앙을 예방하는 부(符)라 하겠다.

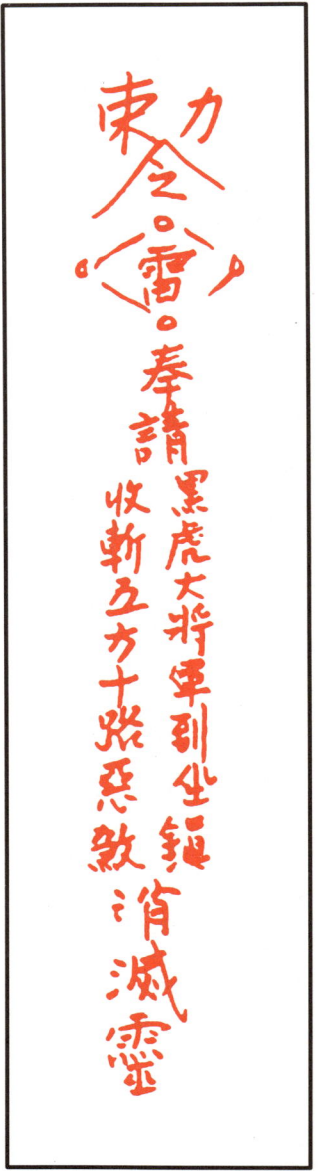

30. 관재(官災) 퇴치와 예방

　관재란 피고(被告) 및 피의자(被疑者)의 입장이 되는 것을 말한다. 자신의 실수나 과오로 인해 피고의 입장에 서거나 피의자가 되는 수도 있지만, 운수가 나쁠 때는 아무 잘못이 없는데도 관재에 걸려 고생하는 수가 있다. 운을 보아 관재수가 있다고 추리되거나, 어떤 일에 관재수가 생길 우려가 있어 불안하거나, 현재 쟁송(爭訟) 혹은 피의자가 되어 있는 경우 아래 부적 중에서 적합한 것을 가려 사용하면 유리하다.

(1) 쟁송을 피하는 법

　현재는 아무 일이 없으나 장차 어떤 일이 발생하여 쟁송 시비가 일어날 우려가 있어 불안하거든 오른쪽 부적을 주사로 써서 한 장은 침실에 붙이고 한 장은 몸에 지니면 좋게 무마될 수 있다.

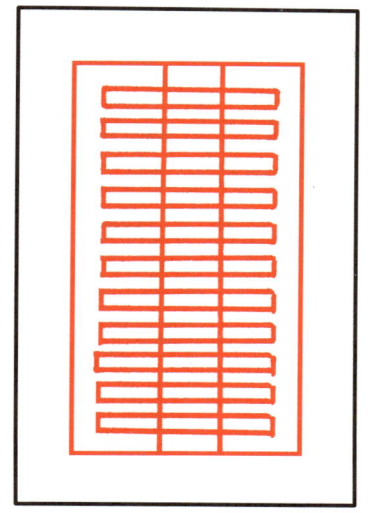

(2) 관재 소멸부

현재 피고소인 입장이 되어 있거
나, 어떤 실수를 해서 피의자 입장
이 되어 있거나, 관재가 자주 발생
하는 사람일 경우 오른쪽 부적을 두
장 써서 한 장은 베개 속에 넣어두
고 한 장은 몸에 지니면 신비하게도
현재 걸려 있는 관재가 소멸되거나
이르지 않는다고 한다.

(3) 관재 예방

운명학적인 판단에 의해 관액·형
액(刑厄)이 있다고 추리되었거나, 고
의 과실·원죄(冤罪)를 막론하고 관
액이 이르렀을 경우 오른쪽 부적을
주사(朱砂)로 정성스럽게 써서 항시
몸에 지니면 관재가 이르지 아니하
고, 이미 이른 경우라도 큰 탈 없이
해소된다.

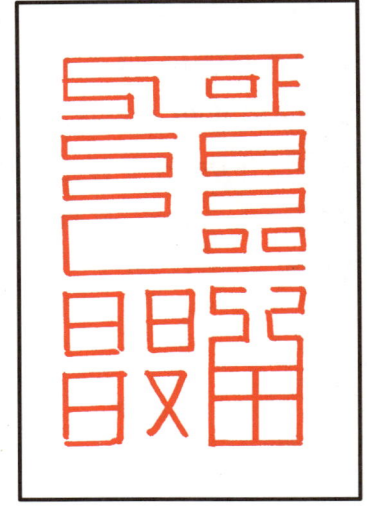

(4) 소송에 이기려면

원고(原告), 피고(被告)를 막론하고 일단 소송에 걸려 있으면 이기기를 바랄 것이며, 설사 주인공측이 절대 과실로 인해 지게 되는 송사(訟詞)라 할지라도 최대한 자신에게 유리한 판결이 나와야 할 것이다. 그러기 위해서는 보기와 같은 이길 승(勝)자를 손바닥에 먹으로 쓴 뒤 법정에 나가거나, 오른쪽 부적을 두 장 써서 한 장은 집을 나서면서 문밖에서 불태우고 한 장은 몸 속 깊이 지니고 법정에 나가면 유리하다.

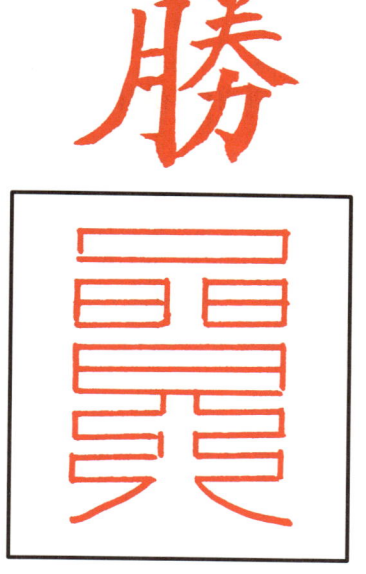

(5) 관재 · 구설 · 시비 방지

혹 살다 보면 대수롭지 않은 일이 발단이 되어 법정시비까지 끌고 나가는 수가 있다. 구설수에 오르면 명예가 실추되고, 혹은 시비가 생기고, 시비를 가리다 보면 법정(法庭)에까지 서는 수도 있다. 지고 이기는 결과야 어떻든지간에 애당초 생

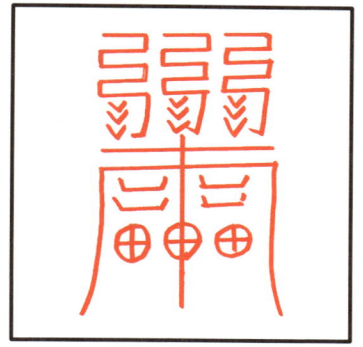

기지 않는 것만은 못하지 않겠는가. 현재 관재·구설·시비에 걸려 있거나 그런 일이 생길 기미가 보이거든 속히 위의 부적을 황지(黃紙)에다 주사로 써서 몸에 지니고 다니면 좋다.

(6) 말썽이 생기지 않게 하는 법

상대방이 잘못해서 내가 따지고 덤비는 것은 시비(是非)나 말썽이 아니다. 이와 반대로 내 자신에게 어떤 잘못이 있거나, 사실상 잘못이 없는데도 상대방이 나의 잘못을 따지며 추궁하거나 오해를 해서 나에게 시비를 걸어오면 매우 괴롭고 성가신 일이다. 잘잘못을 막론하고 이런 일이 생기면 신수소관이라 하는데, 신수불리로 시비가 생길 우려가 있거나 사실상 현재 내게 시비를 걸어 올 만한 일이 있을 경우 오른쪽 부적 글씨를 주사로 두 장 써서 한 장은 불에 태워 재를 마시고, 한 장은 몸에 지니면 시비·말썽이 생길 듯하다가 무마된다.

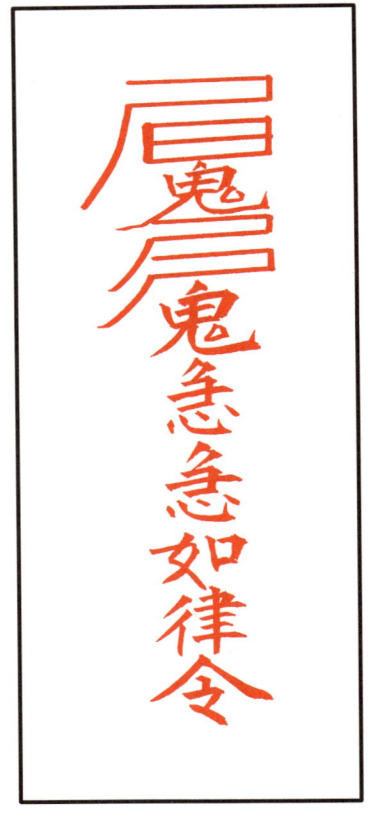

31. 구설

● 구설 소멸법

실수가 있건 없건을 막론하고 구
설수에 올랐거나 신수를 보아 구설
수가 있다고 판단된 경우 오른쪽 부
적을 사용하되, 부적을 써서 가정
내의 구설이면 방 안 출입문 위에
붙여두고, 자신에게 이른 구설은 자
신의 몸에 지니도록 한다.

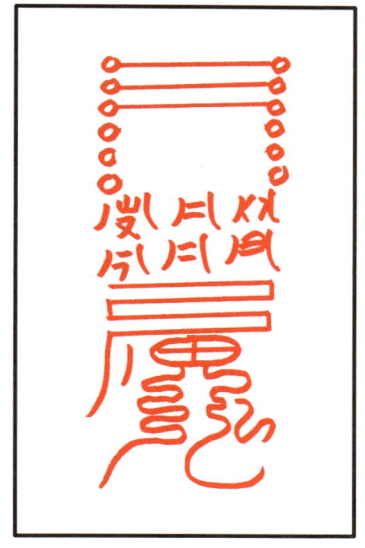

32. 수·화재와 도난 방지

(1) 수재 및 화재 예방

수액(水厄)은 물(강·바다·호수)을 가까이 아니하면 되고, 화액(火厄)은 불을 조심하면 되겠지만 반드시 그런 것만은 아니다. 사람이 살다 보면 배를 타고 강·바다를 건너는 수도 있고, 물놀이 또는 갑작스런 폭우로 인해 물난리를 겪는 수도 있으며, 남이 잘못해서 일어나는 화재·가스폭발 등 우리 주변에는 절대 안심을 할 수 없는 가연성 물질들이 잠재하고 있다.

운명적으로 유난히 물난리나 불난리를 한두 번 겪어 보거나 자주 겪는 사람이 있다. 어쨌든간에 예방해서 나쁠 것은 없으니 신수나 사주에 수재나 화재를 겪는다고 추리되거든 미리 예방하면 좋을 것이다.

오른쪽 그림은 수액(水厄) 방지에 사용하는 부적이다. 사나운 날씨에 강·바다를 건너게 되거나, 여름에 바캉스를 가서 물놀이를 하려거나, 집이 개울가 언덕 밑에 있어 혹 물난리를 겪을 수 있다고 생각될 경우 전자는 몸에 지니고 여행을 떠나고, 후자는 집의 내실 쪽 밖에다 붙여두면 수액이 예방된다.

오른쪽 그림은 화재(火災)를 예방하는 그림이다. 운명학적 판단에 화재수가 있거나, 공장·점포 등에 인화물(引火物)이 많거나, 이상에 해당되지 않더라도 화재를 방지하고 싶을 경우 이 부적을 백지에 먹으로 써서 건물 적당한 곳에 붙여놓으면 길하다.

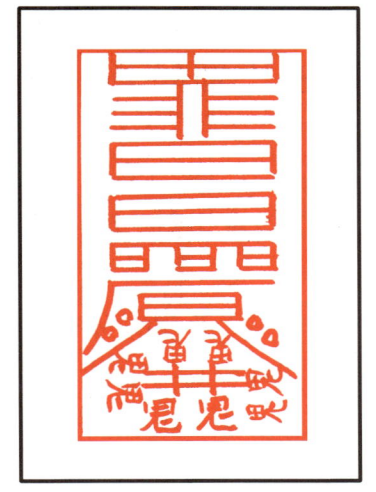

(2) 도둑 예방

도둑이란 남이 불법적으로 몰래 내 집에 잠입해서 금품(金品)을 훔쳐가는 사람이다. 잃는 금품도 소중하려니와 자칫하면 강도로 변해 인명을 살상하는 수도 있다. 오른쪽 그림의 부적을 주사로 써서 출입문 위에 붙여두면 도둑이 들지 않고, 또는 몸에 지니고 다니면 날치기를 당하지 않는다고 한다.

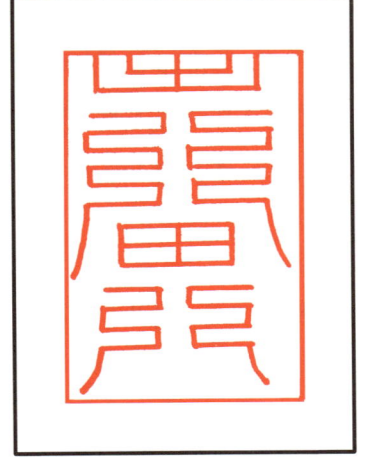

33. 삼재(三災) 막이

(1) 삼재입명(三災入命)

삼재(三災)란 병(病) · 사(死) · 장(葬)에 해당하는 운으로 병들어 죽어서 장사지내는 흉조의 의미가 있다 해서 삼재라 한다.

우선 삼재는 어느 사람이 어느 해에 드는지부터 알아보자.

申 · 子 · 辰年生 : 寅 · 卯 · 辰年

亥 · 卯 · 未年生 : 巳 · 午 · 未年

寅 · 午 · 戌年生 : 申 · 酉 · 戌年

巳 · 酉 · 丑年生 : 亥 · 子 · 丑年

예를 들어 申 · 子 · 辰年生, 즉 원숭이띠 · 쥐띠 · 용띠인 남녀는 寅 · 卯 · 辰年, 즉 범 · 토끼 · 용의 해에 3년간 계속 삼재로 이어진다는 뜻이다.

돼지 · 토끼 · 양띠 : 뱀 · 말 · 양의 해

범 · 말 · 개띠 : 원숭이 · 닭 · 개의 해

뱀 · 닭 · 소띠 : 돼지 · 쥐 · 소의 해

(2) 삼재 예방

원리는 포대법으로 병(病)·사(死)·장(葬)에 해당하는 해라 해서 삼재라 하는바, 사람에 따라서는 삼재를 매우 두려워한다. 왜냐하면 경험에 삼재가 드는 3년 동안 여러 가지 좋지 못한 일을 겪었기 때문이다. 삼재운에 아무 탈도 없었던 사람은 굳이 삼재부를 쓰라 권하지 않겠으나 어렵게 넘긴 경우라면 부적으로나마 예방하는 것도 좋으리라 믿는다.

아래 부적은 입춘일이나 음력 정월 초하룻날 써서 3년간 지니는데 둘 중 마음 내키는 것을 택한다.

또 삼재는 드는 삼재, 묵는 삼재, 나는 삼재로 구분하는데, 삼재가

시작되는 해가 드는 삼재, 시작되는 다음 해가 묵는 삼재, 묵는 삼재 다음 해, 즉 삼재 들기 삼년째(마지막 해)를 나는 삼재라 하여 한 해에 한 장씩 해당되는 부적을 사용한다. 다음의 세 가지 부적은 입춘일이나 음력 정월 초하룻날에 써서 지니되, 새것으로 바꿀 때는 불살라 없애고 새것을 지닌다.

<드는 삼재부(入三災符)>　　<묵는 삼재부(中三災符)>　　<나는 삼재부(出三災符)>

34. 천재와 횡액

(1) 천재(天災) 예방

천재(天災)란 하늘에서 내리는 재앙으로 여기에서는 천신(天神)이 아니라 기상(氣象)의 이변에 의해 당하는 재앙이다. 즉 한재(旱災)· 수재(水災)·풍해(風害)와 벼락 등으로 인해 직접 피해를 입는가 하면 기상이 지변(地變)을 일으켜 지변에 의한 화(禍)도 당하므로 이 모든 것을 천재지변이라 한다.

오른쪽 그림은 천재지변을 예방하는 부적이다. 성인의 말씀에 하늘에는 측량키 어려운 풍운(風雲)의 조화가 있고, 사람에게는 조석으로 변하는 화복(禍福)이 있다 하였으니 그 누구도 자신만은 천재지변의 재난을 당하지 않는다고 장담할 수 없지 않겠는가. 부정(不淨)을 범하지 않은 몸으로 정성스럽게 써서 몸에 지니면 이상에서 말한 재앙을 예방할 수 있다.

<천재(天災) 예방부>

(2) 벼락 예방

날씨가 사나워 하늘에서 폭우가 내리고 번개가 치며 벼락이 떨어지는 때에는 들 한복판 외딴 원두막, 고압철주가 가까운 곳, 쇳덩이를 쌓아둔 곳, 높은 언덕 위 등을 피해야 안전하다. 사주신살(四柱神殺)에 뇌공살(雷公殺)이 있으면 벼락을 맞을 우려가 있거나 전기에 감전될 우려가 있다 하는데, 눈으로 직접 본 일은 없으나 어쨌든지 주의하는 게 좋으리라 생각한다. 오른쪽 부적은 '뇌전불침부(雷電不侵符)'라고 하

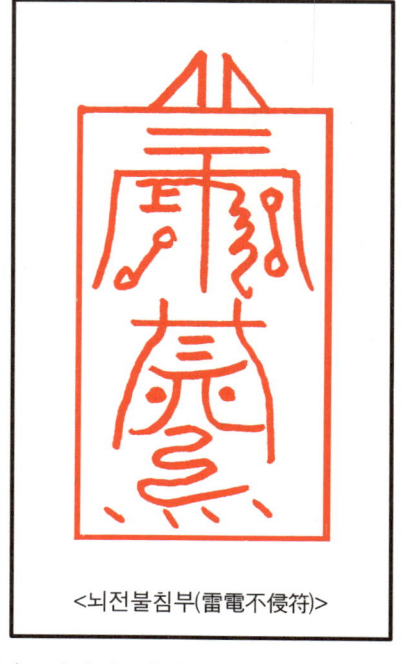

<뇌전불침부(雷電不侵符)>

여 책에 수록되어 있다. 몸의 안전을 지키기 위해 백지에 먹글씨로 써서 항시 몸에 지니면 이상의 액이 예방된다.

참고 삼아 사주신살에 있는 뇌공살은 아래와 같다.

日 干	甲	乙	丙	丁	戊	己	庚	辛	壬	癸
時	丑	午	子	子	戌	戌	庚	庚	酉	亥

예를 들어 甲日生 丑時, 乙日生 午時 출생이면 뇌공살이라 한다.

(3) 횡액을 면하는 부

횡액이란 예상치 않은 사고를 갑자기 당하는 일이다. 남한테 뜻밖의 폭행을 당한다거나 교통사고, 붕괴사고, 돌팔매에 의한 중상, 벼락·전기감전, 낙상, 익수 등이 모두 횡액(橫厄)에 해당한다. 이러한 횡액들은 예고가 없이 불시에 닥치므로 설사 주의한다 해도 느닷없이 닥치는 사고는 막을 수가 없다.

오른쪽 부적을 주사로 써서 항시 몸에 지니고 다니면 천지신명의 가호를 입어 횡액 따위를 당하는 일이 없다 한다.

<횡액 방지부>

35. 요괴 · 귀신을 물리치려면

눈에 보이지 않으면서도 영적작용(靈的作用)으로 인간에게 화복(禍福)을 주는 존재를 영혼(靈魂)이니 귀신이니 요괴(妖怪)라 한다. 이 영혼(혼령) · 귀신 · 잡귀 · 요괴를 통칭 헛것[虛像]이라고도 하는데, 대개 정신건강이 몹시 쇠약한 사람의 눈에만 이 헛것들이 보인다고 한다.

필자는 귀신을 본 일은 없지만 요괴가 장난치는 소리는 들은 적이 있으며, 귀신의 존재를 인정하고 싶다. 그러나 귀신을 두려워하지는 않는다. 어쨌거나 예로부터 많은 사람들이 귀신 · 요괴 · 영혼 등이 있는 것으로 믿어와서 상식적으로 이해 못할 이상한 일이 생기면 귀신 · 요괴의 장난이 아닌가 생각되어 이를 물리치고자 한다.

필자가 어릴 적에 들은 말인데 술에 취하거나 겁이 많은 사람이 무덤이 많은 곳을 지나거나 호젓하고 음산한 곳을 지나면 귀신에게 홀려 생명을 빼앗기거나 정신이상에 걸리거나 까닭없이 시름시름 앓는 수가 있다고 한다. 그러므로 만약 귀신에게 홀리면 정신을 차려 다음과 같은 진언(眞言)을 염(念)하여야 귀신이 물러간다 하였다.

(1) 축귀진언(逐鬼眞言)

진언(眞言)은 다름아닌 이십팔수(二十八宿)의 이름을 차례대로 외우는 일이다. 즉,

각 항 저 방 심 미 기	두 우 여 허 위 실 벽	규 루 위 묘 필 자 삼	정 귀 유 성 장 익
角亢氐房心尾箕	斗牛女虛危室壁	奎婁胃昴畢觜參	井鬼柳星張翼

진
軫

이상의 이십팔수의 명칭을 순서대로 외우되 귀신·요괴가 물러갈 때까지 수십 번을 거듭 외우면 잡귀가 물러가는데, 주문을 외워도 효과가 없으면 이십팔수를 끝에서부터 '진익장성유귀정'식으로 거꾸로 외우면 결국 요괴가 도망친다고 한다.

(※이 진언은 필자가 소년시절에 동네 어른한테 들은 이야기이므로 그 효과의 진부(眞否)는 모른다. 기억에 남기에 참고 삼아 소개하는 데 불과하다.)

(2) 귀신불침부

다음의 부적 ①은 어떤 귀신(요괴·혼령·잡귀 등)을 막론하고 침입을 막는 영부(靈符)이다. 경면주사를 이용하여 황지나 백지에 쓴 다음 출입문이나 건물 밖 벽에 붙여두면 귀신이 이 부적을 무서워하여 침입을 못한다고 한다.

①　　　　②

부적 ②는 주사로 써서 대문이나 내실로 출

입하는 문에 붙여두면 요괴·잡귀가 집안에 들지 못하고, 몸에 지니면 어디를 가나 요괴·잡귀가 침입하지 못한다고 한다.

(3) 요괴·잡귀를 물리치는 부

집안에서 헛것이 보이거나, 이상한 소리가 들리거나, 가족 중에 헛것이 씌워 이상한 짓을 하게 되면 오른쪽 보기와 같은 부적을 주사로 써서 내실이나 응접실 벽 적당한 곳에 붙여두라. 요괴·잡귀가 부적을 보고 두려워 물러갈 것이다.

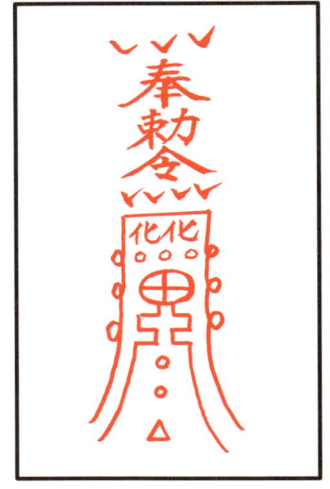

(4) 진택부

다음의 보기는 진택부(鎭宅符)다. 기(氣)가 약한 사람이 터가 센 집에 살면 우환·질고(疾苦)·송사·손재 등 여러 가지 재난이 잇달아 생긴다.

이럴 경우 이 부적을 주사로 써서 제상 앞에 봉안(奉安)해 놓고 정성스럽게 제사를 지낸 뒤 방·응접실·출입문 위 등 곳곳에 붙여놓으면 법석을 부리던 요괴·잡귀·악령(惡靈)들의 자취가 사라짐으로

써 이후부터는 재난이 이르지 않고 가
정이 평안해질 것이다. 제사를 지낼 때
겸하여 축귀경(逐鬼經)을 읽으면 더욱
효과적이다.

축귀경은 아래와 같다.

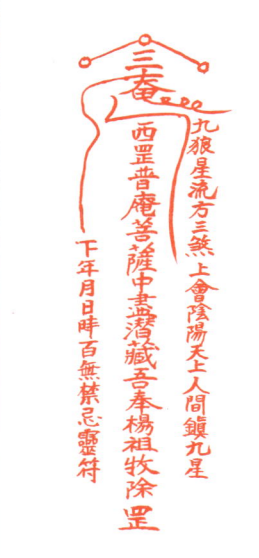

나무동방삼지축귀신   나무남방삼지축귀신   나무서방삼지축귀
신나무북방삼지축귀신   나무중앙삼지축귀신   나무오방삼지축
귀신   나무제석궁삼지축귀신   나무태세궁삼지축귀신   나무동
방청제용왕축귀신   나무남방적제용왕축귀신   나무서방백제용
왕축귀신   나무북방흑제용왕축귀신   나무중앙황제용왕축귀신
나무금신목신축귀신   나무수신화신축귀신   나무토신축귀신
나무천삼지축귀신   나무지삼지축귀신   나무부지명위축귀신
옴, 급급여율령사바아

36. 소원성취에 대하여

(1) 소원(所願)의 의의

사람은 누구나 하고 싶은 일과 바라는 일이 많다. 하고 싶고 바라는 일이야 많지만, 그 가운데 가장 먼저 하고 싶거나 절실히 원하는 일이 즉 소원이다. 자신의 능력과 노력만으로 쉽게 되는 일이라면 소원이 아니다. 힘껏 노력해도 안 되고 기다려도 돕는 이가 없어 뜻을 이루지 못하는 것이 소원이다. 그러나 자신의 분수에 넘치는 것을 바라는 것은 올바른 소원이 아니다. 자신의 능력과 처해 있는 환경 등을 감안해서 성취가 가능할 수 있는 일인데도 잘 이루어지지 않으면 이것이 바로 본 항에서 다루는 소원의 진정한 의의다.

예를 들어 가수가 될 소질이 있는 이가 장차 인기가수가 되고 싶다고 하는 것은 소원이지만, 선천적 음치가 인기 성악가가 되려는 꿈을 꾸고 있다면 이것은 소원이라기보다는 헛된 꿈이요, 불가능한 망상(妄想)이다. 즉 그 일을 이루기가 매우 어렵긴 해도 신명(神明)의 도움만 있으면 성취가 가능한 것을 바라는 게 소원이다. 그리고 성취 가능한 소원일지라도 예를 들어 강도나 절도에 성공하여 일확천금을 벌겠다는 것이 소원이라면 아무리 신명께 기도하고 정성이 지극할지라도 이뤄지지 않을 것이다.

(2) 지성감천(至誠感天)

지성감천(至誠感天)이란 어떤 일에도 정성이 지극하면 하늘이 감동하여 도와준다는 뜻이다. 하늘이 감동할 만한 정성은 결코 쉬운 일이 아니다. 가령 지극히 어려운 어떤 목적을 이루기 위해 절에 가서 불공을 드리는 이가 부처님께 정성을 모아 천 배(千拜)를 올리면 부처님은 겨우 한쪽 눈을 반쯤 떴다가 다시 감는 정도라 하니 부처님의 양쪽 눈을 뜨게 하는 정도에 이르려면 몇 만 배의 절을 올려야 하겠는가. 그러므로 지성감천이 어찌 쉬운 일이겠는가.

(3) 육자진언과 주문

육자진언(六字眞言)은 다음과 같다.

```
옴마니 반메훔
```

이 진언을 자나깨나 어느 때를 막론하고 끊임없이 염(念)하면 소원성취가 가능하다고 한다. '나무아미타불' 혹은 '관세음보살'을 염하거나 '하나님', '예수님' 누구를 찾든지간에 오직 지성과 전심전력으로 기도하면 소원이 이루어지리라 믿는다.

다음의 주문은 소원성취주(所願成就呪)이다. 이 주문을 외우되 신명(神明)이 감동할 만큼 지극하면 효험이 있다고 한다.

발육군생 육정신장 위령광수 만겁발육 군생 오봉칙령 양육성형
發育群生 六丁神將 慰靈廣修 萬劫發育 群生 吾奉勅令 養育成形

밀봉차체 오기강성 건성예배 불일성형 오봉상선사 급급여율령
密封遮體 五氣降成 虔誠禮拜 不日成形 吾奉嘗仙師 急急如律令

(4) 소원성취부

또는 부(符)를 지녀도 좋다. 오른쪽
부적 그림은 옥추경(玉樞經)의 구령
소원부(九靈所願符)이다. 이 부적을
쓰기 전에 목욕재계해야 되며, 분향하
고 소원에 해당하는 경(經 — 불경책에
서 찾아보라)을 읽은 뒤 몸에 지니면
머지않아 소원이 이루어진다고 한다.

또는 아래 부적을 써서 몸에 지녀
도 좋다.

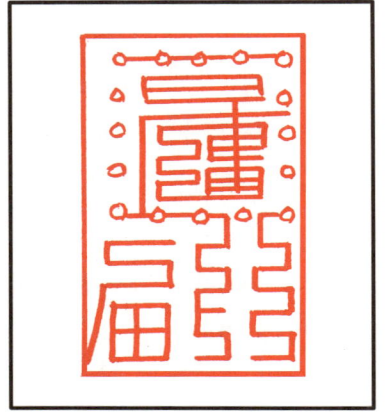

(5) 목적달성부

소원이란 언제나 원해오던 것이고, 목적이란 그때그때 상황에 따라 뜻을 정하고 계획을 세운 것이라 하겠다. 어떤 일이든지 목적을 두고 진행해 나가려면 대개 뜻하지 않은 장애에 부딪혀 일을 달성하는 데 지체되거나 심한 경우 중도에서 실패하는 예가 적지 않다. 하루 동안에 이룰 목적이거나 시일을 요하는 목

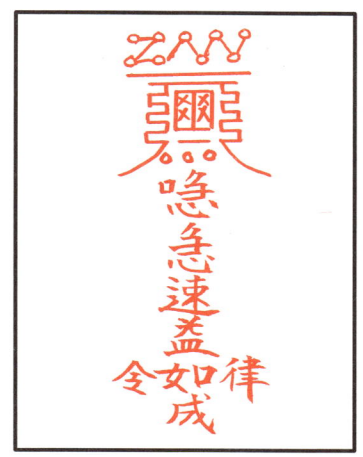

적에 상관없이 위 부적을 백지에다 주사로 써서 지니고 다니면 진행하는 중간에 장애가 없이 일이 순조롭게 이루어진다고 한다.

(6) 부탁이 성취되려면

누구에게 어떤 어려운 청을 하였을 때 상대방(부탁받은 이)이 주인공의 청을 거절하지 않고 흔쾌히 들어주는 것도 역시 소원성취라 하겠다. 오른쪽 부적을 주사로 써서 기도한 뒤 몸에 지니면 매우 효과적이며, 그 밖에 자신이 계획해서 추진해 나가는 일도 순조롭다고 한다.

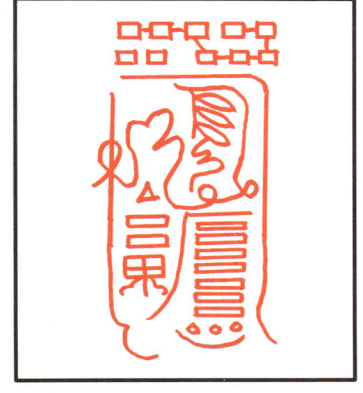

(7) 시험에 합격하려면

입학시험, 취직·승진시험, 국가고시, 자격고시 등 어떤 시험을 막론하고 좋은 성적으로 합격하려면 우선 주인공이 평소 닦은 실력이 좌우하지만, 시험을 치르는 당일의 정신이 맑으냐 흐리냐(컨디션)와 운(運)의 길흉에 의해서도 영욕(榮辱)의 희비가 엇갈린다.

그러므로 평소 닦은 실력보다 훨씬 못한 점수를 얻어 시험에 떨어진다면 마음이 상하는 일이니, 오른쪽 부적 한 장씩을 써서 소원성취부와 함께 몸에 지니고 시험장에 가면 정신이 맑아지고 운에서도 도움을 받아 합격의 영예를 얻을 것이다.

<정신이 맑아지는 부>

<합격부>

37. 취직 · 승진

(1) 좋은 관직을 얻는 법

다음과 같은 보기의 부적 두 장을 써서 부적 ①은 상(床) 위에 봉안하고 소원성취를 위한 경(經)을 읽은 뒤 주인공의 침실 적당한 곳에 붙이고, 부적 ②는 주인공의 몸에 지니면 관직을 얻기가 용이하다고 한다.

①

②

(2) 승진을 위한 부

관직에 근무하는 샐러리맨은 직장 내에서의 가장 큰 소원이 좋은 부서에서 근무하는 것과 승진할 시기에 누락됨이 없이 승진하는 일이다. 오른쪽 부적을 써서 소원성취부와 같이 항시 몸에 지니고 있으면 취직·승진·진록(녹봉이 오르는 것) 등에 유리하다.

38. 사업과 재수

(1) 장사가 잘 되려면

영리(營利)를 목적으로 하는 사업은 거의가 물품거래 행위다. 물품을 생산해서 방출(放出)하거나 교환무역(交換貿易)을 함으로써 얻어지는 이윤(利潤)이 많으면 사업이 잘되는 것이고, 거래가 활발치 못하면 사업이 부진하여 적자운영을 면치 못할 것이다.

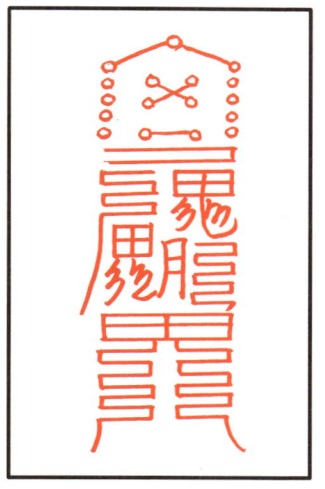

① <중악부(中岳符)>

오른쪽 부적 ①의 명칭은 중악부(中岳符)인데 황지(黃紙)에다 주사(朱砂)로 써서 사업장 적당한 곳에 붙여두면 좋은 고객이 늘고, 반면에 말썽부리는 사람의 발길을 차단시킨다고 한다.

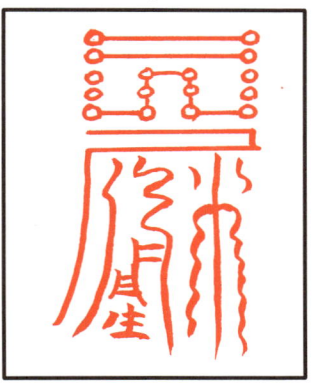

②

또는 부적 ②를 주사로 두 장을 써서 한 장은 사업장에 붙여놓고, 한 장은 경영주가 몸에 지니면 경영이 순조롭고 거래가 활발해서 날로 사업이 번영한다.

(2) 실패 방지

또 어떤 사업을 시작하려면 먼저 근
심되는 게 "혹 실패하면 어쩌나" 하는
마음이다. 설사 이런 불안이 없이 자신
만만하게 사업을 시작했더라도 사업을
경영하다 보면 난관에 처하는 수도 있
고, 심한 경우 실패의 고배를 마시게
된다. 그러므로 오른쪽 부적을 주사로
써서 사업장에 붙여두면 길하다.

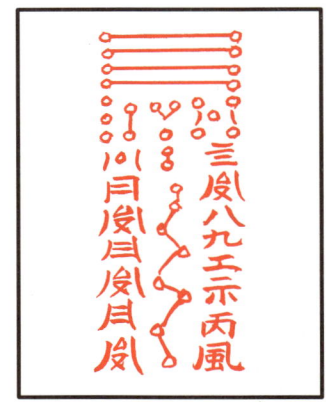

(3) 좋은 사람을 구하려면

사업 경영을 하거나 기타 어떤 일을 하게 될 때 사람이 필요하다.
기업주 입장에서는 회사 직원 및 근로자가 되겠고, 가정에서는 가정
부·운전사·정원사, 그
리고 회사·관청에서는
경리, 비서 등을 채용하
게 되는바 되도록이면
근면성실·정직하고 마
음씨 착한 사람을 구해
야 한다.

오른쪽 부적 ①은 남
자를 구할 때 사용하고,

①

②

부적 ②는 여자를 구할 때 사용하는데 필요한 것(①, ② 중)을 두 장 써서 한 장은 응접실이나 사무실에 붙이고, 한 장은 불에 태운다.

(4) 돈이나 물건을 빌릴 때

액수가 적은 돈을 아는 사람이나 친족간에 빌리는 것은 그다지 어렵지 않은 일이며, 물건도 흔히 있는 것이나 값이 싼 것은 빌리기가 쉽다. 그러나 액수가 많은 돈, 흔치 않은 소중한 물건은 빌려 쓰기가 쉽지 않을 것이다. 생활을 하다 보면 남의 소중한 물건을 빌려 써야 할 경우가 있고, 사업·가정

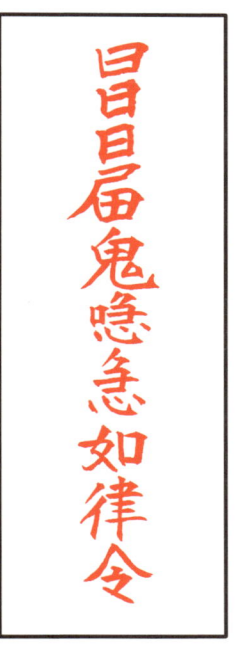

살림을 하다 보면 은행이나 개인·친지에게 적지 않은 자금을 빌려 써야 할 일이 생긴다.

위의 부적 두 장을 써서 함께 몸에 지니고 빌리려는 당사자(은행 등 포함)를 만나러 가면 뜻을 이룰 수 있다.

(5) 재수부

오른쪽 그림은 무슨 일을 하든
지 재수대통하라는 부적이다. 주
사로 두 장을 써서 한 장은 금고
나 사업장에 붙이고, 한 장은 몸
에 지니면 대길하다.

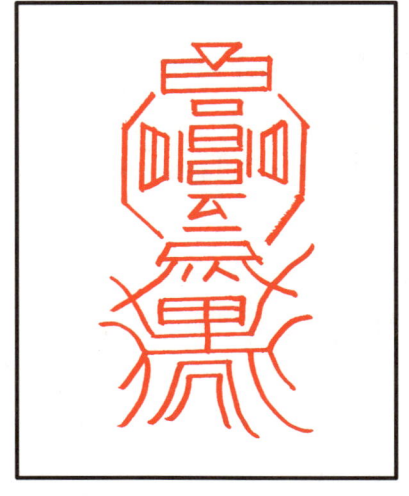

39. 일신의 안전을 기할 때

(1) 선신수호부

신계(神界)에는 인간의 생명·건강·재산을 지켜주는 선신(善神— 즉 吉神)이 있고, 인간에게 질병·사고·손재·우환 등을 일으키는 악신(惡神— 즉 凶殺)이 있다.

오른쪽 그림은 선신수호부(善神守護符)라 하는데, 벽조목(벼락맞은 대추나무)에 음각으로 새긴 뒤 주사로 발라 패(佩)를 만들어 목에 걸고 다니거나 차에 걸면 선신의 보호를 받아 나쁜 사고를 당하지 않는다. 아니면 백지에다 주사로 써서 주머니에 넣어 항시 몸에 지녀도 좋다.

(2) 금강부

금강부(金剛符)도 일신의 안전을 지켜주는 길부(吉符)이다. 이 부를

<선신수호부(善神守護符)>

<금강부(金剛符)>

지니면 부처님의 보호를
받아 위험한 곳에 처해
도 액을 만나지 않고,
사귀(邪鬼)나 요마(妖魔)
가 침범하지 않음으로써
어떤 나쁜 일도 당하지
않는다고 한다.

오른쪽 부적 그림 ①
과 ②도 모두 몸을 보
호해 준다는 보신부(保
身符)이다. 황지나 백지

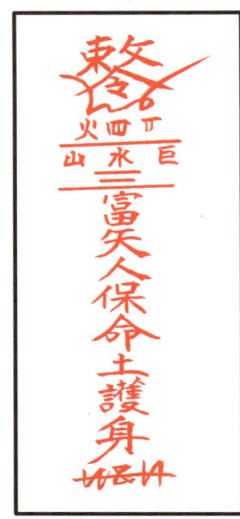
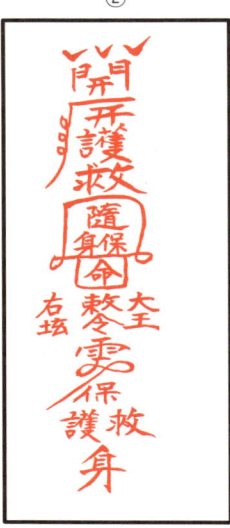

에다 주사로 써서 몸에 지니면 천지신명의 가호를 받아 어떠한 액이
나 재난도 침입하지 않는다고 한다.

(3) 입수 안전

깊은 물에 들어갈 일
이 생기거나 먼바다를
건너게 될 때 오른쪽 부
적을 주사로 써서 몸에
지니면 용신의 보호를
받아 풍랑을 만나지 않
고 안전하다고 한다.

(4) 위험한 곳에 갈 때

인적이 드문 호젓한 밤길, 물살이 센 강·내를 건너거나 험한 코스의 등산 등 험한 길을 걷거나 위험한 곳을 가게 될 때 미리 오른쪽 부적을 황지(黃紙)에다 주사로 써서 몸에 지니고 집을 나서면 안전하다.

(5) 교통사고를 예방하려면

현대문명의 이기(利器)는 우리의 생활에 더할 나위 없이 편리를 제공해 주고 있다. 그러나 한편으로는 그 문명이기로 인해 최악의 불행을 당하는 사람들도 적지 않다. 우리는 언제 갑자기 문명이기의 피해를 당하지 않는다고 장담할 수만은 없다.

특히 크고 작은 자동차가 흔한 요즘에는 영업용, 업무용, 자가용 할 것 없이 수많은 차량으로 길이 붐비고 있다. 이때 자신의 부주의로 사고를 일으키는 수도 있지만 남의 부주의로 교통사고를 당한다면 더욱 억울하고 불행한 일이다. 하루에도 수십 건의 대형사고가 일어나는 현실 속에서 우리는 집을 나서기만 하면 불안하기 짝이 없다. 가능하다면 예방책이라도 써서 마음을 놓고 길을 걷거나 차를 몰고 다니고 싶다. 예방책의 우선은 자신이 교통수칙을 지키는 일이지만 그래도 불안하리니, 아래 부적 ①, ②를 써서 ①은 몸에 지니고 ②는 자신이 몰고 다니는 차에 붙여두면 대길하다.

①   ②

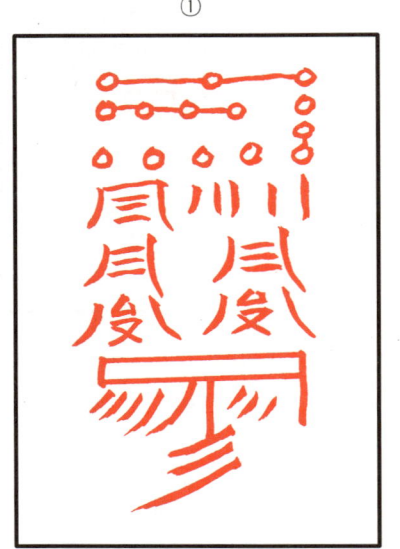
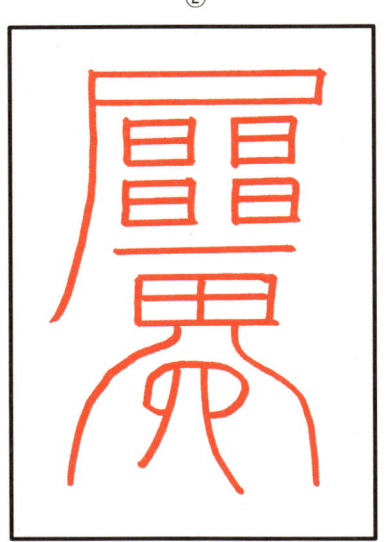

40. 잠과 꿈

(1) 잠이 쉽게 들려면

사람은 잠을 잘 자야 피로가 풀리는바, 아무리 잠을 청해도 좀처럼 잠이 들지 않으면 괴롭다. 항시 습관처럼 잠이 빨리 들지 않는 사람도 적지 않거니와, 평소 잠을 잘 자던 이가 어떤 근심거리가 있거나 너무 기쁜 일을 당해도 엎치락뒤치락 잠이 잘 들지 않는다. 그리고 신경이 예민한 사람도 잠들기가 어려운데, 이런 경우(잠이 안 올 때) 쉽게 잠드는 방법이 있다면 얼마나 좋을까 하고 생각하는 사람이 적지 않을 것이다. 물론 신경안정제나 수면제 등 약물의 효과를 이용해서 잠드는 방법이 있다. 그러나 약물에 의한 수면촉진은 처음에만 효력이 있을 뿐 약물복용이 잦을수록 약효가 감소되고, 뿐만 아니라 습관적인 약물복용은 건강에도 좋지 않다.

그래서 약물복용법 이외에 쉽게 잠드는 요령을 들어본다.

첫째, 자기최면법(自己催面法)을 연구해서 잠이 빨리 들도록 노력한다.

둘째, 편안히 누워 TV나 비디오를 시청하되 잠이 든 후 스스로 꺼지도록 조정해 둔다.

셋째, 재미있는 소설이나 잡지를 보는바 보다가 몹시 졸리거든 보던 책을 치우지 말고 그냥 얼굴에 덮고 잠든다(옆에 다른 사람이 있으면 잠든 뒤에 책을 거두고 전등을 꺼줄 것이다).

넷째, 평소 즐기는 음악을 조용하게 틀어도 좋다(듣다가 슬며시 잠
드는 수가 있다).

다섯째, 빨리 잠들겠다는 생각을 버려라(빨리 자고 일어나서 내일
일찍부터 무슨무슨 일을 해야겠다는 생각을 버리고 '늦게 잠들어도
좋다. 내일 졸리면 그만이지' 하는 편한 마음을 가져라).

여섯째, 잠이 안 오는 때를 이용해 평소 암기해 두고 싶었던 것을
차근차근 암기한다(암기가 끝나기 전에는 잠을 자지 않겠다는 역작용
을 이용하면 도리어 잠이 쉽게 드는 수가 있다).

일곱째, 수면리듬을 지켜라. 대개 누구나 사람에 따라 잠이 잘 드
는 시각이 있다(잠이 쉽게 들지 않는 이는 잠드는 시각을 놓치면 수
면리듬이 깨어져 잠이 들지 않는다).

여덟째, 어릴 적부터 현재까지의 재미있던 추억을 되새기거나, 그
리운 이들의 모습을 하나하나 조명해 보노라면 미처 현실에 이르기
전에 잠이 들어 버린다.

아홉째, 잠이 쉽게 드는 부법(符法)을 사용해 보라(황당한 일 같지
만 시험 삼아 해보는 것도 해롭지는 않으리라).

● 최면부

최면부(催眠符)란 잠이 잘 안 들
때 잠이 쉽게 들도록 하는 부적법이
다. 습관성으로 잠이 안 든다거나
어떤 근심거리가 있어 잠이 안 들
때 오른쪽 보기의 부적을 주사로 써
서 불에 태운 뒤 그 재를 물에 타

마시면 쉽게 잠이 든다고 한다.

(2) 꿈자리가 사나울 때

악몽(惡夢)이나 흉몽(凶夢)을 꾸지
않더라도 꿈자리가 사나우면 간밤에
잠을 잤어도 잠을 잔 것 같지 않을
뿐 아니라 아침에 일어나서 기분이
개운치 않다. 항시 꿈자리가 어수선
한 사람은 오른쪽 부적을 깔고 자는
요 속에 넣어라. 신효하게 꿈이 안
정될 것이다.

(3) 악몽이나 흉몽을 꾸었을 때

지난밤에 꾸었던 꿈이 생생하게 악몽(惡夢) 또는 흉몽(凶夢 ─ 즉
흉사가 있을 징조의 꿈)이라 생각되거든 아무 말도 하지 말고 (가족
누구에게도) 해뜨기 전에 일찍 일어나 깨끗한 물〔淸淨水〕을 적당한
그릇에 담아 들고 해돋는 곳을 바라보기 좋을 만한 장소로 간다(요즘
은 옥상도 무방함). 바야흐로 해가 떠오를 무렵, 동쪽 해돋는 곳을 바
라보고 서서 물을 한 모금 머금었다가(삼키지 말고) 해를 향해 '푸우'
하고 내뿜은 뒤,

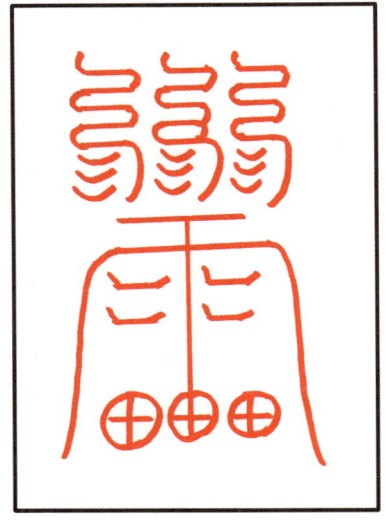

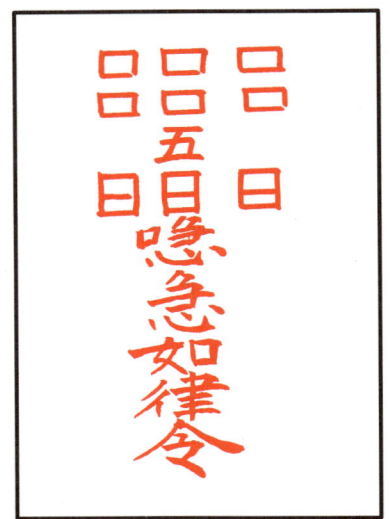

악몽 착초목   길몽 성주옥
"惡夢은 着草木하고 吉夢은 成珠玉하라."

이상과 같은 주문(呪文)을 세 번 외우고 돌아온다(이 주문은 뒤에 몇 십 번이고 거듭 외울수록 좋다).

이와 같이 하고 나서 아래에 있는 부적 가운데 하나를 써서 몸에 지니면 흉몽에 의한 흉사(凶事)가 생기지 않는다.

또 앞의 요령과 비슷하면서 약간 다른 방법이 있다.

아침 해뜨기 전에 일찍 일어나 아무에게도 말하지 말고 밖으로 나가 동쪽 해뜨는 것을 바라보고 서서,

"동천에 해돋으니 어둠이 간 곳 없구나. 내 마음 공허하니 악몽악

사 어디 있으랴."

라는 주문을 세 번 외운 뒤 떠가지고 간 물을 세 번 입에 머금었다가 내뿜는다.

또 한 가지 흉몽을 물리치는 방법이 있다.

아침 일찍 일어나 세수를 마치고 먹·붓·벼루·종이 등 필기도구를 들고 밖으로 나가 사람이 없는 적당한 곳에서(도시는 옥상도 무방함) 동쪽 해돋는 곳을 향해 단정히 앉는다. 해가 돋기를 기다려 해가 막 솟아오르거든 붓을 들어 종이에다 '惡夢去(악몽거)'란 세 글자를 백 번 써서(붓이 없으면 입으로 백 번 외워도 무방함) 그 종이를 불사른 뒤 집으로 돌아와 위의 부적을 쓰면서 아래와 같은 주문을 염(念)한다.

혁혁양양	일출동방	차부	단각	악몽	피제불상	급급여율령
赫赫陽陽	日出東方	此符	斷却	惡夢	被除不祥	急急如律令

41. 고인의 명복을 위하여

가족 중 누구를 막론하고 먼저 세상을 뜨면 고인(故人)의 명복(冥福)을 빌기 위해 각자 믿는 신앙에 따라 기도한다. 예를 들어 천주교에서는 미사를 드리고, 기독교에서는 영생(永生)을 위한 예배를 올리며, 불교에서는 절에 가서 불공(佛供)을 드린다. 각각 종교의 특성에 의해 고인의 명복을 비는바 천주교나 기독교는 부법(符法)이 없으나 불교에서는 부(符)를 써놓고 불공을 드리는 예가 있어 이를 소개한다.

오른쪽 부적 그림은 고인이 죽어서 지옥에 들어가지 않고 극락정토(極樂淨土)로 인도해 달라는 부적이다.

불교에서는 인과법칙(因果法則)이 엄연하여 일단 죄를 지으면 죽어서까지 그 죄에 대한 응보(應報)를 받는다 하니, 죽은 이를 위해 불공을

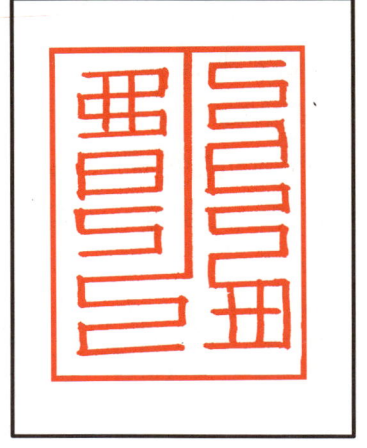

<파지옥정토부(破地獄淨土符) ①>

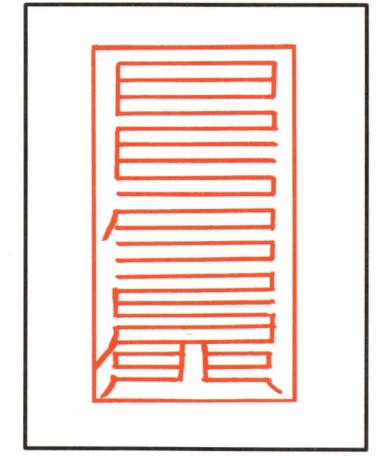

<파지옥정토부(破地獄淨土符) ②>

드리고 부적을 써준들 어찌 지은 죄를 면하겠는가. 하지만 산 사람이 고인을 위한 정성을 지극히 하면 부처님이 감응하여 웬만한 죄는 면해 줄 수도 있다는 것이다. 파지옥정토부 ①, ②를 주사로 써서 ①은 사망인의 무덤에 같이 묻고(장사지낼 때 함께 묻지 못한 경우는 뒤에 무덤 옆 가까운 곳에 땅을 약간 파고 묻는다), ②는 부처님 앞 불단 위에 올려놓고 해당되는 경(經)을 읽으면 지옥을 벗어나 다시 정토(淨土)에 환생한다고 한다.

다음의 부적 그림 두 개는 왕생정토부(往生淨土符)이다. 머지않아 사망하게 될 사람에게나 이미 고인(故人)이 된 사람을 위해 사용되는 바, 당사자(사망인)의 몸에 지녀주고 명복을 빌면 죽은 뒤에 극락(極樂)으로 가거나 다시 좋은 땅, 좋은 가정에 태어나게 된다고 한다.

<왕생정토부(往生淨土符) ①> <왕생정토부(往生淨土符) ②>

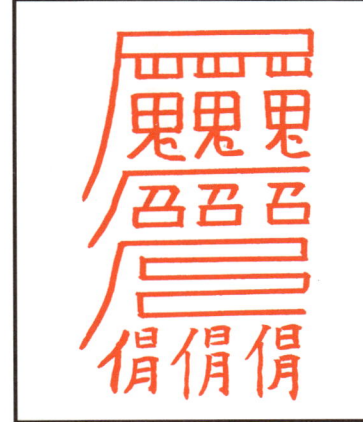

다음 그림인 탈지옥부(脫地獄符)는 지옥에 떨어지는 것을 면해 달라는 부적이다. 불설(佛說)에 사람이 생존시 죄를 많이 지으면 지옥

에 떨어져 무수한 고초를 받는다고
한다. 누군들 죄를 짓지 않고 일생
을 살아가랴. 하지만 정도 문제이므
로 죄의 경중에 따라 지옥에 갈 수
도 있고, 가지 않을 수도 있을 것이
다. 어쨌거나 이 부적을 써서 불단
위에 놓고 고인의 명복을 비는 불공
을 드리거나, 고인의 몸에 넣고 염
하면 대길하다고 한다.

오른쪽 마지막 그림은 영생정토부
(靈生淨土符)라 한다.

사람이 죽으면 육체는 땅 속에서
썩고 영혼만 존재한다. 그러므로 고
인의 영혼이 저승에 들어가 지옥을
면하고 극락세계로 갈 수 있도록 인
도해 달라고 불공을 드릴 때 사용한
다.

<탈지옥부(脫地獄符)>

<영생정토부(靈生淨土符)>

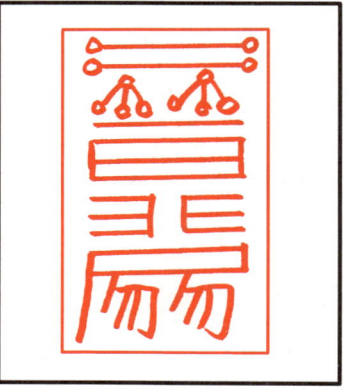

42. 기타 길부(吉符)

아래는 건강, 재수, 소원성취, 가정의 화목·평안 등 모든 것에 좋은 부적만을 가려 수록하는 바이니 필요하거나 마음에 드는 것을 선택하여 사용하면 좋으리라 믿는다.

(1) 여의부(如意符)

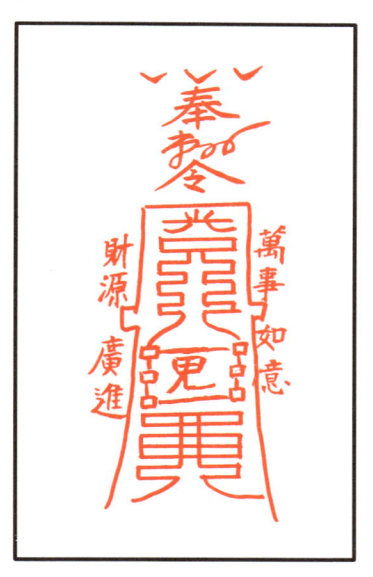

오른쪽 그림의 부적을 여의부 또는 만사여의재리부(萬事如意財利符)라 한다.

이 부적은 붉은색 종이에 먹을 갈아 쓴다. 주인공의 생기(生氣)·복덕(福德)·천의일(天宜日) 중에서 천월덕(天月德)과 일치되는 날에 써서 몸에 지니면 재수는 물론이고, 기타 모든 일에 순조롭다고 한다.

(2) 만사대길부(萬事大吉符)

부적 ①은 깨끗한 백지(白紙)에 주사(朱砂)로 써야 효과적이다. 세대주의 생기·복덕·천의일 중에서 甲子日이나 庚申日에 써서 내실 혹은 응접실 벽 적당한 곳에 붙여두면 집안에 우환(憂患)이 이르지 않고 온 가족이 화목해진다고 한다.

부적 ②는 음력 12월이나 새해 정월 입춘일(양력 2월 4, 5일경) 입춘이 드는 시각에 두 장을 써서 한 장은 집안 적당한 곳에 붙여두고 한 장은 몸에 지니면 가정이 평안하고 밖에서 하는 일도 순조롭다고 한다.

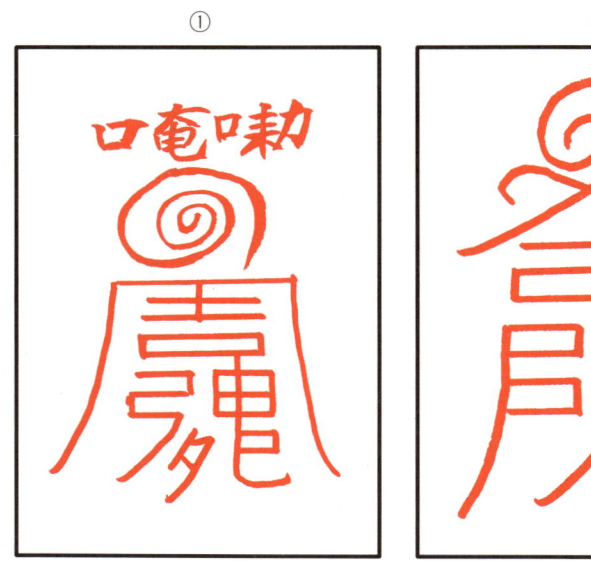

①   ②

(3) 평안부(平安符)

다음의 부적 그림 ①은 길상부(吉祥符)이고, ②는 평안부(平安符)이다. 노란색 한지에 주사를 이용해 둘 중 하나만 써서 내실이나 응접실 문 위에 붙여두면 대길하다.

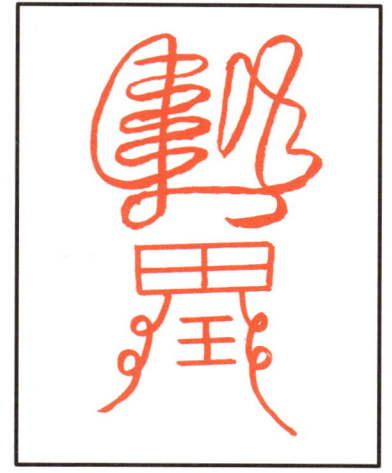

<길상부(吉祥符)>

<평안부(平安符)>

(4) 인덕부(人德符)

사람이 인덕(人德)이 있으면 예나 지금이나 살아가는 데 힘이 들지 않는다. 자신이 해결 못하는 것을 남이 대신 해결해 주며, 음(陰)으로 양(陽)으로 도와주기 때문이다. 그런데 대부분의 사람들은 자신이 인덕이 없다고 탄식한다. 내가 남에게 베푼 것이 있으면 나도 남에게 보답을 받는 것이 인과응보의 법칙이다. 그러나 내가 베푼 것이 없어도 남이 베푸는 은덕을 받는 사람이 있는 반면(이런 사람은 인덕이 많은 이다), 내가 베풀었는데도 불구하고 베푼 자에게 보답을 받지 못하는 사람도 있다.

다음의 부적 그림 ①을 주사로 써서 항시 몸에 지니면 인덕이 생겨 어려운 일을 당할 때 자연 귀인이 나타나 도와준다고 한다.

또는 부적 그림 ②를 써서 몸에 지녀도 좋다. 가까운 이웃이나 친

족간에 불화가 자주 생기거나 인덕이 없어 친척·친지들에게 손해만
당할 경우에 사용하는바, 내실 문 위에 붙여두어도 효과가 있다.

①   ②

(5) 잃은 물건을 찾으려면

도둑이 훔쳐갔거나 도둑의 짓이
아니더라도 어떤 소중한 물건을
잃었을 경우, 오른쪽 부적을 써서
아궁이 속에 넣고 그 위에 꽃 두
송이를 올려놓는다. 그리고는 잃은
물건을 찾게 해달라고 기도하면
그 물건을 다시 찾을 수 있다고
한다(아궁이가 없으면 가스렌지
위에 올려놓는다).

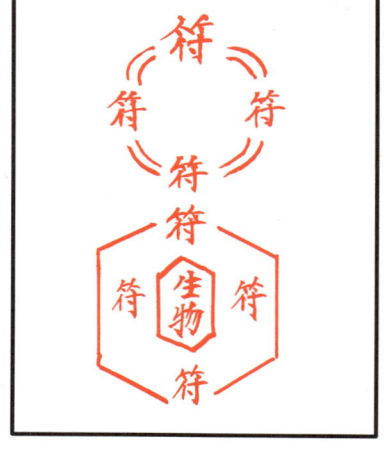

(6) 가정이 편안하려면

오른쪽 부적을 황색 종이에 주
사로 써서 응접실이나 내실 벽 적
당한 곳에 붙여두면 가정에 우환
이 이르지 않고, 가족간에 화목하
며 경사스러운 일이 이른다고 한
다.

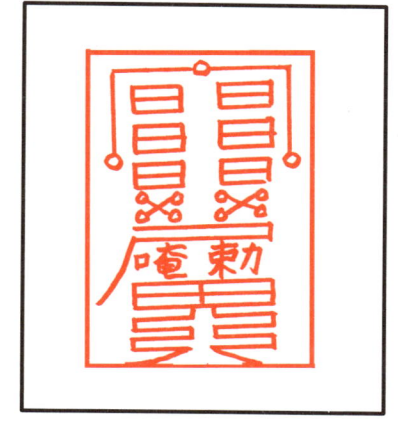

(7) 금은자래부

금과 은은 보석이므로 즉 돈이
요, 재산이다.

오른쪽 부적을 써서 내실이나
응접실 문 위에 붙여두면 금·
은·보석뿐 아니라 경영이 순조롭
고 재수가 좋아서 많은 돈을 모으
게 된다고 한다.

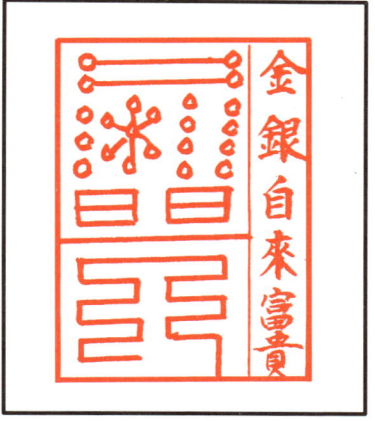

제2부

가정 · 부부 · 자식

43. 가정(家庭)을 위한 것

(1) 가정이란

쉽게 말해서 육친(六親)이 함께 사는 곳을 가정이라 한다.

육친이란 부모·형제·처자를 칭함인데, 부모와 형제와 자식은 가장 가까운 혈육(血肉)관계이고, 처(妻)는 부부일신(夫婦一身)이란 의(義)가 있기 때문이다.

우리 인간뿐 아니라 동물까지도 가족단위를 형성하고 산다. 모르긴 해도 저 아득한 옛날 인간이 창조되어 남녀가 짝을 짓기 시작하면서부터 혈육끼리 모여 사는 가정을 이루었을 것이다. 소위 핏줄〔血脈〕과 살붙이에 대한 애착심은 지혜 따위에 의하거나 누가 가르쳐 주어서 아는 게 아니라 천부적 자연감각에 의해 깨닫는 것이기 때문이다.

물론 혈육간의 애정은 부모가 자식을 지극히 아끼고 사랑하는 데서부터 발현되었다고 보아야 한다. 그리하여 부모가 자신에게 쏟는 애정 때문에 자식의 입장에서는 부모가 그립고 소중하게 여겨질 것은 너무나 당연하다. 핏줄관계는 고사하고 남과 한집에 같이 살아도 정이 들어 헤어지면 그립고 섭섭하다. 심지어는 어떤 시합을 위해 임시적으로 편을 갈라도 자기 편인 사람들에게 정이 생기거늘 하물며 육친, 즉 피붙이와 부부간에 형성된 가정·가족에 대한 애착심은 그 어떤 친분관계와 비교할 수 없을 정도다. 때문에 가정 내의 행불행은 자신 및 온 가족들의 행불행과 직접 연관되고, 가족 내 한 사람의 행불행도 자신을 포함한 온 가족의 행불행과 직결되는 것이라고 할 수 있겠다.

(2) 안택법(安宅法)

안택(安宅)이란 가정 내에 우환·질고·변괴·손재 등이 없이 편안함을 뜻한다. 한 가정을 이끌어 나가는 호주나 세대주뿐 아니라 가족 한 사람에 이르러서도 가정 내에 나쁜 일이 없기를 바라는 마음은 누구나 간절하다. 특히 세대주 부부의 입장에서는 언제나 마음을 놓을 수 없다. 경제력이 넉넉지 못한 입장에서는 경제문제, 자녀들의 교육문제, 온 가족의 건강문제 등 그야말로 두 다리를 쫙 펴고 잘 수 없는 게 윗사람의 입장이다.

때문에 앞으로 어떤 액이 이른다고 생각되어서가 아니라 혹 이를지도 모른다는 불안 때문에 천지신명께 고사도 지내고 절에 가서 불공도 드린다.

가정의 무사안일을 비는 방법이 또 있다. 이는 경(經)을 읽는 일과 부(符)를 사용하는 방법이다.

이 안택경은 불경에서 취한 것인데 경(經)을 읽고 부(符)를 사용하면 가정 내에 아무런 탈이 생기지 않는다고 한다.

1) 안택경(安宅經)

이 경은 집안에 우환이 발생하였거나 우환의 발생을 미리 방지하고자 할 때 읽는 경이다.

여시아문 일시불 주사위 국기수급고독원 여천이백 오십비구
개, 아라한 제루이진 신심진정 육통 무애기명 왈 대지 사리불
마하 목견련 마하 가섭 마하 가전연 수보리등 부유제대보살
마하살, 팔천인구 문수사리보살 도사보살 허공장보살 관세음
보살 구탈보살 여시등보살 마하살, 위덕자재 부유비구 비구니
우바새 우바이 천룡야차 팔부귀신 공상위요 설미묘법 시유 이
거장자 자 오십인구 신분진토 회우수척 유여유인 생실부모 소
애처자 내지불소 두면예측 각주일면 불언자종 아유왕 토불이
래 일체토지 산하 수목진개 속불불언 약해중신 약하중신 약정
중신 약도중신 약문중신 약정중신 약호중신 약조중신 여시팔
신 위인작화환 불고아난 모갑입택 약중불안 종의유의 편치과
애 당설여시 안택지경 길무불리 노출정종 연등소향 예시방불
장궤차수 백불언 위모갑 안택청복영원 대성보안 유조무궁 시
고귀명 참회시방 당청정일야 나무불 나무법 나무비구승 제천
룡귀신 각각명청 금일소향 연등노출정중 예배제불 참회 시방
안택 결원복우제신 아지존경 반야바라밀 위신세력 천지시방
세월겁살 사시오행 육갑금기 십이시신 청룡 백호 주작 현무
토부장군 복룡 지등 택중신수 문리호백 정조정령 당상 방중
혼변지신 증정역사 가왕 부모 택전택후 택좌택우 사중팔신 신
자신녀 인택형성 기명부착 각안소재 부득망동 모갑흥공 입택
안거 옥사당우 천도탕탕 주선광원 양양무제 무소쾌애 모갑 작
남유북당 동서지상 대애창고 육측지란 굼여천정 입조간토 동
장치호문호 종의소작 부득망간 소향연등 노출정중 독경행도

안온택중 무유흉환 화해소멸 재괴불생 천부지재 내외길상 사방익익 응운유행 천지자연 언무불창 포흉다용 무기무위 인신순종 불상요홀 일월개선 성수역선 사시역안 오행역안 인민역안 소재역선 무한 각각자선 각각자안 부득상해 부득망간 간불 제자자 두파작칠분 제불해석 심의개명 종시결원 선여불고 부득위려 당성불도 천룡팔부 작례이거

2) 안택부(安宅符)

오른쪽 보기와 같은 부(符)를 백지나 황지에 써서 내실이나 응접실 벽 적당한 곳에 붙여두어도 대길하다.

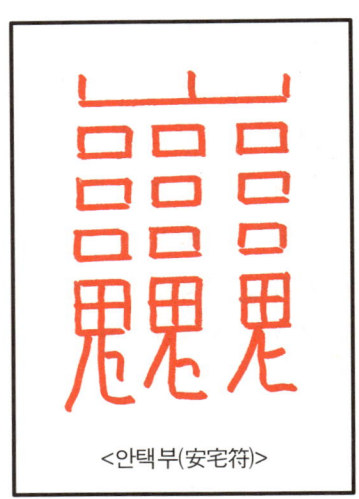

<안택부(安宅符)>

위 부적은 붉은 종이에다 먹으로 써서 내실이나 응접실 밝은 곳에
붙여두면 모든 사귀가 쫓겨남으로써 집안이 편안해진다.

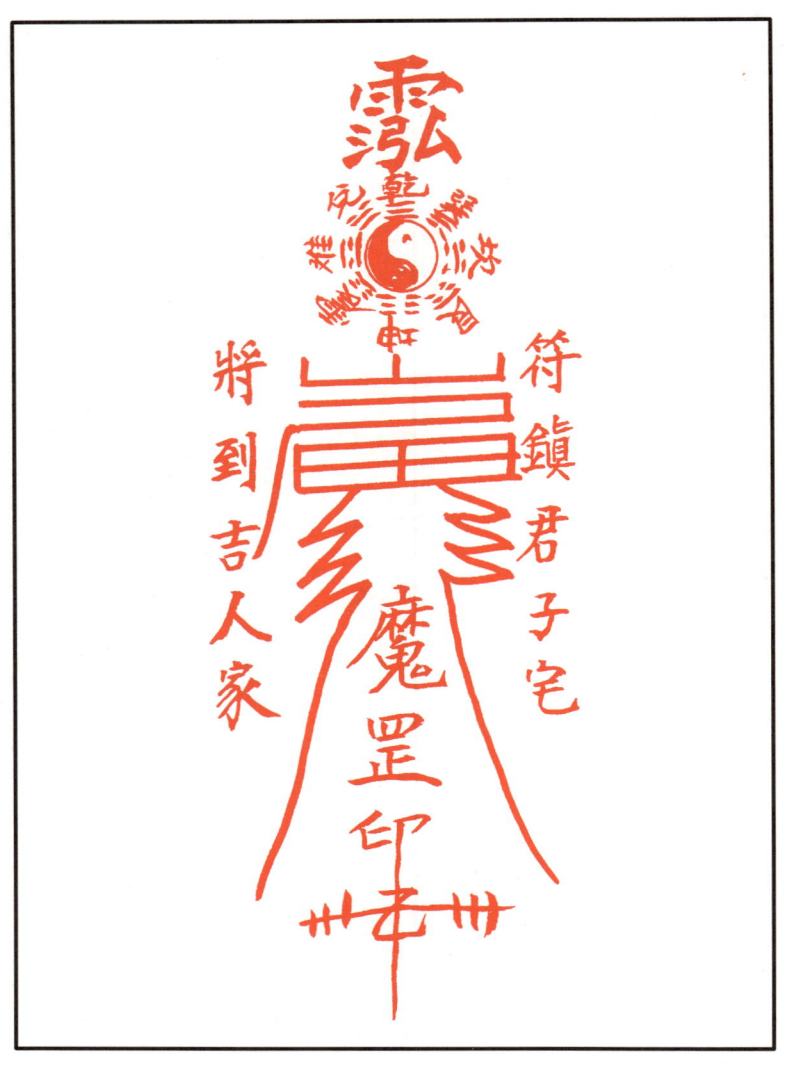

　위 부적은 집안에 침입하여 장난치고 있는 잡귀들을 몰아내거나
잡귀가 들어오지 못하도록 예방하는 데 효과가 있다. 황지에다 주사
로 써서 출입문 위에 붙여두면 가정이 편안해진다.

오른쪽 그림은 태을부(太乙符)이다. 벽조목(霹棗木 — 벼락맞은 대추나무)이나 복숭아나무, 또는 천금목(千金木)을 얇게 켜서 넓이 4cm, 길이 6cm 정도의 크기로 만든다. 부(符)를 조각하되 甲子日이나 庚申日 혹은 음력 5월 5일 중 주인공의 생기(生氣)·복덕(福德)·천의일(天宜日) 가운데 하나를 맞추고, 날이 정해지면 3

<태을부(太乙符)>

일이나 7일 전에 목욕재계한다. 그런 다음 당일이 되면 먼저 분향(焚香)하고 다음에 나오는 태을경(太乙經)을 읽으면서 음각(陰刻)한 곳에다 주사(朱砂)로 칠하면 태을부가 완성된다.

이 부를 방 안 보이지 않는 곳에 걸어두거나 몸에 지니면 모든 사귀가 물러가고 만사형통한다고 한다.

3) 태을경(太乙經)

이 경을 읽으면 모든 잡신들이 두려워하여 굴복한다. 일명 동산경(銅山経)이라고도 하는데 甲子日이나 庚申日 戌亥時에 12편을 외우면 모든 귀신들이 침입하더라도 옥황상제께 고해 바치므로 귀신들이 물러간다고 한다. 단 이 경은 아무 때나 함부로 읽지 말아야 한다.

太上曰 皇天生我 皇地載我 日月助我 星辰暎我 諸仙擧我 司命與
我 太乙臨我 玉神度我 三宮輔我 玉帝佑我 北辰相我 南極佐我
金童侍我 玉女陪我 六甲直我 六丁進我 天門開我 地户通我 山澤
筆我 江河渡我 風雨送我 雷霆順我 八卦遵我 九宮遁我 陰陽從我
五行扶我 四時成我 阿明着我 太清玄精 三宮升降 上下往來 无窮
不息 金飯玉醬 向口皆旨 許範日月 與天爲誓 銀豹星龜 貔雀寶鷟
所求者得 所向者亨 所爲者合 所欲者成 種種變化 與韜合神 何神
不服 何令不行 前有朱雀 後有玄武 左有青龍 右有白虎 上頂華盖
下躡魁罡 神通光明 威振十方 愛我者生 惡我者殃 謀我者死 憎我
者亡 靈童神女 破碎金剛 三千六百 常在我傍 執節奉符 與我同遊
太上躡我 擎天大吉昌 二十四符 與諸星曆 唵 急急如律令勅

(3) 가족간의 화합

속담에 "이밥(기름진 쌀밥)에다 진수성찬을 먹고 살아도 눈물이 있고, 나물죽을 먹으며 살지라도 웃음이 있다"고 하였다. 아무리 돈이 많아도 가족간에 화합을 이루지 못하면 결코 행복한 가정이라 할 수 없다. 비록 경제적으로 넉넉지 못할지라도 가족간에 서로 아끼면서 정답게 살면 오히려 행복할 것이다.

가정은 부모와 자식, 형제자매, 부부 그리고 며느리와 시부모, 이렇게 형성되는 것이지만 이 가운데 어떤 사이 하나만 나빠도 화목한 가정이라 할 수 없다.

가족간의 화목은 어느 한쪽에서만 잘한다고 이루어지는 게 아니라, 서로 상대방을 이해하고 상대방의 잘못이 있더라도 너그럽게 용서할 줄 알아야 화합이 이루어지는 것이다.

가정의 화목과 불화는 대개 부모자식간의 갈등보다 부부 사이 또는 시부모와 며느리 사이가 어떠냐에 의해서 좌우된다.

가족이란 부모와 자식 그리고 형제자매 등 혈육관계로만 형성되는 게 아니라 반드시 혈육이 아닌 남과 더불어 가족단위를 이루도록 되어 있다. 부모의 입장으로는 남의 딸을 데려다가 며느리를 삼고, 남편의 입장으로는 이성(異性)을 맞이하여 아내로 삼는다. 또 여성의 입장에서는 시집 식구가 모두 자신의 혈육이 아닌 남이다. 그러므로 혈육간에는 불화의 요인이 적더라도 남남끼리인 시부모와 며느리, 시누이, 올케 사이는 자칫하면 갈등이 생기기 쉽다. 특히 부부일신이라 하여 정이 좋은 부부는 한마음 한뜻이 되겠지만 정이 없는 부부는 걸핏하면 트러블이 일어날 것이며, 아울러 시부모와 며느리, 시누이, 올케 관계도 좋을 까닭이 없다. 그러므로 아무리 혈육끼리는 의좋게 지내는 가정이라 할지라도 부부간이나 시부모와 며느리 사이가 나쁘다면 그 가정은 결코 화목하다 못할 것이다.

사실 잘되는 가정인지 아닌지를 알려면 그 집안 가족끼리 화목하게 사는가 아닌가를 알아보면 된다. 그래서 가화만사성(家和萬事成 — 가정이 화목해야 모든 일이 이루어진다)이라 하여 가정이 잘되어 가는 근본을 가족간의 화합에 두고 있다. 그러나 아무리 가족간의 화합이 절실히 요구될지라도 어느 한 사람만의 노력만으로 되는 게 아니므로 가족 모두가 화합을 위해 노력해야 될 것이다.

그렇긴 해도 사람이 살다 보면 어느 누가 특별히 잘못한 일이 없는데도 이상하게 오해가 생기거나 일이 공교롭게 꼬여 가정불화가 일어나는 수가 있다. 그리고 집안에 우환이 없으면 가족 모두의 마음이 평화로워져서 자연 화목해지지만, 집안에 좋지 않은 일이 발생하면 가족 모두의 마음이 불안해지고, 불안하면 스트레스를 받으며, 스트레스를 받으면 짜증이 생겨 자연 불화의 요인으로 작용하게 된다.

이런 경우 가족 모두가 화합에 노력해야 되겠지만, 그게 마음대로 안 될 때는 시험 삼아 부적을 사용해 보는 것도 좋다.

①

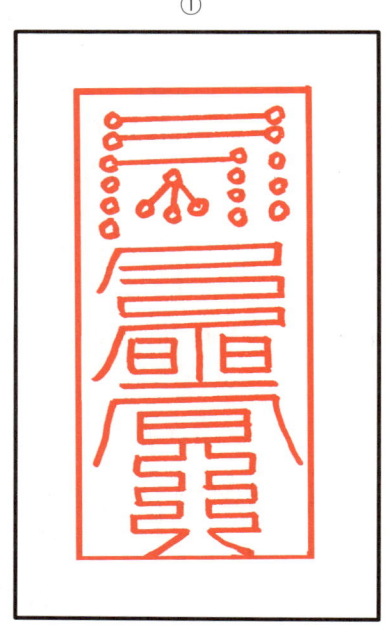

②

위에 있는 부적은 가정불화가 있거나, 앞으로 가정불화가 생길 때 사용하는 화합부(和合符)이다. 각각 주사(朱砂)로 써서 ①은 응접실이나 내실 문 위에 붙이고, ②는 내실 벽 적당한 위치에 붙이거나 몸에 지니면 집안에 우환이 사라지고 아울러 가족끼리 화합을 이룰 것이다.

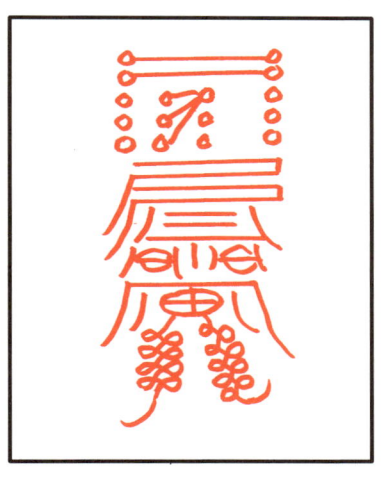

또는 부모자식간의 불화가 있거나 자식들간의 형제자매끼리 의가 나빠서 걸핏하면 다툴 경우, 오른쪽 부적을 써서 현관이나 거실로 드나드는 출입문 위에 붙여놓으면 자식과의 불화가 사라질 것이요, 자식들간의 형제자매끼리도 의가 좋아져서 서로 다정하게 지낼 것이다.

가족간의 불화뿐 아니라 가까운 이웃이나 가까운 친척간에도 불화가 있으면 괴롭다. 이웃이나 친척간에 불화가 생겨 화합을 원하거든 오른쪽 부적을 경면주사로 써서 내실 문 위에 붙여두라. 이웃·친척과 화목하게 되고 인덕이 있으며, 기타 다른 사람도 주인공에게 호감을 사서 평소에 없던 친절을 베푼다. 또는 원수도 은인이 되어 자신을 도와줄 것이다.

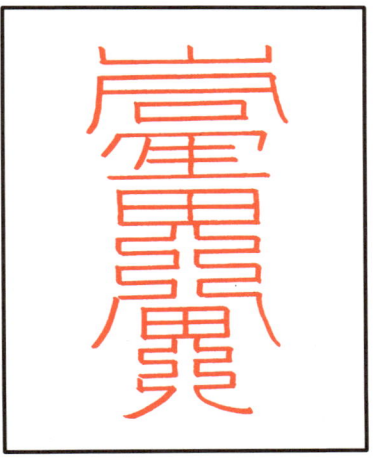

(4) 가족의 가출에

가족 중에 까닭없이 가출한 사
람이 현재 있거나 걸핏하면 가출
하는 가족이 있을 경우, 오른쪽 부
적을 써서 내실 문 위에 붙이면
가출한 가족은 스스로 돌아오고,
집을 자주 나가는 가족은 마음이
안정되어 이후로는 가출하지 않을
것이다.

(5) 자녀의 방탕에

누군들 착실한 자식을 두고 싶지 않으랴만 마음대로 둘 수 없는
것이 자식이다. 그런데 근본적으로
못된 자식이야 하루아침에 고칠
수 없는 일이지만 착하던 자식이
갑작스레 마음이 들떠 방탕해지는
수가 있다. 이럴 때는 오른쪽 부적
을 써서 당사자 모르게 의복 속에
지니게 해주면 되는데, 의복에 넣
기가 곤란할 경우에는 그 자식이
덮고 자는 이부자리 속에 감춰두
면 좋다.

44. 남녀의 애정에 대하여

(1) 이성교제

음양의 도는 만고불변이다. 그러므로 남녀가 서로 그리워하는 것은 자연스러운 이치다.

옛날에는 '남녀칠세부동석(男女七歲不同席)'이라 해서 연애, 즉 혼인 전의 이성교제가 별로 없었지만 그때라고 어찌 남녀가 서로 사귀고 싶은 마음이 없었으랴. 하지만 당시의 시대배경이 혼인 전 이성교제를 허용하지 않았으므로 혹 어쩌다가 눈이 맞아 서로 좋아하게 될 경우 전전긍긍하며 부모와 남의 눈을 피해 몰래 만나는 수밖에 없었다. 이렇게 하는 것도 극소수에 불과하였으니 8·15 광복 이전만 해도 규중 처녀가 연애를 한다는 것은 생각해 볼 수도 없었다. 다만 당시에도 학생신분이었던 남녀는 서로 접촉할 수 있는 기회가 많았으므로 학생들끼리의 이성교제가 제법 있었지만, 그 정도를 두고 자유스러운 이성교제가 이루어졌다 말하기는 어렵다.

그렇다면 광복 후 50년이 지난 오늘날의 사회풍조는 어떠한가. 50년이란 세월은 결코 짧은 세월이 아니지만 사회는 너무도 많이 변했다. 석유 몇 방울 아끼느라고 등잔불 심지도 줄여야만 했던 시절에서 에어컨이나 히터를 켜고, 집집마다 거의 자가용 승용차를 굴리는 세상으로 변했으니 남녀간의 자유로운 이성교제쯤은 너무도 당연한 일이며, 대낮 도심지 한복판에서 남녀가 버젓이 키스하는 광경을 보는 것도 예사로운 일이 되었다. 참으로 50년 이상의 세월을 살아온 사람들의 입장에서 볼 때는 세상이 변했어도 많이 변했다 할 것이다.

한마디 더 말해서 연애, 즉 이성교제가 부끄럽던 시절에서 이젠 오히려 애인이 없어 연애 못하는 것이 부모에게 부끄럽고 미안한 시절로 변했다. 그러나 이것은 세상풍조가 잘못된 게 아니라 당연히 그렇게 되어야 할 일이요, 바야흐로 그 시대가 이른 게 아닌가라고 생각된다. 다만 요즘 젊은이들이 자유라는 명분 아래 도덕성(道德性), 전통성(傳統性)을 무시하고 망각하는 일은 없어야 하겠다.

(2) 이성교제의 조건

남녀를 막론하고 어느 정도 나이가 차면 이성교제 또는 결혼이란 문제에 대해 관심을 갖게 된다. "결혼은 적령기에 이르면 하게 되겠지" 하고 뒤로 미루더라도 이성간의 교제는 사춘기인 17, 8세만 지나도(물론 요즘은 빨라졌지만) 생각해 보게 된다. "내가 세운 뜻을 이룰 때까지 연애는 하지 않겠다"라고 자신이 세운 목적만을 위해 매진하는 젊은이도 있겠지만 이성교제를 할 만한 나이에 이르면 자신이 좋아하는 이성과 사귀고 싶고, 경우에 따라서는 그 사람과 결혼까지 생각해 보겠다는 마음도 갖게 된다. 그러나 이성교제는 고사하고, 모든 교제가 한쪽만의 호감만으로는 이루어지지 않는다. 중요한 것은 서로 좋아할 수 있어야 교제가 가능하다는 사실이다. 즉 자신이 누군가를 좋아한다면 그 상대방도 자신을 좋아해야 그 교제가 이루어질 수 있는데, 인간관계란 묘해서 서로 좋아하면서도 인연이 안 되는 수가 적지 않다. 그러나 우선은 다음과 같은 조건을 갖추고 있을 때 이성교제가 쉽게 이루어진다.

첫째, 자신이 좋아하는 상대가 발견되어야 한다.

자신이 좋아할 수 있는 이성을 발견했다는 것은 기쁜 일이다. 교제 성립의 열쇠는 상대방이 쥐고 있지만 우선 좋아하는 상대가 있어야만 성불성간(成不成間)에 프러포즈라도 해볼 수 있기 때문이다. 다만 자신과 상대방과의 가치비중이 문제이므로 자로 재어보아서 수치(數值)가 비슷해야지 지나치면 가망이 없다.

둘째, 상대방도 자신을 좋아할 수 있어야 한다.

내가 그를 좋아하고 그도 나를 좋아할 경우 이쪽에서 과감히 프러포즈한다면 백 퍼센트 성공이다. 혹 한두 차례 거절을 당하더라도 단념하지 마라. 상대는 수줍어서 혹은 이쪽 마음을 시험해 보기 위해서 처음에는 거절해 볼 수 있다. 상대방이 자신을 좋아할 수 있는 조건은 여러 가지가 있다.

모든 사람들이 자신을 좋아한다면 자신이 좋아하는 그 사람도 자신을 좋아할 수 있는 확률이 높다. 왜냐하면 모든 사람들에게 존경이나 귀여움을 받으려면 인격과 지식과 재능을 갖추거나 근면 성실해야 한다. 만약 자신이 그러하다면 그런 나를 그가 어찌 싫어하겠는가.

하기야 제 눈에 안경이란 말이 있듯, 남들은 별로라고 여기는 사람도 자신이 보기에는 좋게 보이는 수가 있다. 자신이 그러한(남이 별로라고 보는) 상대방을 좋아하고 상대방도 그런 자신을 좋아하게 되는 수가 얼마든지 있으니 이것을 두고 인연이라 하는가 보다. 인간의 심리나 인연관계는 이처럼 불가사의한 일이 많으니 올라가지 못할 나무라도 오래 바라보고 있으면 올라갈 수 있는 묘계(妙計)가 나오는 수도 있지 않겠는가.

이상에서 언급한 것은 상식적이고 합리적인 이론이므로 자신이 지니고 있는 조건(학력·재력·인격·인물·품행·직장 등) 여하에 따라 이성교제가 수월할 수도 있고 어려울 수도 있으며, 또는 인연에 따라 서로 좋아하는 사람끼리 쉽게 만날 수도 있고 좀처럼 만나지 못할 수도 있다. 그렇긴 해도 인간관계, 특히 남녀관계란 일반적 상식만으로 이해 못할 일도 많다. 예를 들어 모든 이성들에게 호감을 살 만한 조건을 두루 갖추었어도 이성교제를 못해 도리어 조건이 좋은 사람이 안타까워하는 수가 있고, 상식적으로는 별로 탐탁지 않게 보이는 사람이 아주 똑똑하고 잘생긴 파트너를 만나 서로 다정히 지내는 수가 있기 때문이다.

어쨌든 자신이 원하는 좋은 파트너와의 교제가 쉽게 이루어지려면 뭐니 뭐니 해도 첫째, 인기와 이성을 끄는 매력이 있어야 하고, 둘째, 평소 원하는 상대를 만날 수 있는 인연이 있어야 한다.

이 가운데 매력과 인연은 자신의 노력으로 얻어지는 게 아니다. 매력은 천부적으로 타고나는 것이며 인간관계의 인연은 신(神)만이 알 수 있기 때문이다. 인기도 어떤 면의 인기냐에 따라 노력하면 될 일이 있고, 노력해도 안 될 일이 있다. 스포츠맨, 가수, 탤런트 등의 인기는 반드시 천부적 소질과 후천적인 노력 이 두 가지 조건이 다 부합되어야만 인기를 높이고 아울러 많은 팬을 확보할 수 있다. 그러나 일반적(보편적)인 인기는 성실성과 신뢰 그리고 인격배양의 수준에 의해 그 척도가 좌우되므로 이러한 인기의 척도마저 낮게 평가된다면 어찌 자신이 원하는 이성과의 교제를 바랄 수 있겠는가.

인기를 얻는 비술(秘術)로는 제1부 1항 <인기를 얻으려면>을 참고하라.

(3) 좋은 인연을 만나려면

이 세상 어딘가에 반드시 좋은 인연이 있을 것 같은 느낌이 드는데도 아직까지 마음에 드는 연애 파트너를 만나지 못해 애를 태우고 있거나, 좋은 배우자를 만나기를 원할 경우 오른쪽 부적을 주사로 써서 항시 몸에 지니면 머지 않아 좋은 인연을 만나게 된다고 한다. 이 인연부(因緣

符)를 쓰기 전에 아래와 같은 주문을 염할 것이며, 뿐만 아니라 부적을 지닌 뒤에도 화합주(和合呪)를 많이 염하면 좋다.

천정지정 일월지정 천지합기정 일월합기명 귀신합기형 이심합
天精地精 日月之精 天地合其精 日月合其明 鬼神合其形 爾心合

아심 아심합이심 천심만심만만심 의합아심 태상노군 급급여율
我心 我心合爾心 千心萬心萬萬心 意合我心 太上老君 急急如律

령
令

●이성과 교제하는 도중에 애로가 있어 불안하거나, 어떤 오해가 생겨 불화의 우려가 있거나, 짝사랑으로 마음을 태울 때 노란색 한지에다 다음의 부적을 두 장 쓰고 자신과 상대방의 성명과 생년월일을 기록한다. 그런 다음 자신이 출생한 시간에 아래 주문을 외우면서 한 장은 불사르고 한 장은 몸에 지니면 애인과의 사이가 좋아지고, 짝사

랑인 경우 연애에 성공한다는 신
부(神符)이다.

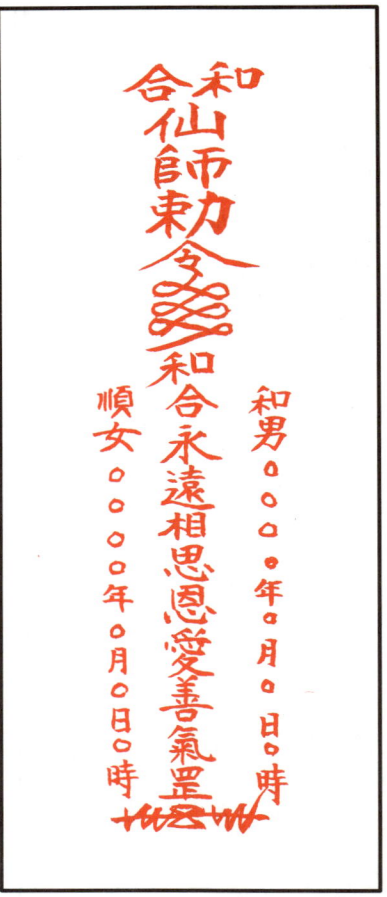

화합신 화합신 제자 ○○○와(과) ○○○이(가) 화합천군 마절
불산 오봉화합 조사 급급여율령

●남녀간의 사랑, 부부간의 애정이 두터워지기를 원할 경우 다음과 같은 간단한 방법이 또 있다.

독요초(獨搖草 ─ 슬쩍 건드리기만 해도 잎을 움츠리고 가지를 오므리는 풀. 속칭 신경초)를 넣고 띠 두 개를 만들어 남녀가 모두 허리에 두르면 어느 한쪽의 애정도 변함이 없이 서로 사랑하게 된다고 한다.

(4) 좋아하는 이성과 교제를 원할 때

우연히든, 아니면 소개에 의해서든 자기가 좋아할 수 있는 이성을 발견할 수 있다. 또는 좋아하는 사람을 언제든 자주 만날 수 있거나 가까이 있으면서도 용기가 없어 프로포즈를 못했을 경우, 혹은 이쪽에서 먼저 프로포즈를 했어도 상대방에서 반응이 없을 경우 오른쪽 부적을 써서 몸에 지녀 보라. 소원(그와의 교제)을 이룰 수도 있을 것이다.

(5) 애인이 곁으로 오게 하려면

그리운 사람, 기다리는 사람, 특히 무척 그립고 사랑하는 사람이 내 곁을 떠나갔거나 돌아오기를 간절히 기다려도 돌아오지 않을 경

우 아래 주문(呪文)을 외운 뒤 오른
쪽 보기의 부적을 주사로 써서 항시
몸에 지니고 있으면 그립게 기다리
는 사람(애인·친구·귀인)이 자신
을 그리워하여 돌아온다고 한다.

주문(呪文)

陰秉陽人氣 陽受陰之精 爾之交档上 與吾結塗姻 卽喜天淼池 淼
如魚似水, 吾奉 三山九侯先生律令攝

(6) 애인의 사랑을 받으려면

자신은 상대방을 사랑
해도 상대방은 자신을
사랑하지 않거나 현재
서로 사랑하고 있어도
그 사랑이 언제 식을지
몰라 불안할 경우 오른
쪽 부적 가운데 임의로

골라 쓴다. 그리고 나서 그 옆에 상대방의 생년간지(生年干支 — 甲午生, 乙未生 등), 성명을 기록한 뒤 베개 속에 넣고 베고 자거나 항시 몸에 지니면 상대방의 사랑을 독차지하게 된다.

(7) 이성교제를 끊으려면

좋아하는 이성과 교제하는 것도 쉬운 일이 아니지만 이성과 사귀다가 싫어져서 교제를 끊고자 해도 상대방에서 추근거리며 잘 떨어지지 않으면 여간 골치 아픈 일이 아니다. 가장 쉬운 방법은 말로 달래어 교제를 끊는 것보다 상대방에서 자신을 싫어하여 그 스스로 물러나도록 하는 게 상책이다. 그러므로 오른쪽 그림은 그 동안 사귀던 남자(여자 입장)나 여자(남자 입장)가 주인공에게 싫증을 느껴 스스로 물러나게 하는 데 효과적인 부(符)이다.

요령은 백지에다 주사(朱砂)로 써서 그를 만나러 갈 때마다 몸에 지니면 된다.

45. 결혼 및 부부 애정

(1) 부부로 맺어지는 경로에 대하여

결혼(結婚)이란 두 남녀가 부부관계로 맺어지는 것을 말한다. 즉 남성은 여성을 맞이하여 아내로 삼고, 여성은 남성을 맞이하여 남편으로 삼는 것이 결혼이며, 이렇게 하기 위한 의식을 거행하는 게 결혼식이요, 아내가 있는 남자, 남편이 있는 여자를 기혼자(既婚者)라 한다.

결혼도 시대의 흐름에 따라 많은 변화를 가져왔으므로 부부가 되기까지의 경로(經路)와 절차는 옛날과 판이하다. 옛날에는 연애결혼이 거의 없고, 오직 중매에 의한 양가 부모의 합의만 이루어지면 당사자 의사와는 관계없이 결혼이 이루어졌다. 그러나 요즘에 와서는 결혼할 당사자 남녀의 의사로 거의 좌우되고 양가 부모는 묵인 또는 승낙 정도의 역할밖에 못하고 있는 실정이다. 물론 지금도 부모의 의사가 지배적인 가정도 없지 않다는 것을 첨언해 둔다. 이렇듯 요즘의 결혼은 연애와 중매 두 가지 수단에 의해 이루어지는데, 연애를 해본 뒤에 결혼할 결정을 내리는 예는 많으나, 연애가 결혼의 조건은 아닌 듯하다. 이성교제를 해오던 남녀가 중매에 의해 결혼하게 되는 예도 많이 있기 때문이다.

그런데 연애에 의하건 중매에 의하건 결혼 적령기에 들어 결혼만 성립되면 그만이지 그 과정이 문제될 것은 없다. 중요한 것은 나이가 들 만큼 든 처녀나 총각이 결혼상대를 구하지 못할 때 그 안타까움이 있다. 어떤 사람들은 쉽게 장가도 잘 가고 시집도 잘 가는데, 어떤 사람은 혼기(婚期)가 늦어가는데도 결혼 상대자를 찾지 못하거나 결혼할 상대자가 나서지 않는다. 결혼 조건의 취약성, 즉 결혼에 걸림돌이 될 핸디캡이 있어 그렇다면 모르겠지만 특별한 핸디캡이 없는데도 마땅한 상대가 없어 결혼이 늦어지는 경우도 적지 않다. 그래서 결혼을 못하거나 늦어지는 사람을 보고 하는 말이 "헌 짚신도 짝이 있는데 사람이 어찌 짝(배우자)이 없겠느냐"라고 위로한다.

사실 사람은 천층만층인지라 잘난 사람도 있고 못난 사람도 있기 마련이니 잘난 사람은 잘난 사람끼리, 못난 사람은 못난 사람끼리 분수에 맞는 상대를 골라 부부의 연을 맺는다면 무엇이 어려우랴. 하지만 끼리끼리 만나 부부가 되려 마음먹었다 할지라도 사람에 따라서는 그것도 쉬운 일이 아니다. 아무리 세상에 사람이 많다 할지라도 그 많은 사람 가운데 자기 짝이 될 만한 사람을 만날 수가 없어 혼인을 못하고 혼기가 늦어지는 남녀의 예도 많다.

또는 객관적으로 볼 때 못생긴 남자와 잘생긴 여자가 부부가 되고, 잘생긴 남자가 못생긴 여자와 부부가 되는 수도 있다. 전자는 처복이 있어 그렇다 하고 후자는 남편복이 있어 그렇다 한다. 혼인이 잘 되고 안 되는 것과 좋은 배우자를 만나고 못 만나는 것은 심리적인 요인과 단순한 우연으로 돌릴 수 있고, 운명학적으로는 타고난 운명이 그렇게 유도되도록 되어 있다 할 것이다. 과연 운명의 지배력이 절대적 요인이라면 어쩔 도리가 없겠으나 결혼성립이 잘 안 되는 게 우연일 뿐이라면 시험 삼아 결혼이 잘 이루어질 수 있는 방법을 행하여 보는 것도 해롭지는 않으리라 생각되므로 이에 대한 방법 몇 가지를 소개한다.

(2) 배우자를 만나려면

혼인 적령기(適令期)에 이른 처녀나 총각(재혼의 경우도 마찬가지)
이 결혼을 원해도 마땅한 배우자가 없거나, 또는 평소 좋아하는 이성
이 있어 그와 결혼을 하고 싶은데도 청혼이 받아들여지지 않을 경우
주인공의 생기(生氣)·복덕(福德)·천의일(天宜日)과 합치되는 천월덕
(天月德) 및 천월덕합일(天月德合日)이나 갑자(甲子)·경신일(庚申日)
중에 적당한 날을 받아 신단(神壇)을 차려 놓고 제사를 지낸다. 제사
일 며칠 전부터 목욕재계(몸과 마음을 깨끗이 하는 것)해야 되며, 제
사 당일 자정(子正)에 촛불을 밝히고 향을 사른 뒤 아래에 있는 주문
을 외우고 부적을 써서 몸에 지니는데, 이와 같이 하기를 49일간 되
풀이한다.

주문(呪文)

건남곤녀　전세인연　월모배우　백세미전　오봉　삼산구후선생율령
乾男坤女　前世因緣　月姥配偶　百歲美全　吾奉　三山九候先生律令

섭
攝

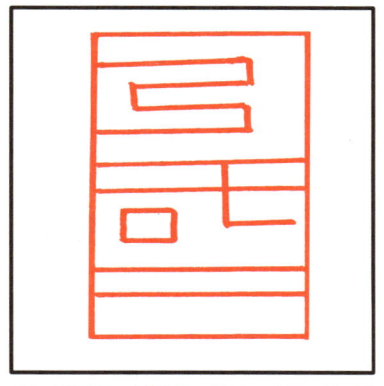

이 부적은 제사 지내는 첫날에 한 장만 써서 배우자가 생길 때까지 몸에 지닌다.

이 부적은 49장을 써서 매일 한 장씩 주문을 외운 뒤 불사른다.

아래 부적은 모두 좋은 인연을 만나게 해달라는 부적이므로 마음 내키는 대로 한 장만 써서 몸에 지니면 좋다.

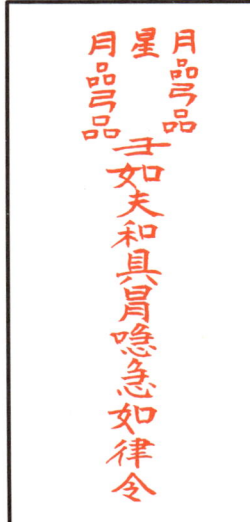

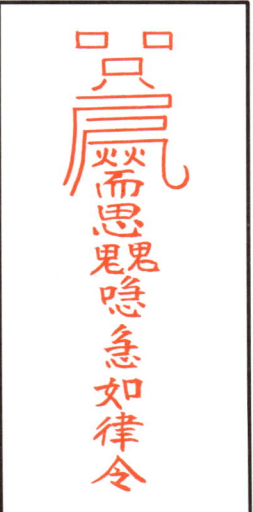

(3) 부부간의 화합

　남녀가 일단 부부로 맺어진 이상은 화목하게 살면서 백년해로해야 한다. 그런데 부부간의 화목은 어느 한 사람만의 노력으로 되는 게 아니라 남녀 두 사람이 함께 화목을 위해 노력해야 한다. 남녀가 처음 만나서는 천년 만년이 가도 애정이 변하지 않을 것 같고 권태도 일어나지 않을 것 같으나, 한 해 두 해 세월이 지나다 보면 뜻이 맞지 않을 때도 있고 권태도 생길 수가 있다. 아무리 좋아했던 남녀끼리 부부가 되었다 해도 정도 차이는 있을지언정 예외일 수는 없다. 살면서 간혹 뜻이 맞지 않는 때가 있고 불화의 요인이 생기는 수가 있더라도 서로 애정을 가지고 이해한다면 갈등이나 불화는 자연 해소되리라 믿는다.

　하지만 자신은 아무리 부부 화합을 위해 참고 이해하고 애정으로 대하고자 노력해도 상대방 쪽에서 제멋대로 나온다면 어느 한쪽의 노력만으로는 화합이 이루어지지 않는다. 그래서 부부 불화의 요인은 남녀가 모두 잘못하는 데 있지만, 한쪽에서 아무리 잘해도 한쪽에서 애정이 결여되었거나 혹은 이기적·독선적 사고력을 가졌거나 혹은 불건전한 생활태도를 보여도 화목한 부부관계를 형성하기가 어렵다.

　그런데 부부 불화의 원인이 부부 두 사람 혹은 어느 한 사람의 확실한 잘못 때문에 있다면 두말할 나위도 없이 그 원인을 깨달아서 잘못을 고쳐나가야 할 것이다. 이런 경우에는 어찌 비방(秘方)이란 수단으로 화합되기를 바라겠는가. 그러나 부부간에 있을 수 있는 실수, 공연한 오해 등 별것도 아닌 일을 가지고 부부 감정이 냉각되거나 크게 확대되는 일이 자주 일어난다면 아무래도 어떤 방법을 찾아

보아야 하지 않겠는가. 방법이란 부부가 서로 화합을 위해 노력하는 게 상책이겠고, 아울러 부부가 화합하는 비방(秘方)을 써보는 것도 좋지 않겠는가 하는 생각이다. 그래서 아래에 부부 불화 예방, 부부 화합, 권태 방지, 부부해로 등에 가장 효과적인 부(符)만을 선택해서 수록하는 바다.

1) 부부 불화를 예방하려면

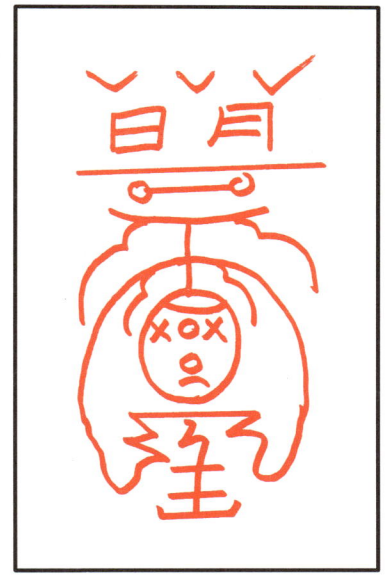

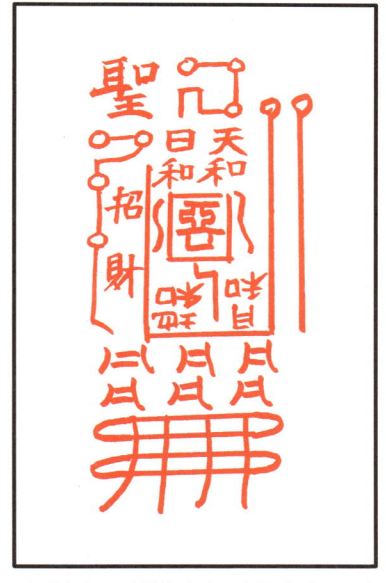

이 부적은 붉은색 종이에 먹으로 써서 부부가 깔고 자는 요(혹은 침대 시트 밑) 속에 넣으면 부부화목은 물론 일생 동안 애정이 변하지 않는다.

이 부적은 부부간에 화목하기를 원하는 주인공의 몸에 지니거나 침실의 보이지 않는 곳에 붙여두면 대길하다.

2) 부부 화합법

오른쪽 부적을 주사(朱砂)로 써서 부부가 함께 자는 침실 적당한 곳에 붙여 놓는데 부적을 쓰기 전에 다음과 같은 주문(呪文)을 외워야 한다.

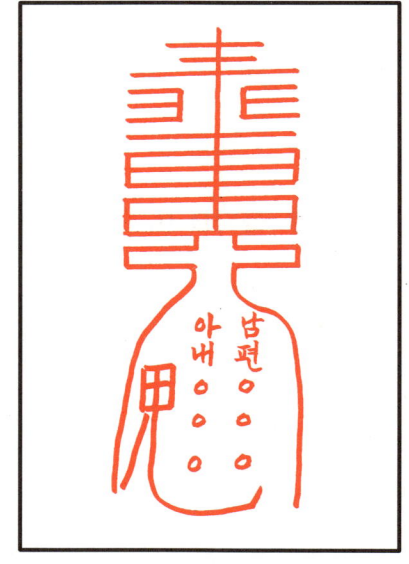

천정지정　일월지정　천지　합기정　일월합기명　신귀합기형　여심합
天精地精　日月之精　天地　合其精　日月合其明　神鬼合其形　汝心合
아심　아심합여심　천심만심만만심　의합아심　태상노군　급급여율
我心　我心合汝心　千心萬心萬萬心　意合我心　太上老君　急急如律
령
令

남녀가 결혼하여 영원토록 화목하고 정(情) 좋게 지내기를 원한다면 다음의 부적 두 장을 써서 각각 한 장씩 몸에 지녔다가 1년 뒤에 불사르라. 백년해로에 자손도 창성하리라.

<남자용>

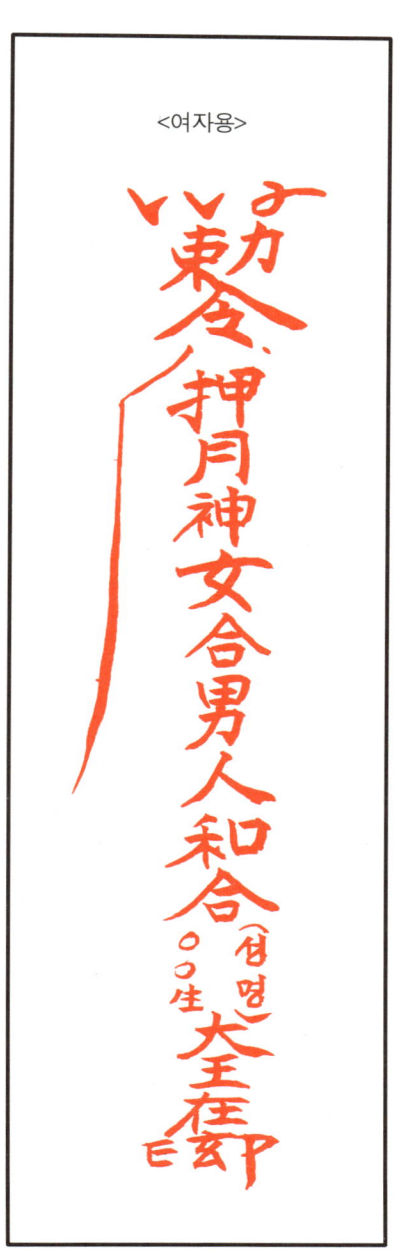

<여자용>

이 부적은 두 장을 써서 부부가 각각
한 장씩 지니면 그 동안 불화가 있었
더라도 자연 화목해진다.

이 부적을 붉은색 종이에 써서 침실
에 붙이거나 이불 속에 넣어두면 부
부 금슬이 좋아진다.

이 부적은 황지나 백지에 경면주사
로 써서 부부가 거처하는 침실 벽에
붙여두거나 베개 속에 각각 넣어두
면 부부간에 오래도록 화목해진다.

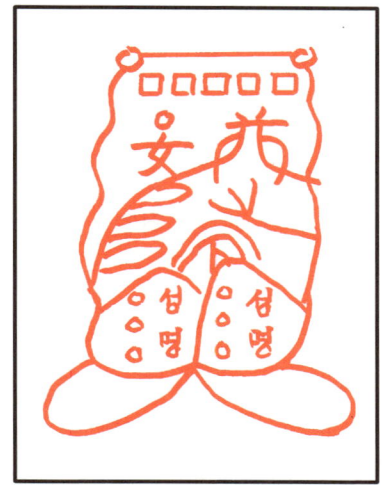

이 부적은 백지에다 먹으로 쓰되 남
녀의 생년(무슨 생)과 성명을 기입해
서 남이 모르게 각각 한 장씩 지니면
부부간의 애정이 두터워진다고 한다.

3) 권태 방지법

처음에 아무리 정이 좋던 부부
간이라 할지라도 결혼한 지 오랜
뒤에는 권태가 생기는 수가 있다.
이 권태기가 짧게 끝나면 우려할
바 없으나 좀 오래 걸린다면 자
칫 부부간에 갈등이 생기고, 따
라서 점차 정이 멀어질 수도 있
다. 그러므로 미리 권태기가 이
르지 않도록 예방하는 것도 나쁘

지 않으니 위의 부적을 써서 내실 남의 눈에 띄지 않는 곳에 붙여두면 권태기가 이르지 않을 뿐만 아니라 이미 권태기에 있는 부부 사이라면 빨리 끝나고 평소의 애정을 다시 찾는다고 한다.

4) 부부가 해로하려면

부부 사이의 금슬이 좋고 모두 건강하면 물론 부적을 사용하지 않아도 된다. 그러나 딸이나 아들의 혼인식을 올리면서도 왠지 불안한 마음이 들 때(또는 신들린 사람이나 역학자에게 해로하기 어렵다는 말을 들었을 때) 오른쪽 부적 두 장을 써서 몸에 지니고 결혼식을 올렸다가 신혼 초야에 남편이나 아내 모르게 침대 밑에 넣고 자면 부부 간에 해로하게 된다고 한다.

<기린부(麒麟符)> <봉황부(鳳凰符)>

또는 부부간에 이별이 없으면 자연 해로하기 마련이다. 오른쪽 보기의 부(符)는 이별수를 막는 것으로 백지나 황지에다 주사(朱砂)로 써서 부부가 함께 덮고 자는 이부자리 속에 넣어두면 대길하다.

5) 배우자가 밖으로 나돌 때

남편이나 아내, 그 한쪽에서 어떤 일로 마음이 들뜨거나 불안해서 안정을 못하고, 집안을 돌보지 않은 채 밖으로 나도는 수가 있다. 이런 일이 있게 되면 자연 부부간에 옥신각신 다투게 되고, 심할 경우 헤어지는 수도 있다. 그러므로 만약 남편이나 아내가 마음의 안정을 못 찾고 밖으로 나돌거든 복숭아나무 가지 7개를 꺾어다가 끓는 물에 오래 담가두고 위 부적을 써서 태운 재를 복숭아나무 가지 담근 물에 타서 그 물로 목욕하면 남편이나 아내가 자신에게 반해서 밖으로 나돌지 않는다고 한다.

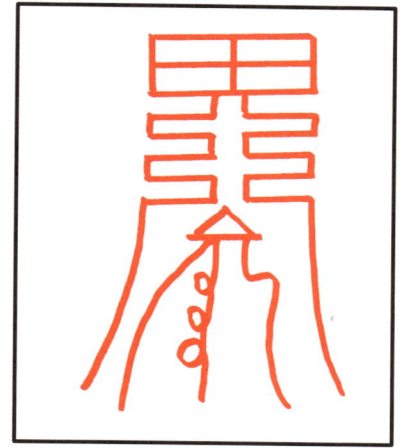

6) 배우자가 바람을 피운다면

3, 40년 전만 해도 바람은 남자나 피우는 것이지 여자가 바람을 피운다는 것은 생각할 수도 없는 일이었다(물론 옛날에도 여성이 바람 피우는 일이 없지는 않았지만). 그런데 요즘에 와서는 남녀가 모두 바람 피우는 시대가 되었으니 피차 공평한 처지가 되었다. 그러나 남자건 여자건 바람을 피운다는 것은 좋은 일이 아닐 뿐 아니라 부부간의 불화 또는 이혼의 첫째 원인이 되니 건전한 부부생활을 유지하

기 위해서는 삼가야 될 일이다.
오른쪽 그림은 남편이 바람 피울
우려가 있거나 현재 바람을 피우
고 있을 때 사용하는 부적이다.
주사(朱砂)로 써서 남편 모르게
남편이 베는 베개 속에 넣어두면
남편이 바람 피우는 것을 방지하
거나 피우던 바람을 멈추게 한다
고 한다.

　오른쪽 그림은 아내가 바람날
기미가 보이거나 현재 바람이 나
있을 때 사용하는 것으로 역시
백지에다 주사로 써서 화합부와
같이 아내 모르게 아내가 베고
자는 아내의 베개 속에 넣어두면
아내의 바람이 멈춘다.

(4) 팔자가 센 처녀

　상학(相學)이나 운명학적인 판단에 의하여 처녀가 팔자(八字)가 세
다는 말을 들었을 때 그 처녀의 부모가 되는 사람도 그렇겠지만 처
녀 자신도 마음이 꺼림칙하다.
　팔자가 세다는 것은 처녀가 출가하여 결혼생활을 하는 도중에 여

러 가지 풍파가 자주 일어나 고
생하고, 부부간에 해로하기가 어
려워 고독하게 지내거나, 첫 번
째 결혼에 실패하고 두 번 세 번
개가(改嫁)하게 됨을 말한다. 그
러므로 이러한 불행을 방지하려
면 오른쪽 부적을 주사(朱砂)로
써서 처녀가 거처하는 방 적당한
곳에 붙여두거나 이부자리 속에
넣어두면 되는데 1년에 한 차례
씩 교환하면서 3년간 계속해야
한다.

(5) 결혼운이 맞지 않을 때

결혼 시기가 늦어진 총각 처녀는 결혼할 상대방만 생기면 운이고
뭐고 가릴 것 없이 서둘러 결혼식을 올린다. 그러나 3, 4년 여유가
있을 때는 운에 맞추어 자녀의 혼인식을 올리려는 부모도 적지 않다.
결혼운을 보는 법식은 역학자에 따라 다르긴 해도 보편적인 원칙
으로는 폐개운(閉開運)과 남녀 혼인흉년을 피한다. 삼재(三災)가 드는
3년 동안에 혼인을 하면 불길하다는 설도 있으나 필자는 이에 찬성
할 수가 없다. 공교롭게도 폐개운과 혼인흉년 그리고 삼재까지 5년간
이어지는 수도 있으니, 가령 30세부터 이런 경우에 해당한다면 35세
가 되어서야 나쁜 운을 피해 혼인할 수 있다는 말이 된다. 그러므로

삼재운에는 혼인해도 무방하고, 다만 폐개운과 혼인흉년은 고려해 볼 필요는 있다고 본다.

● 폐개운(閉開運)이란

처녀의 나이로만 참고하는 것으로 처녀만이 해당되지만, 그 처녀와 결혼하는 상대는 남자이므로 양쪽 모두에게 해당하는 것으로 보아야 한다.

생년 \ 구분	대개(大開)	반개(半開)	폐개(閉開)
子·午·卯·酉生 (여자)	17, 20, 23, 26, 29, 32, 35, 38	18, 21, 24, 27, 30, 33, 36, 39	19, 22, 25, 28 31, 34, 37, 40
寅·申·巳·亥生 (여자)	19, 22, 25, 28, 31, 34, 37, 40	17, 20, 23, 26, 29, 32, 35, 38	18, 21, 24, 27, 30, 33, 36, 39
辰·戌·丑·未生 (여자)	18, 21, 24, 27, 30, 33, 36, 39	19, 22, 25, 28, 31, 34, 37, 40	17, 20, 23, 26, 29, 32, 35, 38

여자의 나이로 보는데, 위 도표의 숫자는 당년 연령이다. 예를 들어 子·午·卯·酉年 중에 태어난 여자는 20, 23, 26, 29, 32세에 대개운이고, 21, 24, 27, 30, 33세에는 반개운이며, 22, 25, 28, 31, 34세에는 폐개운이라 한다. 혼인을 대개운에 하면 대길하고, 반개운에 하면 무해무익하며, 폐개운에 하면 이별할 가능성도 있다고 한다.

(6) 혼인에 불리한 해

남녀가 각각 자기가 출생한 띠로서 어느 해가 혼인식을 올리는 데 불리한가를 보아야 한다.

남녀＼생년	子	丑	寅	卯	辰	巳	午	未	申	酉	戌	亥
남 자	未	申	酉	戌	亥	子	丑	寅	卯	辰	巳	午
여 자	卯	寅	丑	子	亥	戌	酉	申	未	午	巳	辰

예를 들어 子年生 남자는 未年 (辛未·癸未·乙未·丁未·己未年)에 혼인하면 불리하고, 여자는 卯年(丁卯·己卯·辛卯·癸卯·乙卯年)에 혼인하면 불리하다는 뜻이다. 그러나 여러 가지 사정으로 부득이 폐개운이 되는 나이나 혼인흉년에 해당하는 해에 결혼식을 올려야 할 경우라면, 결혼식을 올린 뒤 오른쪽 부적을 써서 신혼방 벽이나 침대 밑 보

이지 않는 곳에 붙여 놓으면 액을 막아 탈이 없게 된다고 한다.

(7) 혼인달 가리는 법

결혼이 잘 이루어지고 결혼한 뒤에 부부 화합에 백년해로를 하도록 비는 것이 비법이라면, 결혼식 올리는 때를 잘 가려 좋은 달, 좋은 날을 택하고 나쁜 달, 나쁜 날을 피하는 것도 비법에 해당한다고 보겠다. 그래서 여러 가지 비법을 소개하는 마당에 택일에 대한 것을 빼놓을 수가 없으므로 이를 간단히 수록한다.

●혼인달 길흉은 오직 여자의 생년(띠)으로만 참고한다.

음력월별 / 여자생년	정월	2월	3월	4월	5월	6월	7월	8월	9월	10월	11월	12월
子年生	불길	불길	친정부모	불길	불길	대길	무해무익	시부모	친정부모	불길	불길	대길
丑年生	불길	친정부모	시부모	불길	대길	불길	불길	친정부모	시부모	무해무익	대길	불길
寅年生	불길	대길	무해무익	시부모	친정부모	불길	불길	대길	무해무익	시부모	친정부모	불길
卯年生	대길	불길	불길	친정부모	시부모	무해무익	대길	불길	불길	친정부모	시부모	불길
辰年生	친정부모	불길	불길	불길	무해무익	시부모	친정부모	불길	불길	대길	무해무익	시부모
巳年生	시부모	무해무익	대길	불길	불길	친정부모	시부모	무해무익	대길	불길	불길	친정부모
午年生	무해무익	시부모	친정부모	불길	불길	대길	무해무익	불길	친정부모	불길	불길	불길
未年生	불길	친정부모	시부모	무해무익	대길	불길	불길	친정부모	시부모	무해무익	대길	불길
申年生	불길	대길	무해무익	시부모	친정부모	불길	불길	대길	무해무익	시부모	친정부모	불길
酉年生	대길	불길	불길	친정부모	시부모	무해무익	대길	불길	불길	친정부모	시부모	무해무익
戌年生	친정부모	불길	불길	대길	무해무익	시부모	친정부모	불길	불길	대길	무해무익	불길
亥年生	시부모	무해무익	대길	불길	불길	친정부모	시부모	무해무익	대길	불길	불길	불길

'대길'은 물론 혼인식 올리는 데 가장 좋은 달이고, '불길'은 나쁜 달이다. '무해무익'은 역시 혼인에 좋은 달이라 보아도 무방하고, '시부모'는 시부모가 안 계신 경우, '친정부모'는 친정부모가 안 계신 경우 혼인식을 올리는 달로 정해도 무방하다는 뜻이다.

그런데 요즘의 혼인날짜 정하는 사례는 어떠한가. 무조건 토·일요일로 날을 잡아 식을 올리는 예가 많은데, 흔히 택일을 원하는 사람들도 "아무 때이고 좋은 달 좋은 날에 날을 잡아달라"는 게 아니라 어느 철(봄·여름·가을 등)이든 어느 달 가운데 토·일요일이 되도록 날을 잡아달라고 하는 경우가 많다. 택일 원칙을 제대로 적용할 경우 1년에 하루 이틀도 좋은 날 잡기가 어려운 수가 있는데, 하물며 달과 요일을 지정해 주는 바람에 요행히 좋은 날이 쉽게 잡히는 수도 있지만 대개는 이런 것 저런 것(생기법의 화해·절명 등)에 걸려 날을 잡을 수 없게 된다. 그래서 요즘은 달에 대한 길흉은 전혀 고려하지 않고 날짜[日辰]에 대한 길흉만을 참작해서 적당한 날을 혼인식 올리는 날로 정해주고 있다. 그러나 사람에 따라서는 달이며 일진 등 모두가 좋게 맞도록 해 주기를 많이 바라므로 위와 같이 표로 나타냈으니 참고하기 바란다.

(8) 혼인 날짜에 대하여

요즘에 와서 토·일요일을 선호함으로써 택일에 어려움이 있음을 앞에서 언급한 바 있다.

모든 택일에 대길일(大吉日)을 가려 행사할 수 있다면 더 바랄 것이 없지만 그게 쉬운 일이 아니다. 그러므로 예를 들어 천월덕에 황도일, 오합일 등 길일을 선택하기보다는 나쁜 살이 닿지 않는 날을 찾는 게 원칙이다. 아무리 길신(吉神)이 많이 임했더라도 가령 복단일이나 천적일, 홍사일, 피마일 그리고 주인공의 화해·절명일에 해당하면 좋은 택일이 될 수 없다. 그러므로 택일의 요령(원칙)은 나쁜 일진을 피하는 데 중점을 두어야 한다. 즉 다음에만 해당하지 않으면 혼인날로 정해도 좋다.

첫째, 주인공 남녀의 화해 · 절명일

둘째, 亥日(乙亥 · 丁亥 · 己亥 · 辛亥 · 癸亥日)

셋째, 동지 · 하지 · 단오 · 사월 초파일

넷째, 신부 신랑 주당일(周堂日)

다섯째, 천적 · 수사 · 홍사 · 피마 · 월파일

여섯째, 복단일 · 월기일

비록 길신이 없는 날일지라도 최소한 위에 해당되는 날만은 피해서 결혼식 날짜를 정해야 한다.

둘째인 亥日과 동지 · 하지 · 사월 초파일 · 단오일은 공식이 없더라도 알 수 있으므로 정국(定局)을 생략한다.

● 주인공의 화해(禍害) · 절명일(絶命日)은 다음과 같다.

남녀 나이로 보는데 음력 기준 당년 나이로 기준한다.

남녀	구 분 당년 나이	대 길			무해무익		소흉	대 흉	
		생기(生氣)	천의(天宜)	복덕(福德)	절체(絶體)	유혼(遊魂)	귀혼(歸魂)	화해(禍害)	절명(絶命)
남 자	8, 16, 24, 32, 40, 48, 56, 64	卯	酉	辰巳	子	未申	午	丑寅	戌亥
	9, 17, 25, 33, 41, 49, 57, 65	丑寅	辰巳	酉	戌亥	午	未申	卯	子
	10, 18, 26, 34, 42, 50, 58, 66	戌亥	午	未申	丑寅	辰巳	酉	子	卯
	11, 19, 27, 35, 43, 51, 59, 67	酉	卯	丑寅	未申	子	戌亥	辰巳	午
	12, 20, 28, 36, 44, 52, 60, 68	辰巳	丑寅	卯	午	戌亥	子	酉	未申
	13, 21, 29, 37, 45, 53, 61, 69	未申	子	戌亥	酉	卯	丑寅	午	辰巳
	14, 22, 30, 38, 46, 54, 62, 70	午	戌亥	子	辰巳	丑寅	卯	未申	酉
	15, 23, 31, 39, 47, 55, 63, 71	子	未申	午	卯	酉	辰巳	戌亥	丑寅

구분	대 길			무해무익		소흉	대 흉	
남녀 / 당년 나이	생기(生氣)	천의(天宜)	복덕(福德)	절체(絶體)	유혼(遊魂)	귀혼(歸魂)	화해(禍害)	절명(絶命)
8, 16, 24, 32, 40, 48, 56, 64	辰巳	丑寅	卯	午	戌亥	子	酉	未申
9, 17, 25, 33, 41, 49, 57, 65	酉	卯	丑寅	未申	子	戌亥	辰巳	午
10, 18, 26, 34, 42, 50, 58, 66	戌亥	午	未申	丑寅	辰巳	酉	子	卯
11, 19, 27, 35, 43, 51, 59, 67	丑寅	辰巳	酉	戌亥	午	未申	卯	子
12, 20, 28, 36, 44, 52, 60, 68	卯	酉	辰巳	子	未申	午	丑寅	戌亥
13, 21, 29, 37, 45, 53, 61, 69	子	未申	午	卯	酉	辰巳	戌亥	丑寅
14, 22, 30, 38, 46, 54, 62, 70	午	戌亥	子	辰巳	丑寅	卯	未申	酉
15, 23, 31, 39, 47, 55, 63, 71	未申	子	戌亥	酉	卯	丑寅	午	辰巳

예를 들어 남자 당년 나이가 16, 24, 32, 40, 48세 등에 해당하는 사람은 丑寅日(화해)과 戌亥日(절명)을 피해야 되고, 여자 당년 나이가 16, 24, 32, 40, 48세 등에 해당하는 사람은 酉日(화해)과 未申日(절명)을 피해야 된다.

위 표는 결혼식뿐 아니라 고사·장거리 여행·이사·새집들이·회갑·돌잔치·연회·건축·개업 등 모든 일에 참고하는바 가능하면 생기·복덕·천의일을 가리고, 절체·유혼·귀혼일은 생기·복덕·천의일로 택일이 어려울 경우 사용해도 무방하다. 그러나 주인공이 화해·절명일에 해당하거든 그날이 일진상으로 아무리 좋더라도 행사일로 정하지 않는 법이다.

●신랑 신부의 주당이 닿는 날은 다음과 같다.

음력 1일(초하루), 7일, 9일, 15일, 17일, 23일, 25일에 해당한다.

● 천적·수사·홍사·피마·월파일은 아래 표와 같다.

구분＼월별	정월	2월	3월	4월	5월	6월	7월	8월	9월	10월	11월	12월
천적(天賊)	辰	酉	寅	未	子	巳	戌	卯	申	丑	午	亥
수사(受死)	戌	辰	亥	巳	子	午	丑	未	寅	申	卯	酉
홍사(紅紗)	酉	巳	丑	酉	巳	丑	酉	巳	丑	酉	巳	丑
피마(披麻)	子	酉	午	卯	子	酉	午	卯	子	酉	午	卯
월파(月破)	申	酉	戌	亥	子	丑	寅	卯	辰	巳	午	未

예를 들어 정월(寅月)에는 辰日이 천적일이고, 戌日이 수사일, 酉日
은 홍사일, 子日은 피마일, 申日은 월파일이므로 정월에는 辰·戌·
酉·子·申日에 혼인식을 올리는 것은 불길하다.

● 월기일(月忌日)은 다음과 같다

매월 음력 5일, 14일, 23일

● 복단일(伏斷日)은 다음과 같다.

요일＼일지	子	丑	寅	卯	辰	巳	午	未	申	酉	戌	亥
복 단 일	日	木	火	土	水	日	木	月	金	火	土	水

예를 들어 子日에 일요일을 만나고 丑日에 목요일을 만나면 그날
이 바로 복단일이다.

그러므로 아무리 혼인날을 적당히 받더라도 이상에서 지적한 날
(화해·절명·亥日·동지·하지·단오·천적·수사·홍사·피마·월
파·복단 매월 1일, 5일, 7일, 9일, 14일, 15일, 17일, 23일, 25일)은 혼
인을 크게 꺼린다는 뜻이다.

46. 자식을 두려면

(1) 자식에 대한 의의

자식이란 자신이 낳은 혈육(血肉)이다. 사람이 최초로 생긴 이래 남녀가 부부로 맺어져 자식을 낳고, 그 자식이 또 그 자식을 낳아 대대손손 이어지기 때문에 오늘에 이르러서는 수십억의 인구로 사람의 숫자가 늘어난 것이다. 사람뿐 아니라 생명을 지닌 모든 것들은 생생불이(生生不已)로, 생하고 생하기를 끊임없이 함으로써 영원토록 생명체의 맥이 이어지고 있다. 이는 대자연의 절대법칙이며 생명체를 창조한 신(神)의 사명이기도 하다. 때문에 사람은 물론이요 모든 동식물을 포함하여 미물 곤충에 이르러서도 생생불이의 법칙을 따르지 않는 것은 하나도 없으므로 하루만 살다 죽는 하루살이 벌레조차도 반드시 그 새끼인 씨벌레를 남기고 죽는 것이다.

그뿐 아니라 사람은 말할 나위도 없거니와 나는 새와 달리는 짐승, 그리고 기는 파충류에 이르기까지 그 자식을 보호하기 위해서는 죽음조차 두려워하지 않는다. 만물의 영장인 사람이야 사랑 중에도 가장 고귀한 사랑이 모성애요, 부모가 자식을 아끼는 마음이 가장 지극한 것이므로 그럴 수 있다 치더라도 하찮은 미물도 제 새끼를 보호하기 위해서는 죽음도 두려워하지 않는다. 그것은 자연적으로 그렇게 되는 것이지 그 새끼에 대한 가치성이라든가 혹은 어미는 새끼에게 그렇게 해야 할 의무가 있다고 인식하는 데서 나오는 행동이 아니다.

사람도 마찬가지로 자식을 낳는 일 자체가 자식을 두어야 한다는 목적 의식에서 나온 것이라기보다는 그냥 낳고 보니 자신의 혈육이고, 또 자신의 자식이고 보니 자연적으로 애정이 생겨 온갖 사랑을 쏟으며 키우게 되는 것이지 애초부터 자식을 낳아 잘 키워야만 훗날에 그 자식의 효도를 받게 된다는 목적의식으로 자식을 낳아 기른다고 생각되지 않는다. 하지만 결과적으로 보면 인생 거의가 젊어서는 어린 자식을 양육하고, 늙어 생활능력이 없게 되면 낳아 기른 자식의 봉양을 받게 되므로 자식을 낳아 기른다는 게 자연 목적의식까지 포함되기 마련이다.

그런데 우리는 왜 자식을 낳아 기르는가에 대해 주관적인 목적을 논하기보다도 자식을 낳도록 되어 있는 창조신, 즉 조물주의 섭리가 어디에 있는가를 알아야 한다. 모르긴 해도 필자의 좁은 견해로는 사람뿐 아니라 모든 생물이 자식 혹은 새끼를 낳게 되는 것은 계승(繼承)의 법칙 때문이라 생각된다. 때문에 남자와 여자, 암컷과 수컷의 교합을 즐거움의 극치로 만들어 교합을 원하도록 하였고, 이 남녀와 자웅(雌雄)의 교합으로 인해 자식 또는 새끼를 낳도록 해서 모든 생물로 하여금 영원토록 그 씨가 계승되도록 창조된 것이리라. 그리하여 생각이 단순한 동물이나 미물에게는 본능적인 모성애만 부여하고, 생각이 복잡한 사람에게는 모성애에 윤리(倫理)를 포함해서 인과법칙을 부여해 자식을 낳아 잘 키우면 자신의 생애중 그 덕(자식덕)을 입을 수 있도록 함으로써 누구나 자식을 낳아 잘 키우게끔 유도한 것이 천성화(天性化)된 것이 아니겠는가. 하지만 이런 이론은 지극한 부모성애를 지닌 사람에게는 모독적인 말이 될 것이다. 참다운 부모성애는 장차 자식의 덕을 보기 위해 온갖 사랑을 베풀면서 기르는 게 아니다. 가령 늙은 뒤에도 그 자식의 도움을 받지 못할 장애인을 낳아 기르는 것을 많이 볼 수 있으며, 그 부모가 장애인 자식에게 쏟는 애정은 정상적인 자식에게 베푸는 애정보다 더하고 연민의 정까지 포함하면 그야말로 지극히 거룩하다 할 것이다. 그러니 그 자식을 아끼고 사랑하는 마음이란 아무런 바람도 없이 무조건 베푸는 사랑 그것일 뿐 그 어떤 대가를 바라는 사랑이 아니다. 때문에 왜 자식을 낳아 기르느냐는 문제는 조물주가 인간에게 그렇게 하도록 부여된 사명 때문일 뿐 다른 이유는 없다고 보는 게 정당할 것이다. 하지만 당연히 해야 될 사명(자식을 낳아 기르는), 그것이 자신에게 부여되지 않을 때 자식을 두고 싶은 마음 또한 간절한 것이므로 자식 두기를 원하는 분에게 일조(一助)가 될는지 모르겠기에 이에 대한 비법을 기록에 있는 대로 소개하는 바이다.

(2) 자식을 낳는 비법

1) 자식을 두지 못하는 원인

옛사람들은 자식을 두지 못하는 원인을 다음과 같이 생각했다.
첫째, 부모 · 조상의 묘를 잘못 쓴 탓에 자식을 두지 못하는 경우.
둘째, 부부 궁합이 나빠서 자식을 두지 못하는 경우.
셋째, 부부 중 어느 한 쪽이 자식을 두지 못할 신체적 결함이 있는 경우.
최고의 문명시대라 일컬어지는 오늘날에는 첫째와 둘째 원인은 미신적이라 신빙할 수 없고, 오직 셋째 번 원인인 부부 중에 어느 한쪽이 신체적 결함이 있음으로 인해 자식을 낳지 못하는 것으로 단정하는 게 일반적인 상식일 것이다. 하지만 의학적인 진단에 의해서 부부 모두가 아무런 이상이 없는데도 자식을 낳지 못하는 예가 없지 않으니 과연 옛사람들이 생각한 대로 조상의 묘자리가 나빠서인지 아니면 부부 궁합이 나빠서인지 확실한 원인을 규명하기 어렵다.

의학적인 원인으로 남성에게 정자(精子)가 죽어 있거나 고갈되면 절대 자식을 두지 못한다.

남성에게 이러한 이상이 없는데도 결혼한 지 여러 해가 되도록 태기가 없는 것은 여성에게 결함이 있기 때문이다. 평소에 정상적인 여성일지라도 힘에 겨운 일을 하면 혈기(血氣)가 손상되거나, 월수(月水 — 월경, 멘스)가 닫히거나, 혈붕(血崩 — 핏덩이가 쏟아져 나옴)이 있거나, 대하증(帶下症) 등으로 인해 아이를 낳지 못한다.

또는 몸조심을 잘못했거나, 음식의 부작용으로 병을 얻거나, 풍(風)에 상하고 냉(冷)이 엄습하여 풍냉이 자궁에 맺혀 있어도 자식을 두기 어렵다.

또는 부부가 교합할 때 너무 흥분해도 좋지 않다. 흥분이 지나치면 혈기(血氣)가 정상적으로 순환되지 못한다. 만약 이런 상태에서 교합을 이루면 잉태되더라도 태아가 완전히 자라기도 전에 뱃속에서 손상되거나 달이 못 차서 유산될 우려가 있다.

또 여성은 남성보다 더 안정할 필요가 있다. 너무 기뻐하거나 너무 슬퍼하거나 크게 놀라도 좋지 않으며, 영양실조에 걸리거나 태(胎)에 이상이 있는 것을 치료하기 전에 성행위를 하거나 혹은 대소변 볼 때에 풍이 음호(陰戶)를 타고 들어가 고질병이 되는 등등의 원인으로도 자식을 두지 못한다. 이럴 때는 속히 병원을 찾아가 치료해야만 자식이 잉태되고, 잉태된 뒤에도 태아가 건강하다.

2) 교합은 때를 맞춰야 한다

교합에 적절한 때는 다음과 같다.

첫째, 밤이지만 하늘이 맑아 별이 초롱초롱하고 바람이 잔잔한 때.

둘째, 남녀 모두 몸이 건강하고 정신이 맑으며 마음이 화평할 때.

천월덕(天月德)과 그 합일(合日)·생기일(生氣日) 또는 남녀 각각의 생기·복덕·천의일, 본명(本命)으로 상생일(相生日)과 제왕일(帝王日).

구분 \ 월별	정월	2월	3월	4월	5월	6월	7월	8월	9월	10월	11월	12월
천 덕	丁	申	壬	辛	亥	甲	癸	寅	丙	乙	巳	庚
월 덕	丙	甲	壬	庚	丙	甲	壬	庚	丙	甲	壬	庚
천덕합	壬	巳	丁	丙	寅	己	戊	亥	辛	庚	申	乙
월덕합	辛	己	丁	乙	辛	己	丁	乙	辛	己	丁	乙
생 기	戊	亥	子	丑	寅	卯	辰	巳	午	未	申	酉

<생기·복덕 조견표>

남녀 \ 연령 / 길흉 \ 구분	남 자								여 자							
	18 26 34 42 50	19 27 35 43 51	20 28 36 44 52	21 29 37 45 53	22 30 38 46 54	23 31 39 47 55	24 32 40 48 56	25 33 41 49 57	18 26 34 42 50	19 27 35 43 51	20 28 36 44 52	21 29 37 45 53	22 30 38 46 54	23 31 39 47 55	24 32 40 48 56	25 33 41 49 57
대길 생기일	戊亥	酉	辰巳	未申	午	子	卯	丑寅	戊亥	丑寅	卯	子	午	未申	辰巳	酉
대길 천의일	午	卯	丑寅	子	戊亥	未申	酉	辰巳	午	辰巳	酉	未申	戊亥	子	丑寅	卯
대길 복덕일	未申	丑寅	卯	戊亥	子	午	辰巳	酉	未申	酉	辰巳	午	子	戊亥	卯	丑寅

길흉 \ 구분 \ 연령 (남녀)	남 자								여 자							
	18 26 34 42 50	19 27 35 43 51	20 28 36 44 52	21 29 37 45 53	22 30 38 46 54	23 31 39 47 55	24 32 40 48 56	25 33 41 49 57	18 26 34 42 50	19 27 35 43 51	20 28 36 44 52	21 29 37 45 53	22 30 38 46 54	23 31 39 47 55	24 32 40 48 56	25 33 41 49 57
무해무익 · 절체일	丑寅	未申	午	酉	辰巳	卯	子	戌亥	丑寅	戌亥	子	卯	辰巳	酉	午	未申
무해무익 · 유혼일	辰巳	子	戌亥	卯	丑寅	酉	未申	午	辰巳	午	未申	酉	丑寅	卯	戌亥	子
무해무익 · 귀혼일	酉	戌亥	子	丑寅	卯	辰巳	午	未申	酉	未申	午	辰巳	卯	丑寅	子	戌亥
불길 · 화해일	子	辰巳	酉	午	未申	戌亥	丑寅	卯	子	卯	丑寅	戌亥	未申	午	酉	辰巳
불길 · 절명일	卯	午	未申	辰巳	酉	丑寅	戌亥	子	卯	子	戌亥	丑寅	酉	辰巳	未申	午

이상의 길일에 부합되는 때에 자식을 얻기 위해 교합하면 태아 때부터 건강하여 튼튼히 자라고, 어질고 지능이 발달한 자식을 둔다고 한다. 반면에 남녀 방사(房事)를 피해야 될 날과 때가 있는데, 다음과 같다. 날짜는 음력이다.

1월―3일, 14일, 16일, 28일

2월―2일, 28일

3월―1일, 9일, 28일

4월―8일, 28일

5월―5일, 6일, 7일, 15일, 16일, 17일, 25일, 26일, 27일, 28일

6월―28일

7월―28일

8월―28일

9월―28일

10월―10일, 28일

11월 — 25일, 28일

12월 — 7일, 20일, 28일

큰 달(大月 : 30일까지 있는 달) — 17일

작은 달(小月 : 29일까지 있는 달) — 16일 또는 甲子日, 庚申日

춘분 · 추분 · 동지 · 하지 · 입춘 · 입하 · 입추 · 입동일, 초복 · 중복 · 말복 · 초하루, 그믐, 상현 · 하현 · 망(望) · 춘사 · 추사(하지 전후 가까운 戊日), 하지 뒤 첫 丙丁日과 동지 뒤 첫 庚辛日(상현 · 하현 · 망은 택일력 참고 바람).

지극히 덥거나 추운 날, 안개가 자욱하게 짙은 날, 큰 비가 쏟아지거나 폭풍이 불 때, 구름이 짙어 날씨가 음침하거나 밤이라도 매우 캄캄할 때, 번개가 치고 천둥이 울릴 때, 일식 · 월식이 있거나 무지개가 떴을 때, 해나 달빛이 너무 밝게 비치는 곳, 신당(神堂), 우물 · 부엌 · 변소, 시체가 놓인 방, 궤연(또는 영좌(靈座) — 죽은 이의 위패를 모시는 것)이 있는 방 등을 피해야 한다.

만일 이상의 금기(禁忌)를 어기고 교합하여 자식이 생길 경우 몸이 허약해서 질병이 따를 뿐 아니라, 빈천 · 단명에 어리석거나 성질이 포악하고 부모에게 불효하며, 심한 경우 신체가 온전치 못한 자식이 생겨날 우려가 있다고 한다.

(3) 아들과 딸을 조절하는 법

사람에 따라 약간씩 다르지만 여성의 월경 주기(週期)를 약 30일로 본다면 월경이 끝난 뒤 10일까지는 임신가능기간이고, 월경이 끝나고

10일 후부터 월경이 있기 10일 전까지는 임신기간이며, 월경이 있기 전 10일은 불임기간(不姙期間)이라 하니 참작하기 바란다. 아래 표를 참고하라.

월 경 전		월 경	월경 후
월경	전 10~20일 후 10~20일	월경 전 10일간	5일간	끝나고 10일
임신기간		불임기간	월경기간	임신가능기간

월경	월경 후 약 10일	월경 후 12일~22일	월경 후 22일~30일	월경
5일	임신가능기간	임신기간	불임기간	5일

월경이 그친 날을 기준하여 1일, 3일, 5일, 7일, 9일, 11일 등 홀수 일이(날짜상의 홀수가 아님) 되는 날 남녀가 교합하면 아들이고, 2일, 4일, 6일, 8일, 10일, 12일 등 짝수일이 되는 날 교합하면 딸일 가능성이 높다고 한다.

●또는 절기의 왕상일(旺相日)에 합방하면 잉태에 유리한데 임신될 경우 딸보다 아들이 될 확률이 높다고 한다.

寅·卯·辰月：甲·乙·丙·丁日,　申·酉·戌月：庚·辛·壬·癸日

巳·午·未月：丙·丁·戊·己日,　亥·子·丑月：壬·癸·甲·乙日

또는 남자이건 여자이건 원하는 대로 낳는 방법도 있다. 임신 3개월이 되기 전에 아들을 원하면 웅황(雄黃)을, 딸을 원하면 자황(雌黃)을 옷 속에 넣어 항상 허리에 매면 된다고 한다.

(4) 자식을 두기 위한 처방

● 남자가 기허(氣虛)하고 정기가 쇠약한 탓에 자식이 없는 경우는 칠자산(七子散)을 복용한다.

무형자(牡荊子) · 오미자(五味子) · 토사자(兎絲子) · 차전자(車前子) · 석명자(菥蓂子) · 산약(山藥) · 석곡(石斛) · 숙지황(熟地黃) · 두충(杜冲) · 녹용(鹿茸) · 원지(遠志) 각 8분, 부자(附子 — 炮) · 사상자(蛇床子) 천궁(川芎) 각 6분, 산수유(山茱萸) · 천웅(天雄) 각 5분, 계심(桂心) 1전, 백복령(白茯苓) · 우슬(牛膝) · 인삼(人蔘) · 황기(黃耆) 각 2분, 파극(巴戟) 1전 2분, 총용(蓯蓉) 7분, 종유분(鍾乳粉) 8분.

이상을 모두 혼합 가루로 내어 한 차례 1전(錢)씩 하루 두 차례 술에 타 마신다.

● 남자가 양기 부족으로 성행위를 잘 못하는 데는 경운산(慶雲散)으로 치료한다.

복분자(覆盆子) · 오미자(五味子) · 토사자(兎絲子) 각 1승, 백출(白朮 — 炒) · 석곡(石斛) 각 3량, 맥문동(麥門冬) · 천웅(天雄) 각 8량, 상기생(桑寄生) 4량.

이상을 가루로 만들어 한 차례에 1전 가량을 술에 타서 하루 세 차례씩 식후에 복용한다. 혹 조루증이 있으면 석곡을 빼고 대신 빈랑

(檳榔) 15개를 넣는다.

●여인이 한 번도 아이를 낳아 보지 못했거나 아이를 낳다가 단산(斷産)된 경우 아래 처방대로 복용한 뒤 다시 탕포탕을 복용하면 효험이 있다.

조각(皂角 ─ 去皮)·오수유(吳茱萸)·당귀(當歸)·대황(大黃)·진번(晋礬 ─ 枯)·융염(戎鹽)·천초(川椒) 각 2량, 오미자(五味子)·세신(細辛)·건강(乾薑) 각 3량.

이상의 약재를 섞어 가루로 만든 다음 손가락 모양의 주머니에 팽팽하게 담아 여인의 음호(陰戶)에 넣는다(소변시에는 꺼냈다가 다시 넣는다). 만일 자궁에서 냉이 흐르면 날이 궂을 때 통증이 있게 되는데 냉이 멈추거든 약 끼워 넣는 것을 그만둔다. 그리고 아침저녁으로 고약(苦藥) 삶은 물로 약을 씻어낸 다음 자석영환(紫石英丸)을 복용한다.

●자석영환은 다음과 같다.

자석영(紫石英)·천문동(天門冬) 각 2량, 자위(紫葳)·무몽(牡蒙) 각 2량, 분초(粉草) 1량 半, 계심(桂心)·천궁(川芎)·권백(卷柏)·오두(烏頭) 炮한 것, 숙지황(熟地黃 ─ 乾)·신이인(辛夷仁)·우여량(禹餘量 ─ 煆醋淬)·당귀(當歸)·석곡(石斛) 각 3량, 오적골(烏賊骨)·우슬(牛膝)·서예(薯蕷) 각 6분, 상기생(桑寄生)·인삼(人蔘)·목단피(牧丹皮)·건강(乾薑)

· 후박(厚朴) · 속단(續斷) · 식수유(食茱萸) · 세신(細辛) 각 5분, 백자인(柏子仁) 1량.

이상의 약재를 모두 가루로 낸 다음 꿀에 개어 환을 짓되, 크기를 오동나무 씨알만큼 한다. 한 차례에 20환씩 따뜻한 술로 복용한다.

(5) 음덕(陰德)으로 자식을 두는 법

본래 자식이 없을 운명을 지녔더라도 천지신명이 감동할 만큼 착한 일을 하게 되면 자식을 두게 된다고 한다.

● 옛날 두우균(竇禹均)이란 사람이 결혼한 지 여러 해가 지나도록 자식이 없었다.

어느 날 밤 꿈에 죽은 할아버지가 나타나 "너는 자식만 없을 뿐 아니라 명도 길지 못하느니라. 그러나 오직 선행만을 닦으면 되느니라." 하므로 그는 조부의 가르침에 따라 착한 일을 많이 해왔다. 그랬더니 꿈에 또 할아버지가 나타나 "네 이름이 천조(天曹)에 있는 것을 보았다. 이는 네가 음덕을 많이 쌓았기 때문이다. 너는 앞으로 30년을 더 살게 될 뿐 아니라 아들 다섯을 두게 될 것이다." 하였는데 과연 아들 오형제를 낳고 명도 길어졌다 한다.

● 장경(張慶)이란 사람은 나이 오십이 되어서야 아들 하나를 두었는데 이름을 형(亨)이라 불렀다.

하루는 어떤 도인(道人)이 찾아와 구걸하다가 경을 보고 하는 말이

"너는 본래 자식이 없을 상이거늘 안에서 어린애 우는 소리가 들리는데 그게 네 자식이냐?"

"우연히 늦게 자식 하나를 얻었습니다."

"그래? 그렇다면 아마도 그간 네가 음덕을 많이 쌓은 게로구나. 착한 일을 한 것이 하루 이틀이 아니었을 것이다. 사람들은 모를지라도 천지신명(天地神明)이야 어찌 모르겠느냐. 아마 그 애는 학문(學文)으로 이름을 떨칠 것이다."

하고는 어디론가 사라졌는데, 뒤에 과연 형(亨)이 자라서 도인의 말처럼 문장이 높았다 한다.

● 마묵(馬默)이란 사람은 자식이 없었는데 등주(登州) 고을 지사(知事)로 부임해 있을 때 누명을 쓰고 죽게 된 죄인을 석방해 준 일이 있었다. 하루는 꿈에 어떤 사람이 일남일녀(一男一女)를 좌우에 끼고 나타나 "너는 본래 자식이 없지만 평소 활인(活人 ; 사람의 목숨을 살림)한 음덕이 많았으므로 상제(上帝)께서 특별히 너에게 아들딸 하나씩을 상으로 점지해 주셨다."

하고 사라졌는데 뒤에 과연 일남일녀를 두었다 한다.

(6) 아들을 낳는 방법

① 음력 5월 5일(즉 단오일)에 부부가 머리를 푼 채 머리를 북쪽으로 향하도록 누워 교합(交合)하면 반드시 아들을 낳게 된다고 한다.

② 임신 2개월 이내에 임신부가 자는 침대 밑에 남이 모르게 도끼를 숨겨두되 도끼날이 아래로 향하도록 하면 태아가 아들이 된다고

한다.

③ 암탉이 알을 품고 있는 둥우리 밑에 남이 모르게 도끼를 놓아 두는 것도 한 방법이라고 한다. 그러나 이는 농촌에서만 가능한 일이다.

④ 또 한 가지는 임신의 기미가 있을 때 활줄을 여인의 허리에 매고 있다가 만 백 일째 되는 날 끈을 풀어 놓는다(이는 옛날 紫官王女가 사용하여 효험을 보게 된 비법이라 한다).

⑤ 또는 임신 3개월이 되기 전에 수탉의 꼬리털 가운데서 가장 긴 것으로 세 개를 뽑아 임신부 모르게 임신부가 깔고 자는 요 밑에 숨겨 두거나, 또는 임신부 남편의 머리털과 손톱·발톱 약간씩을 취하여 역시 임신부가 깔고 자는 요 밑에 임신부 모르게 넣어두면 아들이 된다고 한다.

(7) 자식을 두는 신부(神符)

위에서 자식을 두기 위한 남녀 교합의 시기, 날짜, 월경 주기, 처방, 기타 여러 가지 방법에 대해 설명하였는데, 참작해서 가장 쓰기에 무난한 방법으로 선택하여 시험해 보는 것도 나쁘지 않으리라 생각된다.

본 항에서는 부법(符法)이다. 비방에서 부(符)가 빠질 수 없는 것은 술자(術者)들의 상식이다. 이에 여러 가지 영부(靈符)를 소개하니 필요하다고 생각되는 분은 마음에 내키는(적절하다고 생각되는) 부(符)를 선택해서 사용하면 좋을 것이다.

●아들딸을 막론하고 낳아보지 못했거나 낳았더라도 키우지 못하고 실패하는 것은 전태살(轉胎殺) 때문이라 한다. 음력 12월(섣달) 적

토(赤土 — 즉 황토)를 1되쯤 파 다가 설수(雪水 — 즉 눈을 녹인 물)에 반죽해서 인형 7개를 만들 거나, 또는 나무를 깎아 인형 7 개를 만든 다음 모두 머리에다 바늘 1개씩을 꽂아 오색실로 묶 어가지고 들에 가서 적당한 곳에 땅을 파고 묻는다. 그런 다음 기 도하고 돌아와서 오른쪽 부적을 침실 벽에 붙이고 기도하면 아들 이건 딸이건 원하는 대로 낳는다 하다

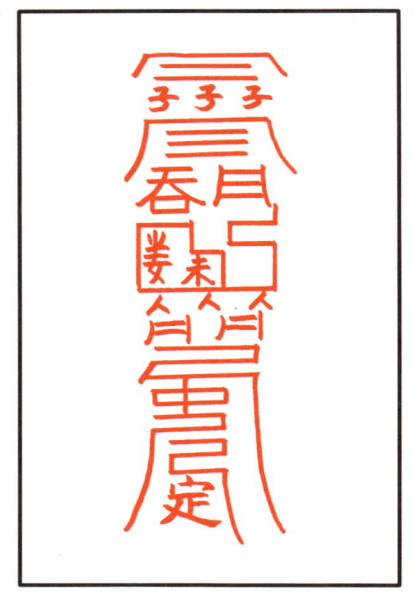

●오른쪽 부적을 사용 해도 좋다.

부적 ①을 황지(黃紙) 에 써서 베 헝겊으로 잘 싼 다음 겉에다 ②의 모양을 써서 목 위 부분 에 지니면 자식을 임신 할 희망이 있다고 한다.

①

황지에 쓴다.

②

베로 싼 표면에 쓴다.

● 오른쪽 부적을 사용해도 좋다.

오른쪽 모양의 부(符)를 백지에 경면 주사로 써서 부부가 함께 덮고 자는 이불 속에 넣고 자면 효험이 있다고 한다.

● 부적 세 장을 써서 각각 설명에 의한 위치에 둔다. 오른쪽 부적은 백지에 주사로 써서 부부가 자는 방 아랫목 벽에 붙여두면 효과적이라 한다.

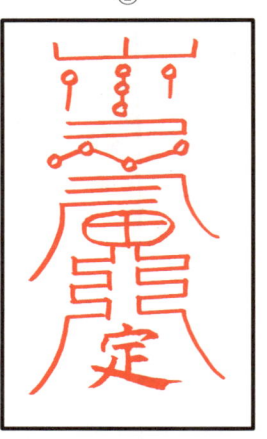

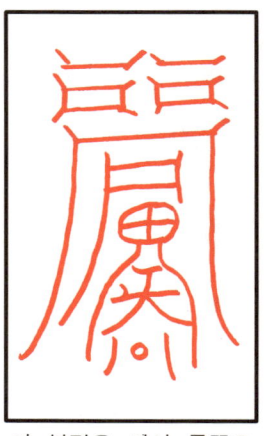

①	②	③
부부가 자는 침실 벽 위에 붙인다.	여인이 불에 태워 마신다.	이 부적을 써서 동쪽으로 뻗은 복숭아나무에 매달거나, 또는 '黃省大將軍'이란 글씨를 써서 추녀나 지붕 밑에 걸어두면 반드시 귀자를 낳는다고 한다.

(8) 딸만 줄줄이 낳는 경우

대개 딸을 많이 두는 경우라도 위로 몇을 낳다 보면 아들도 낳기 마련이다. 그런데 이상하게도 딸을 낳기 시작하면 그야말로 아홉을 채우려는지 연속 딸만 낳는 수가 있다. 굳이 아들이 좋고, 딸은 아들보다 못하다는 관념 때문이 아니라 이왕이면 골고루 낳아

보고 싶은 게 인지상정이 아니겠는가. 그런데 딸만 연달아 낳는 까닭은 구녀성살(九女星殺) 때문이라 한다. 위 부적을 주사(朱砂)로 써서 딸만 낳는 여인이 지니고 있으면 구녀성살이 물러가서 다음에는 아들을 낳게 된다고 한다.

47. 태아를 보호하는 법

(1) 안태부(安胎符 = 保胎符)

　여인이 일단 임신을 하면 자신의 건강관리는 물론이고 태아의 안전을 위해 신경을 써야 한다. 때문에 조금만 의심이 가고 이상이 있음을 느끼면 속히 병원을 찾아가 자신의 건강과 태아의 건강상태를 체크하는 게 현명한 일이다. 어떤 비방이 있다 해서 비방만 믿고 안심할 일은 아니지만, 병원을 찾아 건강체크를 하면서도 마음을 놓을 수 없거든 아래 보기와 같은 안태부(安胎符)를 써서 몸에 지녀도 좋다.

이 두 부적 가운데 임의로 골라 임신부의 몸에 지니면 대길하다.

오른쪽 부(符)도 안태부(安胎符)이다. 임신부가 불결한 음식을 먹었거나, 기타 부정(不淨)을 범했거나, 부정한 것을 보면 태신(胎神)이 노발하여 태아에게 해가 미칠 수 있다. 이런 염려가 생겼을 때 주사(朱砂)로 이 부적을 써서 불에 태워 마시면 부정을 씻고 태아가 안정된다.

(2) 유산을 방지하려면

임신만 되면 습관적으로 유산을 하는 여인이 있다. 병원에 가도 별로 효과가 없을 경우 한번 시험해 보는 것도 나쁘지 않으리라 생각된다.

요령은 오른쪽 부적 글씨 7자를 보기와 같이 주사(朱砂)로 쓴다. 그런 다음 오른쪽 부적 글씨를 위에서부터 한 자씩 써서 불에 태운 재를 사인(砂仁) 1돈쭝을 넣고 달인 물에 타서 복용한다(7자이므로 7일간).

또는 다음과 같은 부적을 사용해

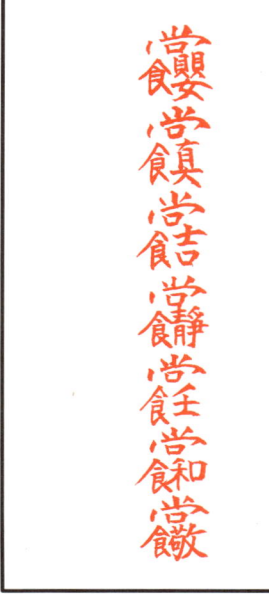

도 좋다. 어떤 특별한 원인도 없이 임신만 되면 달을 채우기도 전에 낙태·유산이 빈번할 경우 이는 오귀(五鬼)가 태신(胎神)을 괴롭히기 때문이라 한다. 주사(朱砂)로 써서 임신부 몸에 지니면 능히 십 삭(十朔)을 채워 출산하게 된다고 한다.

48. 출산(出産)

(1) 난산(難産)의 경우

임신부가 달이 차면 출산을 하기 마련이다. 그래서 출산기가 다가올수록 임신부는 불안하다. '순산이면 좋겠는데 난산(難産)이면 어찌하나'하고 두려움이 증폭된다. 특히 순산·난산을 막론하고 초산(初産)인 경우는 더욱 겁이 난다.

요즘은 의학이 발달하여 예전처럼 난산의 고통을 덜 받는다. 예전에는 아무리 난산이라도 임신부 스스로 해산(解産)을 해야 되었으므로 심한 경우 며칠씩 고통받는 수가 있었다. 그러나 현재는 만삭이 된 임신부가 출산 기미가 보이면 급히 산부인과 병원을 찾아가게 되고, 난산의 징조가 있으면 수술로 출산시켜 고통을 덜 받도록 한다. 그러므로 난산을 크게 두려워할 필요가 없겠으나, 혹 병원을 찾지 않고 집에서 출산하려다 난산이 되어 고생하는 경우가 있겠기에 이때 사용하는 부(符)를 소개한다.

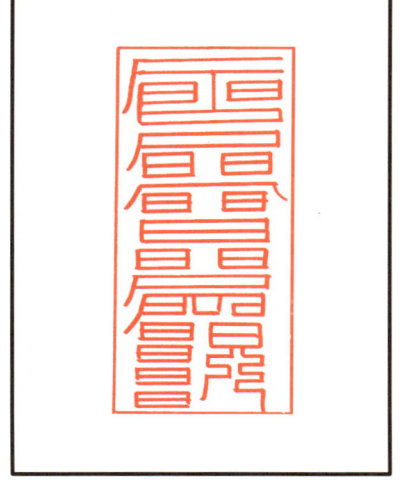

오른쪽 그림의 부적을 깨끗한 백지[韓白紙]에 경면주사로 써서 불에 태워 마시면 효과가 있다고

한다. 난산의 기미가 있으면 급히 병원을 찾아야 하겠으나 혹 밤중에 병원이 멀고, 교통수단이 나쁜 시골이나 산간벽지에서는 집에서 출산을 하지 않을 수 없는 경우도 있겠기에 이를 소개한다.

(2) 출산 날짜

지금은 부인이 임신을 하게 되면 임신된 것을 아는 때로부터 자신 및 태아의 건강상태를 체크하기 위해서 산부인과를 자주 찾게 된다. 때문에 만삭에 가까우면 병원에서는 출산 예정일을 알려 줌으로써 임신부는 이에 대한 대비를 할 수 있다. 자연출산을 원하는 분은 출산 날짜를 가릴 것 없이 출산 예정시기에 기미가 보이면 병원을 찾아가 순리대로 출산하게 되지만, 수술에 의해 출산한 경험이 있다거나 경험이 없더라도 수술출산을 원하는(또는 의사의 진단에 의하여 수술출산이 불가피한 경우) 사람에게는 의사는 출산 예정일을 알려주고 예정일 일주일 전 사이에 날을 받아 오라고 한다(원칙은 아니지만 대개 요즘 관행이 되고 있다). 그래서 역학자나 점 보는 데를 찾아가 수술에 좋다는 날을 받아서 병원에 알려주고, 병원측에서는 가급적 임신부가 원하는 때에 수술해 주고 있는 것으로 알고 있다.

이왕 날짜를 받아 수술출산을 하게 될 경우 이에 관련된 역학적 원리에 의해서 몇 가지 알려주고 싶은 게 있으니, 참고하면 나쁘지 않으리라 믿는다.

첫째, 산모의 안전을 기하는 데 좋은 날이라야 한다.

둘째, 이왕 날짜를 받는 이상 태어나는 아기가 좋은 연월일시에 태어나도록 한다.

즉 주인공(산모)의 생기법으로 화해(禍害)·절명일(絶命日)을 피하고, 혈기(血忌)·혈지(血支)·수사일(受死日)만을 피하되 가급적 역학 원리에 의한 길격사주(吉格四柱)를 타고날 수 있도록 한다. 그런데 위에 지적한 흉일(凶日)은 아래에 수록하거니와 길격사주 구성은 전문 역술인이 아니고는 불가능하다(설사 전문 역술인이라도 잘못 아는 분이 많으니 섣불리 의뢰하기 어렵다).

현재 태아의 남녀감별은 법으로 금지되었다. 그러나 만삭이 되어 1개월 이내에 출산하게 되면 간접적으로 혹은 묵시적으로 알려주는 수가 있다. 만삭에는 유산을 못 시키기 때문이다. 그러므로 남녀 구분을 알아야 역리원칙에 의한 좋은 연월일시를 가릴 수 있다.

● 피해야 될 일진

화해(禍害)·절명일(絶命日)은 다음과 같다.

19, 21, 27, 29, 35, 37, 43, 45, 51, 53세 여자(당) : 辰·巳·午日
20, 22, 28, 30, 36, 38, 44, 46, 52, 54세 여자(당) : 未·申·酉日
23, 24, 31, 32, 39, 40, 47, 48세 여자(당) : 丑·寅·戌·亥日
25, 26, 33, 34, 41, 42, 49, 50세 여자(당) : 子·卯日

<혈기·혈지·수사·천적일>

구분 \ 월	正	二	三	四	五	六	七	八	九	十	十一	十二
혈기(血忌)	丑	未	寅	申	卯	酉	辰	戌	巳	亥	午	子
혈지(血支)	丑	寅	卯	辰	巳	午	未	申	酉	戌	亥	子
수사(受死)	戌	辰	亥	巳	子	午	丑	未	寅	申	卯	酉
천적(天賊)	辰	酉	寅	未	子	巳	戌	卯	申	丑	午	亥

예를 들어 임신부 당년 나이로 21, 27, 29, 35세 등에 해당하고 음력 10월 출산이라면 辰·巳·午日(화해·절명일)과·丑(천적)·申(수사)·戌(혈지)·亥日(혈기)을 피한 나머지 일진(子·寅·卯·未·酉日) 가운데서 출산일을 정해야 할 것이다.

또한 아래에 해당되는 시간은 가급적 피하는 게 좋다.

일	子	丑	寅	卯	辰	巳	午	未	申	酉	戌	亥
시 간	午 卯	未 辰戌	申 巳	酉 子	戌 丑未	亥 寅	子 卯	丑 戌辰	寅 巳	卯 酉	辰 丑未	巳 亥

예를 들어 卯日 출산일로 정했다면 酉時나 子時를 피하여 기타 적당한 시간을 사용하라는 뜻이다.

49. 자녀에 대한 문제가 있을 경우

흔한 일은 아니지만 자녀를 낳아 키우다 보면 여러 가지 근심거리 가운데 한두 가지의 근심거리가 생기는 수가 있다. 저희들 동기간끼리 몹시 싸운다거나, 질병이 잦다거나, 까닭없이 집을 나간다거나, 공부를 못한다거나, 시험에 자주 떨어진다거나, 다 자란 뒤에는 부모를 싫어한다든가 하는 일이 있을 수 있다. 이를 해결하는 시원한 방법이야 없겠지만 부서(符書)에는 부적으로 이를 막을 수 있다 하니, 이를 소개하는바 시험 삼아 사용해 보는 것도 나쁘지 않으리라 생각된다.

(1) 형제 자매간의 불화에

아들이나 딸 가운데 하나만 낳아 키운다면 저희들끼리 싸울 상대가 없으니 이런 근심은 아니해도 되지만, 둘 이상을 낳아 기르다 보면 서로 싸우는 수가 있다. 형제 · 자매 · 남매끼리 싸우는 것은 예사로운 일이지만 그 정도가 지나치면 곤란하다. 차라리 자라는 시기에 싸우는 경우는 다 자란 뒤에는 멈추고 오히려 더욱

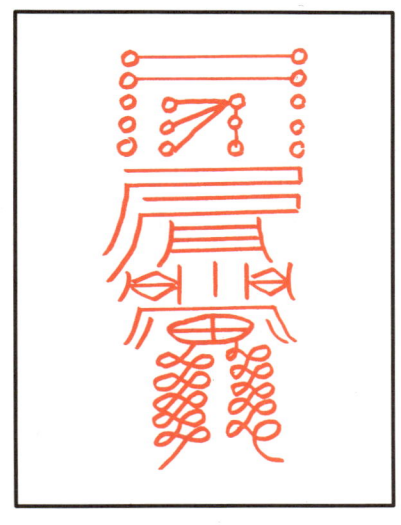

다정해진다. 그러나 다 자란 뒤에 자주 다투는 것은 분명 불화(不和)때문이다. 이 형제자매간의 불화를 바라보고 있는 부모의 입장은 괴롭다. 다른 방법은 없고 부서(符書)에 자손불화를 막고 물리친다는 부법이 기록되어 있으므로 위의 부적을 소개하니 주사(朱砂)로 그려 내실 문 위에 붙여두면 신효하다.

(2) 자녀의 방탕에

자녀를 여럿 두고 보면 그 가운데서 혹 방탕(放蕩)스런 자식이 있어 부모된 마음에 근심스럽기 짝이 없다. 훈계(訓戒)로써 바로잡아야 되겠지만, 효력이 없을 경우에는 부법(符法)을 사용해 보는 것도 나쁘지 않을 것이다.

오른쪽에 있는 부적을 백지에다 주사(朱砂)로 그려 그 당사자 (방탕스러운 아들이나 딸) 모르게 잘 접어 봉해가지고 당사자가 입고 다니는 옷 속에 감춰두면 효과적이라 한다.

(3) 자녀의 가출에

가족의 가출(家出), 특히 자녀가 가출하는 것은 그럴 만한 동기가 있기도 하기만 특별한 동기가 없이도 습관처럼 가출하는 경우가 있다. 점(占)의 이론상으로는 미혼살(迷魂殺) 때문이라 한다. 아래 부적 가운데 하나를 선택하여 주사(朱砂)로 써서 내실(혹은 응접실) 출입문 위쪽에 붙여두면 가출자가 스스로 돌아오거니와, 나갔던 사람의 마음이 안정되어 다시는 가출하지 않는다고 한다(부적 ①이 효과를 얻지 못하거든 ②를 사용해 보라). 이 부적은 아내나 남편이 가출한 경우에도 사용하면 좋다.

①

②

(4) 자녀의 성적 부진에

학업, 즉 공부는 타고난 두뇌의 슬기 여하에 달려 있는 만큼 어떤 비법을 쓴다 해서 특별히 머리가 좋아지는 것은 아니다. 그러나 공부하는 학생이 정신력 집중을 못하면 학업 진취(進就)나 성적에 마이너스가 온다. 뿐만 아니라 같은 머리를 가지고도 머리가 맑을 때가 있고 흐릴 때가 있다. 머리가 자주 흐려 공부가 잘 안되는 때, 즉 부모가 자녀의 동태를 보고 그렇게 느껴질 경우 오

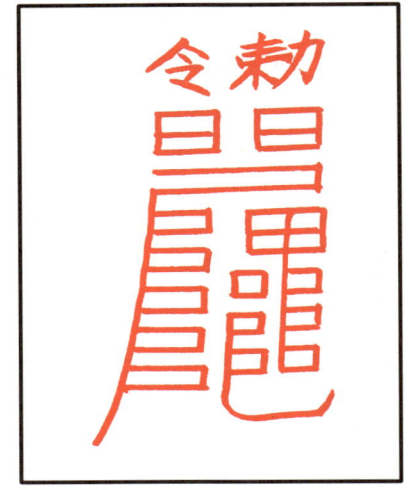

른쪽 부적을 그려 자녀에게 알려주고 지니게 하라. 그러면 부적을 지닌 자의 머리가 맑아져서 공부가 잘 된다고 한다. 무언중 그 자녀에 대해서 격려와 질책을 암시하는 효과도 있으리라 생각된다.

(5) 시험에 합격시키려면

입학시험, 국가고시, 취직·진급시험 등은 주인공의 실력이 우선이므로 실력만 월등하다면 운이고 뭐고 필요없이 합격되는 게 정리(正理)이다. 그러므로 아무리 좋다는 비방(秘方)을 쓰고, 백일기도를 한다 해도 절대 부족한 실력으로는 합격되지 않는다. 그러나 실력적으로 약간의 요행만 따른다면 합격될 수 있고, 약간의 불운을 만난다면 낙방될 수 있는 경우(즉 합격·불합격의 차이가 미세하다고 생각될 때)에는 시험에 유리하다는 비법을 써볼 필요가 있다. 다음의 부적 글씨는 합격부(合格符)로서 백지에 주사(朱砂)나 먹글씨로 마음에 드

는 것을 골라 쓴 다음 응시자의 몸에 지니고 응시장에 가서 시험을 치르도록 하면 매우 유리하다고 하니 자녀의 모든 시험에 사용해 보는 것도 나쁘지 않을 것이다.

●또 한 가지 비법이 있다. 날 일(日)자는 만물을 밝게 비추는 태양의 상징이다. 합격부에 날 일자를 사용하는 것은 빛, 밝음의 의의를 취용(取用)하려는 데 있다.

머리가 맑아지고 지혜가 밝아져서 평소 닦은 실력을 아낌없이 발휘할 수 있도록 하는 데 의의를 두는 것 같다. 그러므로 이 원리로서 연구해 본다면 부적 이외의 다른 방법도 창출해 낼 수 있다. 즉 시험 치르려는 당일, 일찍 일어나 몸을 깨끗이 씻은 뒤 해돋는 순간을 바라보기에 편

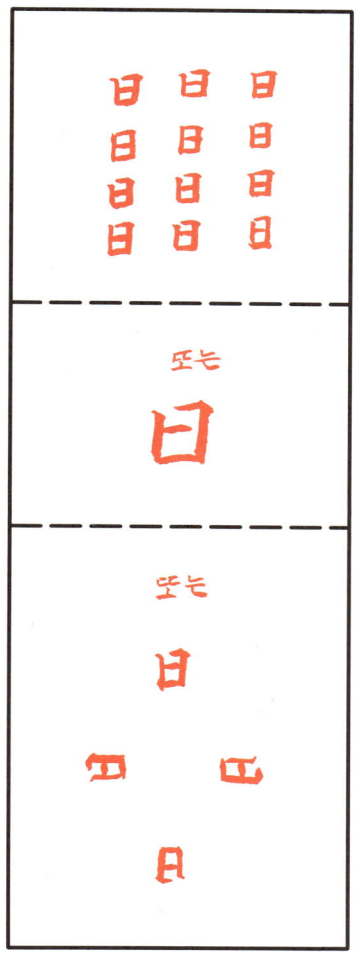

리한 장소로 가서(산에 오르면 더욱 좋다) 동쪽을 바라보고 선다. 바야흐로 해가 솟을 무렵 숨을 길게 들이마셨다가 내뿜기를(심호흡) 세 차례 해서 동방의 생기(生氣)를 마시고, 떠오르는 태양의 광명을 몸에 담아 온다. 그리고 나서 응시에 임하면 머리가 맑아져서 효과적인 시험을 치를 수 있을 것이다.

(6) 부모 자식간의 불화에

성년이 되기 전에는 부모에게 의지함으로써 부모 자식간의 불화는 거의 없다(단 부모에 대해 불만은 가질 수 있다). 그러나 성년이 된 뒤, 즉 자랄대로 자라서 부모의 도움이 필요없게 되면 노골적으로 불평도 하고 반항도 하며, 부모와 정(情)이 멀어져 가는 자녀도 있다. 애써 기르고 가르쳐 놓은 자식이 부모를 멀리하면 부모된 입장에 몹시 서운하고 서글퍼진다. 하지만 자식이 그렇게 행동하는 원인이 어떤 오해나 공교로운 계기로 인해 불화(不和)가 생긴 것이라면, 우선 대화를 통해 오해를 풀고 서로 막힌 감정을 뚫어 평소와 같이 부모 자식간의 정이 회복되도록 해야 한다.

오른쪽 그림은 부모 자식간이 불화에 처해 있거나 불화가 생길 기미가 있어 보일 때 주사(朱砂)로 그려서 내실 드나드는 문 위에다 붙여두면 부모 자식간의 정이 두터워지고, 아울러 부모와 자식이 화목해진다고 한다.

50. 탈(頉)과 부정

(1) 부정탈 예방

탈(頉)이란 어떤 원인으로 인해 우환(憂患)이 발생하는 것을 말하는데, 여기에서의 탈은 신탈(神頉), 즉 신(神 — 天神 · 地神 · 山神 · 水神 · 家神 · 成造神 · 竈王神 · 三神 등)의 노여움을 사서 재난(관재 · 질병 · 손재 · 사망 등)을 당하는 것을 말한다.

신의 노여움을 사서 탈이 생길 수 있는 것으로는 나쁜 방위로 이사한 이사탈, 함부로 집을 짓거나 수리한 성조탈과 동토탈, 묘를 잘못 쓴 묘탈, 부정(不淨)한 곳에 가거나 부정한 물건을 다루다가 생긴 부정탈 등이 있다.

사람이 생활하다 보면 이상에서 지적한 여러 가지 탈이 생길 수 있으며, 그 가운데 자칫 신의 노여움을 사게 되는 일을 범하기가 쉽다. 일일이 날을 가리고 방위를 보고 부정(不淨) 여하를 가려가며 살 수 없기 때문이다. 그래서 급히 이사를 간다든가, 집을 짓거나 수리한다든가, 상가(喪家)에 다녀 온다든가, 묘를 옮기거나 수선한다든가, 좀 꺼림칙한 물건을 집안에 들여놓게 될 경우 미리 아래 부적을 사용하면 탈이 방지된다고 한다. 또 이미 탈이 생겨 우환이 이른 경우에도 부적 ①은 내실 문과 집 사방 혹은 까치가 깃들이는 나무에 붙이고, 부적 ②는 만약 환자가 생겼을 경우 두 장을 써서 한 장은 불에 태워 재를 마시고 또 한 장은 몸에 지닌다.

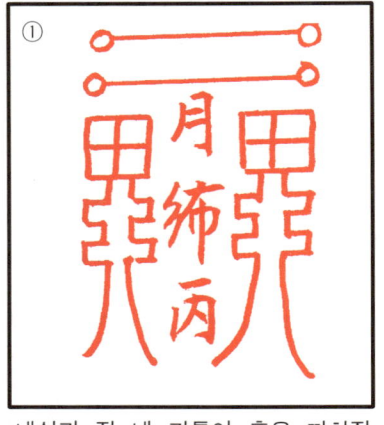

내실과 집 네 귀퉁이 혹은 까치집
이 있는 나무에 붙여둔다.

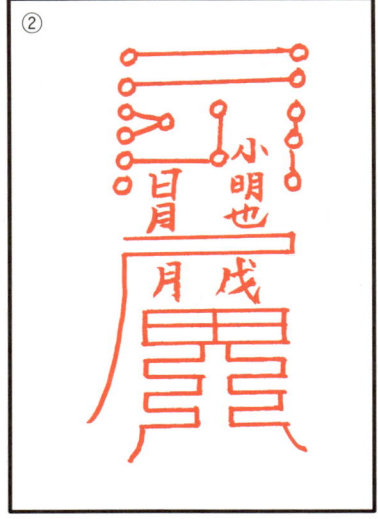

한 장은 환자가 불에 태워 재를 마
시고, 또 한 장은 몸에 지닌다.

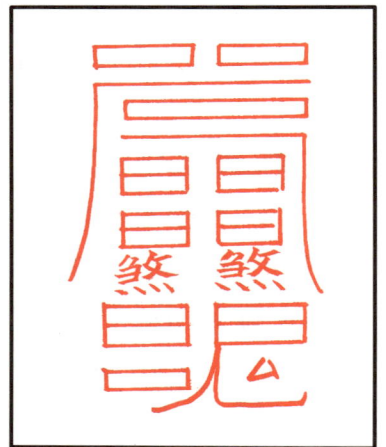

남이 쓰던 그릇·전자제품·가구·
옷 등 부정의 요소가 있다고 생각되
거나 그것으로 인해 탈이 생겼을 때
해당하는 기물에 붙인다.

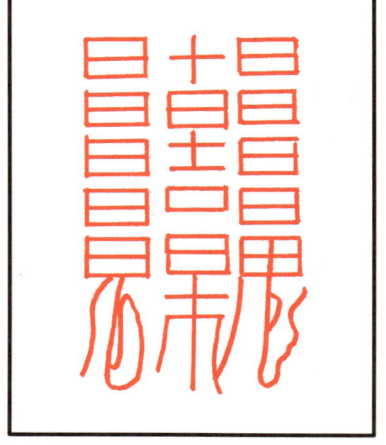

이 부적은 부정한 모자나 신을 가정
에 들여놓아(그런 일이 있은 뒤) 우
환이 발생하거나 꺼림칙할 때 해당
되는 물건에 붙여둔다.

(2) 부정을 씻어내려면

신계(神界)는 부정(不淨)을 가장 꺼린다. 때문에 깨끗치 못한 몸이나 음식으로 신에게 제사를 지낸다면 도리어 탈이 생길 우려가 있으므로 차라리 제사를 아니 지내는 것만 못하다. 부정은 여러 가지 불결한 요건이 있는데, 그 가운데서도 상부정(喪不淨)과 피부정을 가장 꺼린다. 부모·조상의 기일제(忌日祭)나 산제·용왕제·지신제·개업·고사일을 앞두고 이러한 부정(상부정, 피부정)을 범했다면 제사·고사를 그만두거나 미뤄야 하는데, 부정을 범한 때로부터 날짜가 좀 지났다거나 부득이 제사나 고사를 지내야 될 경우가 있다. 이럴 때 정신주(淨身呪)를 염하고 청정부(淸淨符)를 사용하면 부정이 씻겨지므로, 탈이 생기지 않으며 이미 닥친 우환은 자연 소멸된다.

정신주(淨身呪)는 아래와 같다.

정신주(淨身呪)

영보천존 안위신형 제자혼백 오장현명 청룡백호 주작현무 시위
靈寶天尊 安慰身形 弟子魂魄 五腸玄冥 靑龍白虎 朱雀玄武 侍衛

아신 급급여율령
我身 急急如律令

분향한 뒤 위의 주문을 외우고 나서 다음의 부적을 주사(朱砂)나 먹으로 쓴다. 그런 다음 응접실(또는 내실)이나 부정이 있는 곳에 붙이되, 주인공이 부정한 것을 보았다면 제사·고사 장소에 붙이고 한 장은 몸에 지닌다.

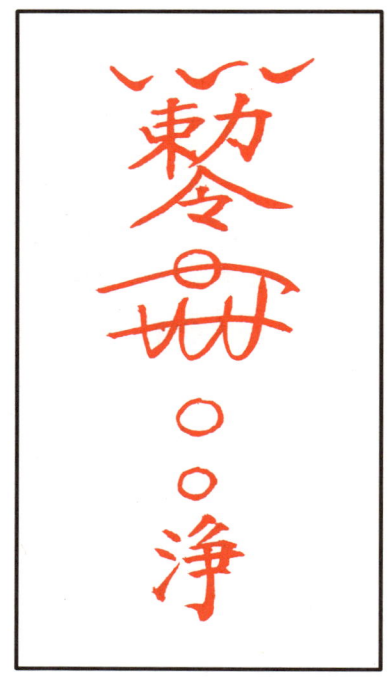 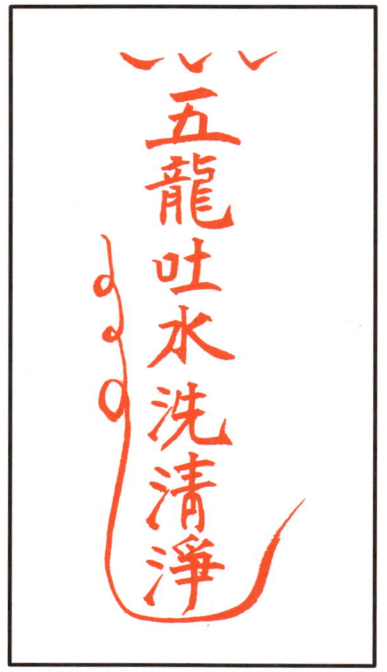

(3) 동토탈의 예방 및 퇴치

동토(動土)란 흙을 다룬다는 뜻인데, 일반적으로 알고 있는 뜻은 흙·나무·쇠붙이 등을 다루거나, 부정한 물건을 들여왔거나, 삼살·대장군 태세방 등 흉방을 범한 일로 인해 생긴 탈을 모두 동토로 통칭하고 있다.

삼살 대장군방 등을 범해서 생기는 탈에 대해서는 성조(成造) 항목에서 다루기로 하고, 본 항에서는 동토·동목·동석(動石)에 대한 비부(秘符)만을 소개한다.

● 백사동토부

오른쪽 그림은 어떠한 동토를 막론하고 예방퇴치하는 부적이다. 주사로 네 장을 써서 집 사방에 붙여두면 탈이 예방되며 동토탈로 인해 생긴 우환은 자연 소멸된다.

①

②

③

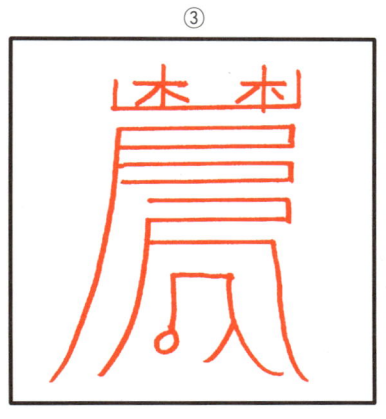

부적 그림 ①은 흙을 파거나 붙이는 곳에 사용하고, ②는 돌을 운반해다 놓은 곳에 붙이며, ③은 건물을 짓기 위해 목재를 쌓아 둔 장소에 붙인다. 이 부적들은 흙·돌·나무를 막론하고 외부에서 운반해 오면 혹 흉방의 물건이 되거나 부정(不淨)스러운 물건이 될

수 있으므로 모르고 들여놓았다가 장차 탈이 생기는 수가 있어 이를
예방하기 위해서이다. 그러나 이미 이러한 물건의 부정으로 인해 우
환이 발생한 경우라도 이를 물리치는 효력이 있다.

51. 장사(葬事)에 관한 것

초상(初喪)·이장(移葬)을 막론하고 시신(尸身)을 다루는 일은 가장 탈이 많아서 까다롭다. 초상집에 갔다가 혼인식이나 출산하는 것을 보면 상부정탈이 생길 우려가 있고, 또 상부정을 범한 몸으로 조상이나 신명(神明)께 제사·고사를 지내도 부정탈이 생길 수 있다. 장매탈(葬埋頉)이란 초상·이장에 묘를 잘못 쓰거나 잘못 건드려서 묘탈로 인해 우환이 발생하는 것인데, 애당초 지사(地師)가 좋지 않은 땅에다 안장(安葬)한 데에 첫째 원인이 있다. 또 묘자리가 나쁘지 않더라도 안장하는 연월일시가 불길하거나 삼살(三殺)·좌살(坐殺)·세파(歲破) 등 나쁜 방위로 좌향을 놓아도 탈이 생길 수 있다고 한다. 본항에서는 이러한 일들로 인해 발생하는 우환을 예방·퇴치하는 부법(符法)을 소개한다.

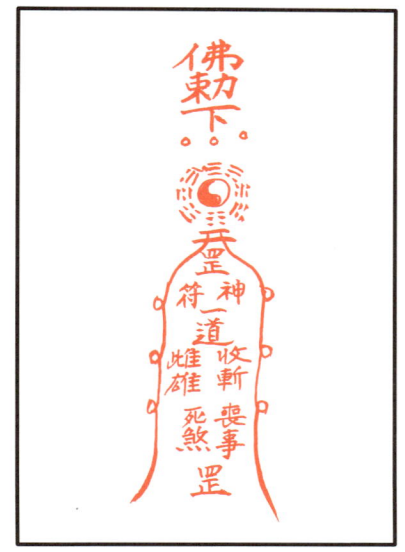

(1) 상부정(喪不淨) 퇴치

남의 초상집에 갈 일이 생기거나 이미 초상집에 다녀와 부정을 범한 후에 제사·혼사·출산 등의 장소에 부득이 참석해야 될 경우, 그리고 상부정을 범한 자신에게 까닭없이 좋지 않은 일이 생길 경우에는 위의 부적을 주사로 써서 몸에 지니면 자연히 상부정이 예방될 뿐만 아니라 이미 든 부정이 씻겨진다고 한다. 위의 청정부(淸淨符)와 함께 지니면 더욱 효과적이다.

(2) 시신이 자리를 안 뜨면

시신을 장지로 모시기 위해 방에서 상여나 영구차로 옮기려 할 경우나 발인제를 지낸 뒤 발인 (發靷)하려는데 혹 관이나 상여가 꼼짝을 아니하는 수가 있다고 한다. 옛날 황진이를 짝사랑하다가 상사병에 걸려 죽은 총각의 상여가 황진이네 집 앞을 지날때 상여꾼의 발바닥이 땅에 붙은듯이 떨어지지 아니하자, 그것을 본 황진이가 입던 저고리를 상여위에 걸쳐준 뒤에야 그 상여가움직였다는 전설이 있다. 어쨌거

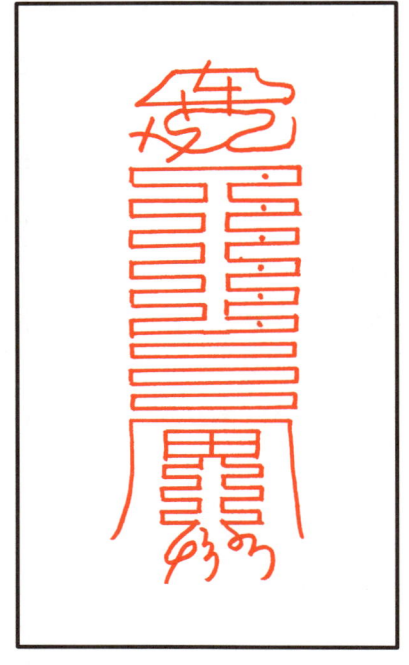

나 관이나 상여가 뜨지 않을 경우가 있거든 상주가 곡을 하면서 상장(喪杖)으로 관이나 상여를 7번 두드린 뒤, 급히 위 부적을 써서 출입대문에 붙여놓고 다시 제사를 지내면 시신이 자리를 뜬다고 한다.

(3) 중상일에 안장하려면

초상·이장을 막론하고 중상일(重喪日)과 중일(重日)·복일(復日)에는 장매(葬埋)를 몹시 꺼린다. 그 이유는 모두 같은 의미이지만, 우선 중상일은 초상이 거듭 난다는 뜻이 있기 때문이고, 또 중일과 복일은 같은 일이 거듭 이른다는 뜻이므로 장사지낼 일이 또 생길 수 있다는 의미이기 때문에 이를 꺼리는 것이다.

우선 어떤 날이 중상일, 중일, 복일인가 알아보자.

구분＼월건	寅	卯	辰	巳	午	未	申	酉	戌	亥	子	丑
중상일(重喪日)	甲	乙	己	丙	丁	己	庚	辛	己	壬	癸	己
복 일(復 日)	甲庚	乙辛	戊己	丙壬	丁癸	戊己	甲庚	乙辛	戊己	丙壬	丁癸	戊己
중 일(重 日)	巳亥	巳亥	巳亥	巳亥	巳亥	巳亥	巳亥	巳亥	巳亥	巳亥	巳亥	巳亥

예를 들어 寅月(正月)에는 甲日이 중상일이고, 또 甲日과 庚日이 복일이며 巳·亥日이 중일이므로 寅月 중에는 甲子·甲戌·甲申·甲午·甲辰·甲寅日과 庚午·庚辰·庚寅·庚子·庚戌·庚申日과 巳亥日이 모두 중상·중·복일이므로 이날은 장매 행사를 아니한다. 그러나 부득이 이날 (중상·중·복일)에 장사지

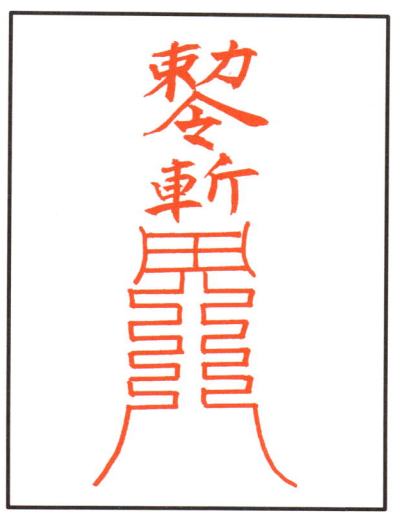

내지 않을 수 없는 경우가 있다.

예를 들어 요즘은 3일장이 보통인데 3일째, 4일째 되는 날이 모두 중상·중·복일로 이어졌다면 이를 피하기 위해서는 5일장이라야 한다. 때문에 이런 경우 부득이 중상일이나 중일·복일을 범할 수밖에 없다. 그런 경우 마음이 꺼림칙하면 위의 부적을 써서 관(棺)에 넣고 안장하면 중상·중·복일을 범한 흉조가 소멸된다고 한다.

(4) 삼살좌를 범하게 되면

삼살(三殺)이란 십이살정국(十二殺定局)으로 겁살(劫殺)·재살(災殺)·세살(歲殺)이다. 양택의 건물을 짓거나 음택의 묘를 쓸 때 좌(坐)가 삼살에 해당되는 것을 꺼려 삼살이 되는 좌를 놓지 않는 게 원칙이다. 우선 어떤 좌가 삼살인가를 먼저 알아본 뒤에 가능하면 피하고, 부득이하면 제살법(制殺法)과 부법(符法)으로 삼살을 막고 나서 묘를 쓰거나 집 좌향을 놓아야 한다.

삼살은 아래와 같다.

申·子·辰年 : 巳·丙·午·丁·未坐(南方)
巳·酉·丑年 : 寅·甲·卯·乙·辰坐(東方)
寅·午·戌年 : 亥·壬·子·癸·丑坐(北方)
亥·卯·未年 : 申·寅·酉·辛·戌坐(西方)

예를 들어 申·子·辰年에는 巳가 겁살(劫殺), 丙·午가 재살(災殺), 丁·未가 세살(歲殺)이다. 巳·丙·午·丁·未의 다섯 방위의 좌

가 삼살이므로 申·子·辰年에는 건물, 묘를 막론하고 巳·丙·午·丁·未坐는 놓지 아니한다.

1) 제살법

망명(亡命)·제주(祭主) 또는 월일시(月日時)의 납음오행으로 제살(制殺)하는 법이 있다.

예를 들어 2000년, 즉 庚辰年(申子辰同)에는 巳·丙·午·丁·未方(坐)이 삼살이므로 좌를 남쪽으로 놓지 못한다. 그러나 부득이(제한된 땅에 소유하고 있는 산이 북향밖에 놓을 수 없는데다 申·子·辰年에 부모가 사망한 경우 다른 곳에 모실 수 없으면 삼살좌도 부득이 하지 않겠는가) 삼살을 쓰게 될 경우 다음에 해당하면 삼살을 범해도 무방하다고 한다.

● 申·子·辰年에 巳·丙·午·丁·未方 火가 삼살
망인 또는 상주의 생년 및 장월·장일·장시가 丙子·丁丑, 甲申·乙酉, 壬辰·癸巳, 丙午·丁未, 甲寅·乙卯, 壬戌·癸亥의 水에 해당될 때.

● 巳·酉·丑年에 寅·甲·卯·乙·辰方 木이 삼살
망인 또는 상주의 생년 및 장월·장일·장시가 甲子·乙丑, 壬申·癸酉, 庚辰·辛巳, 甲午·乙未, 壬寅·癸卯, 庚戌·辛亥의 金에 해당될 때.

●亥·卯·未年은 申·庚·酉·辛·戌方 金이 삼살

망인 또는 상주의 생년 및 장월·장일·장시가 丙寅·丁卯, 甲戌·乙亥, 戊子·己丑, 丙申·丁酉, 甲辰·乙巳, 戊午·己未의 火에 해당될 때.

●寅·午·戌年은 亥·壬·子·癸·丑方 水가 삼살

망인 또는 상주의 생년 및 장월·장일·장시가 庚午·辛未, 戊寅·己卯, 丙戌·丁亥, 庚子·辛丑, 戊申·己酉, 丙辰·丁巳의 土에 해당되면 제살(制殺)된다.

<삼살제살법 일람>

구분 태세	삼살방(坐)	망인 또는 상주의 생년 및 안장 월·일·시 간지
申·子·辰年	巳·丙·午·丁·未(火)	납음이 水이면 制殺된다 丙子·丁丑·甲申·乙酉·壬辰·癸巳·丙午·丁未·甲寅·乙卯·壬戌·癸亥
巳·酉·丑年	寅·甲·卯·乙·辰(木)	납음이 金이면 制殺된다 甲子·乙丑·壬申·癸酉·庚辰·辛巳·甲午·乙未·壬寅·癸卯·庚戌·辛亥
寅·午·戌年	亥·壬·子·癸·丑(水)	납음이 土이면 制殺된다 庚午·辛未·戊寅·己卯·丙戌·丁亥·庚子·辛丑·戊申·己酉·丙辰·丁巳
亥·卯·未年	申·庚·酉·辛·戌(金)	납음이 火이면 制殺된다 丙寅·丁卯·甲戌·乙亥·戊子·己丑·丙申·丁酉·甲辰·乙巳·戊午·己未

예를 들어 申·子·辰年에는 巳·丙·午·丁·未方(坐)이 삼살이요, 삼살의 오행은 남방 火이므로 이 火를 水로 克해야 한다.

그러므로 망인(亡人)이나 제주(祭主—喪主)의 생년납음이 丙子·丁丑·甲申·乙酉 등에 해당되면 제살되지만, 이에 해당되지 않으면 납음이 水가 되는 月이나 日이나 時의 干支로 제살하라는 뜻이다. 그러므로 丙子·丁丑·甲申·乙酉의 月이나 日이나 時라면 삼살을 범했더라도 제살되어 무방하다고 하였다.

2) 삼살부

위 법으로 제살(制殺)이 되었더라도 겸하여 오른쪽 보기의 부적 글씨를 주서(朱書)로 쓴 다음 해당되는 글자를 광중(壙中 ; 주로 시신을 묻는 구덩이를 말함)에 넣고 안장하면 길하다. 즉 巳·酉·丑年에는 金자, 申·子·辰年에는 水자, 亥·卯·未年에는 火자, 寅·午·戌年에는 土자를 써 넣는다.

또는 다음 오른쪽 보기의 부적 그림을 백지에다 주사로 쓴 다음 지름 5 cm 정도의 복숭아나무를 50 cm의 길이로 잘라 그 위에 부적을 붙이고 광중 한편에 시신과 함께 묻고 성분(成墳=무덤을 만듦)한다.

다음의 부적 그림 ①, ②는 모두 장매(葬埋)에 여러 가지 살(殺)을 제압하는 부적이다. 부적 ①은 나무판자 20cm 길이에 주사로 쓴 다음 광중에서 세 걸음 떨어진 辰·戌·丑未 방위에 묻으면 대길하다. 또 부적 ②는 종이에다 주사(朱砂)로 두 장을 써서 광중 상하에 깔고 하관한 뒤 봉분을 지으면 모든 흉살이 광중을 범하지 못한다고 한다.

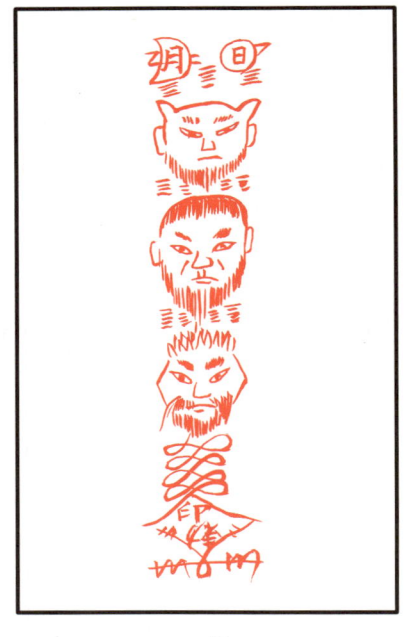

②

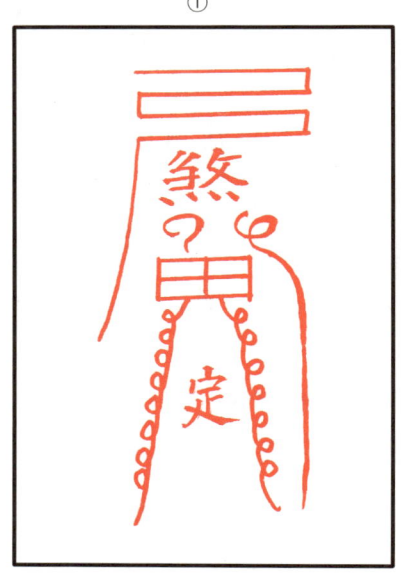

①

②

(5) 장사 지낸 뒤 상주가 병이 나면

장사를 치르고 상주가 집에 돌아와 급병이 생기는 것은 여러 가지 원인이 있겠지만, 병원에 가도 신체상의 이상을 발견할 수 없음에도 불구하고 몸이 계속 아플 경우는 아무래도 장사를 잘못 지낸 탈인 듯하다. 아래의 부적 두 장을 써서 ①은 영좌(靈座) 적당한 곳에 붙이고, ②는 상주 몸에 지니면 신효하다.

①

②

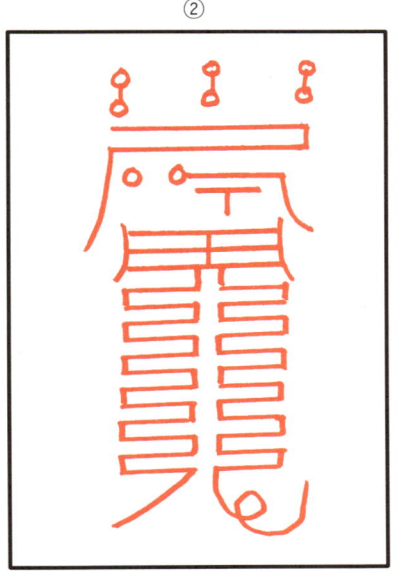

(6) 이장운법과 이장탈 방지법

장사지낸 지 1년 안에 묘를 다른 곳으로 다시 옮겨 쓰게 될 경우 다음의 부적을 주사로 써서 대문에 붙이면 탈이 생기지 않는다. 또는

오래 묵은 묘를 이장할 때도 사용하
는바, 이 부적을 새로 쓰는 묘 근처
에 묻어두면 좋다. 하지만 부적만으
로 마음을 놓아서는 안 되고, 동총
법(動塚法)이란 바른 원칙에 의해야
할 것이다.

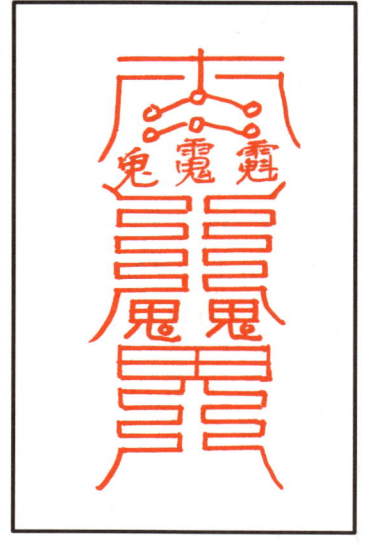

이장·사초·입석은 그 묘 자손들
의 생년월일과는 아무런 상관이 없
고 오직 제주(祭主—長子孫)의 생
년간지로 택일하는데, 참작할 필요
는 있다. 때문에 이장·사초·입석
등의 일은 그 일을 하려는 묘의 좌향을 분명히 알아야 한다. 그 자손
이 부모·조상의 묘 좌향을 모르거나 알아도 기억하지 못한다면 족
보에서 참고하면 되고, 족보에도 기록이 없으면 해당 묘소로 가서 패
철(나침반)을 놓고 정확한 좌향을 알아야만 운이 닿는가 아닌가를 참
고할 수 있다.

이장·사초·입석하려는 묘가,

● 壬·子·癸·丑·丙·午·丁·未 坐向이면

辰·戌·丑·未年은 大利요, 子·午·卯·酉年은 小利이니 운이 닿
고, 寅·申·巳·亥年은 중상운(重喪運)이므로 이장·사초·입석을
못한다.

●乙·辰·巽·巳·辛·戌·乾·亥 坐向이면

寅·申·巳·亥年은 大利요, 辰·戌·丑·未年은 小利이니, 운이 닿고, 子·午·卯·酉年은 중상운(重喪運)이므로 이장·사초·입석을 못한다.

●艮·寅·甲·卯·坤·申·庚·酉 坐向이면

子·午·卯·酉年은 大利요, 寅·申·巳·亥年은 小利이니 운이 닿고, 辰·戌·丑·未年은 중상운(重喪運)이므로 이장·사초·입석을 못한다.

아래는 운을 한눈에 보기 쉽게 작성한 일람표이다. 참고하여 이장·사초·입석이 어느 해에 가능하고 불가한가를 이 표에 의해서 알 수 있다.

坐＼年	子·午·卯·酉年	辰·戌·丑·未年	寅·申·巳·亥年
壬·子·癸·丑·丙·午·丁·未坐	小利 (△)	大利 (○)	重喪 (×)
乙·辰·巽·巳·辛·戌·乾·亥坐	重喪 (×)	小利 (△)	大利 (○)
艮·寅·甲·卯·坤·申·庚·酉坐	大利 (○)	重喪 (×)	小利 (△)

중상(重喪)에 해당되는 해는 이장·사초·입석을 크게 꺼린다.

이장(무덤을 옮겨 씀)에 있어서는 반드시 옮기려는 묘의 좌향과 새로 옮겨 쓰는 묘의 좌향을 모두 참고해야 된다. 옮겨 쓰려는 묘(구묘)

의 이동이 가능한가는 앞의 표에서 중상운만 닿지 않으면 되고, 새로 옮겨 쓸 자리의 좌향은 삼살·좌살(坐殺)·세파좌(歲破坐)를 피할 수 있어야만 이장이 가능하다는 것을 알아야 한다.

삼살(三殺 — 겁살·재살·세살), 좌살(坐殺), 세파(歲破 — 태세와 좌가 충하는 것)는 아래와 같다.

(1)

구분 年支	申·子·辰年	巳·酉·丑年	寅·午·戌年	亥·卯·未年
삼 살(三殺)	巳·午·未坐	寅·卯·辰坐	亥·子·丑坐	申·酉·戌坐
좌 살(坐殺)	丙·午坐	甲·乙坐	壬·癸坐	庚·辛坐

(2)

태 세(太歲)	子	丑	寅	卯	辰	巳	午	未	辛	酉	戌	亥
세 파(歲破)	午	未	申	酉	戌	亥	子	丑	寅	卯	辰	巳

예를 들어 서기 2000년인 경진년(庚辰年)에는 壬·子·癸·丑·丙·午·丁·未坐(大利)와 乙·辰·巽·巳·辛·戌·乾·亥坐(小利)인 묘를 옮겨 쓸 수 있으며, 艮·寅·甲·卯坤·申·庚·酉坐는 중상운(重喪運)이므로(不吉) 이장을 못한다. 또 딴 곳에 새로 옮겨 쓸 때는 새로 쓰는 묘의 좌를 巳·午·未(三殺)坐, 丙·丁坐(坐殺), 戌坐(歲破)에 한해서는 쓰지 못한다.

즉 서기 2000년 경진년에는 먼저 써 있는 묘의 좌에 의해 이장운이 맞더라도(중상운이 안 되며) 단 새로 쓰는 묘를 巳·丙·午·丁·未·戌坐에 한해서는 쓰지 못하고 그 외(壬·子·癸·丑·艮·寅·

甲·卯·乙·辰·巽·坤·申·庚·酉·辛·乾·亥坐)의 坐는 놓아도 무방하다.

52. 이사(移徙)

(1) 이사에 대하여

방위나 날짜 등에 구애받지 않고 마음 내키는 대로 이사하는 사람에게는 말할 나위가 없다. 그러나 방위를 가리고 날짜를 가려 좋은 방위, 좋은 날짜에 이사하려는 분을 위해서 몇 가지 알려드리고 싶은 게 있다.

●삼살(三殺) 대장군방(大將軍方)에 대하여 : 많은 사람들이 그 해의 삼살 및 대장군방을 막힌 방위라 하여 가리는 이의 입장에서는 삼살방과 대장군방으로는 이사를 못하는 것으로 알고 있다. 삼살은 음택에 묘의 좌를 꺼리고, 양택에 건물의 좌를 꺼리며, 또 삼살, 대장군방에는 건물을 달아내거나 수리하지 아니하며, 이 두 방위에서는 흙을 파다 쓰지 않는다. 그러나 이사할 곳이 삼살방에 해당될지라도 현재 살고 있는 집에서 새로 이사할 집의 거리가 일백보 이내에서만 꺼리고 일백보 이상이 되면 삼살방을 범해도 무방하다. 그리고 대장군방은 이사에 아무런 상관이 없다. 그러므로 방위가 좋으냐 나쁘냐 하는 것은 이사할 주인공 및 온가족이 함께 이사할 경우에는 세대주 부부의 명(命—몇살)으로 판단해야 한다(뒤에 이사방의 일람표가 수록되었다).

●손에 대하여 : 손이란 술어(述語)로 태백살(太白殺)을 칭한다. 손 즉 태백살은 음력 날짜에 의해 한 방위에서 2일씩 머물면서 시계방

향으로 돌아가다가 9일과 10일에는 방위에 머물지 않고 위(하늘)로 올라간다. 즉,

1 · 2일(11, 12, 21, 22일도)은 동쪽에 머문다.
3 · 4일(13, 14, 23, 24일도)은 남쪽에 머문다.
5 · 6일(15, 16, 25, 26일도)은 서쪽에 머문다.
7 · 8일(17, 18, 27, 28일도)은 북쪽에 머문다.
9 · 10일(19, 20, 29, 30일도)은 하늘로 오른다.

그러므로 태백살 즉 '손'은 9일과 10일(19, 20, 29, 30일)은 머무는 방위가 없다하여 무조건 스무아흐레와 그믐(29 · 30)에는 이사를 하느라 법석이다. 그렇더라도 9일 10일과 19일 20일도 마찬가지인데 하필 스무아흐레와 그믐뿐일까.

원칙대로 말한다면 동쪽방 이사는 1일 · 2일(11, 12, 21, 22일도)을 피하고, 남쪽방 이사는 3일 · 4일(13, 14, 23, 24일도)을 피하고, 서쪽방 이사는 5일 · 6일(15, 16, 25, 26일도)을 피하고, 북쪽방 이사는 7일 · 8일 (17, 18, 27, 28일도)을 피하여 이사날짜를 정하면 된다.

● 이사 방위표
동서남북 네 곳 정방위(正方位)와 동서남북 네 곳 간방(間方)과 중앙방을 합쳐 아홉 방위에 대한 길흉방이 있다. 이 아홉 방위에 매인 명칭을 구궁방(九宮方)이라 하고, 구궁 방위는 네 곳의 길방과 다섯 곳의 흉방으로 되었다.
즉 천록(天祿) · 식신(食神) · 합식(合食) · 관인방(官印方)은 길방이

고, 안손(眼損)·증파(甑破)·오귀(五鬼)·진귀(進鬼)·퇴식방(退食方)은 흉방이다.

이사에 방위를 가릴 경우 막혔다는 삼살이나 대장군방을 꺼리는 게 아니고 이상에서 지적한 안손 증파 오귀 진귀 퇴식방을 피하는 게 바람직하다.

아래는 이사 길흉방 일람표이다.

〈이사 길흉방 일람표〉

○는 길방, ×는 흉방

연령 \ 구분	남자의 연령 (당)									여자의 연령 (당)								
	1 10 19 28 37 46 55 64 73	2 11 20 29 38 47 56 65 74	3 12 21 30 39 48 57 66 75	4 13 22 31 40 49 58 67 76	5 14 23 32 41 50 59 68 77	6 15 24 33 42 51 60 69 78	7 16 25 34 43 52 61 70 79	8 17 26 35 44 53 62 71 80	9 18 27 36 45 54 63 72 81	1 10 19 28 37 46 55 64 73	2 11 20 29 38 47 56 65 74	3 12 21 30 39 48 57 66 75	4 13 22 31 40 49 58 67 76	5 14 23 32 41 50 59 68 77	6 15 24 33 42 51 60 69 78	7 16 25 34 43 52 61 70 79	8 17 26 35 44 53 62 71 80	9 18 27 36 45 54 63 72 81
천록(天祿)○	동	서남	북	남	동북	서	서북	중	동남	동남	동	서남	북	남	동북	서	서북	중
안손(眼損)×	동남	동	서남	북	남	동북	서	서북	중	중	동남	동	서남	북	남	동북	서	서북
식신(食神)○	중	동남	동	서남	북	남	동북	서	서북	서북	중	동남	동	서남	북	남	동북	서
증파(甑破)×	서북	중	동남	동	서남	북	남	동북	서	서	서북	중	동남	동	서남	북	남	동북
오귀(五鬼)×	서	서북	중	동남	동	서남	북	남	동북	동북	서	서북	중	동남	동	서남	북	남
합식(合食)○	동북	서	서북	중	동남	동	서남	북	남	남	동북	서	서북	중	동남	동	서남	북
진귀(進鬼)×	남	동북	서	서북	중	동남	동	서남	북	북	남	동북	서	서북	중	동남	동	서남
관인(官印)○	북	남	동북	서	서북	중	동남	동	서남	서남	북	남	동북	서	서북	중	동남	동
퇴식(退食)×	서남	북	남	동북	서	서북	중	동남	동	동	서남	북	남	동북	서	서북	중	동남

(2) 방위가 나쁠 때

예를 들어 당년으로 남자 37세(28, 46, 56세 등)와 여자 29세(38, 47, 56세 등)는 정동(천록) · 정북(관인) · 동북(합식)방의 이사가 길한데, 서쪽방(오귀)에서 아파트를 분양받아 이사하게 되었다. 방위를 보니 오귀 방어라 꺼림칙하다. 그러나 이곳(서쪽)으로 이사를 아니할 수 없는 입장인데 어떻게 해야 하나. 이럴 때 물론 부적으로 오귀방을 막는 법이 있다. 그러나 부적도 사용해 볼 수 있는 것이지만 그것보다도 우선 방위를 우회(迂廻)해서 길방으로 맞추어 가는 요령을 써야 한다(이것은 方便이다). 즉 위 연령 주인공은 정동 · 동북 · 정북이 길방이므로 이 방위를 맞추도록 하면 된다. 예를 들어 서쪽(오귀)을 피해야 되므로 세대주 부부 둘 중 서쪽이 나쁜 사람은 이사할 전일에 새로 이사할 집(아파트, 빌라, 단독주택 등)을 기준 서쪽 방위로 더 나아가(1 km 이내 정도) 친척집이나 여관에서 자고 다음날 이사할 집으로 가면(이렇게 되면 서에서 동으로 가는 셈이 되어) 길하다.

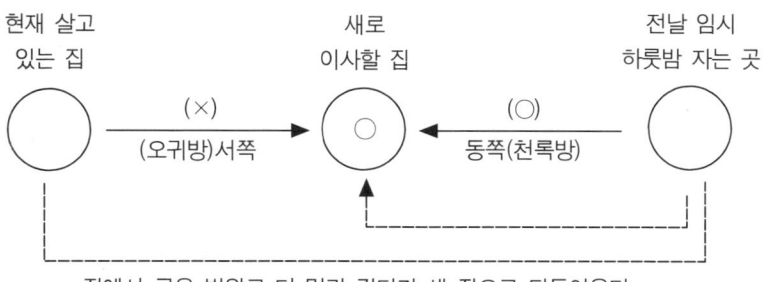

집에서 곧은 방위로 더 멀리 갔다가 새 집으로 되돌아온다.

오귀·진귀·안손 방으로 부득
이 이사할 경우 새집으로 이사를
한 뒤 해당되는 다음의 부적을 주
사로 써서 현관 안쪽 문 위나 내
실 혹은 응접실 안에서 밖으로 드
나드는 문 위에 붙여놓으면 이사
탈이 소멸된다고 한다.

<안손방부(眼損方符)>

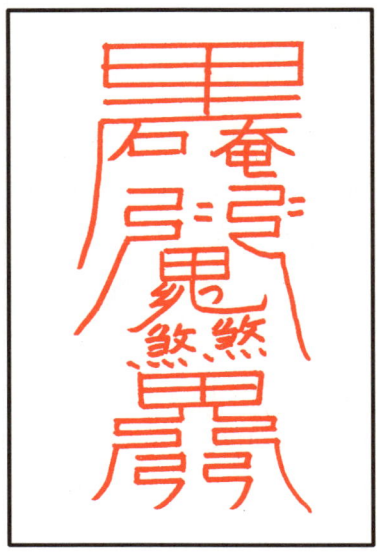

<진귀방부(進鬼方符)>

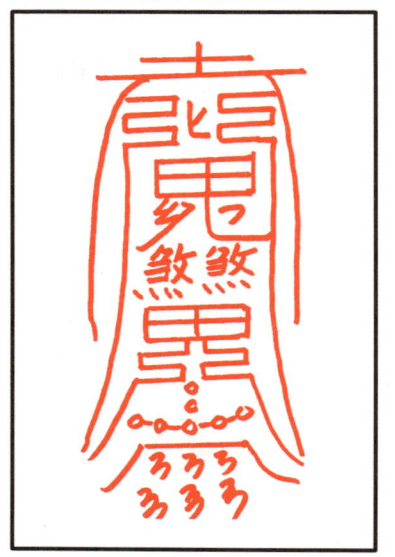

<오귀방부(五鬼方符)>

증파방과 퇴식방에 대한 부(符)가 책자에 없다. 그러나 오른쪽 부적은 이사흉방(안손·증파·오귀·진귀·퇴식방)을 범했거나 일진(日辰)이 나쁜 날에 이사했거나 새로 이사한 집의 집터가 세어 보이거나 이사한 뒤로 얼마 안 되어 가정 내에 우환이 발생하였을 경우 주사로 써서 내실이나 응접실 안쪽에서 밖으로 드나드는 출입문 위에 붙여두면 모든 이사탈이 소멸 또는 예방된다고 한다.

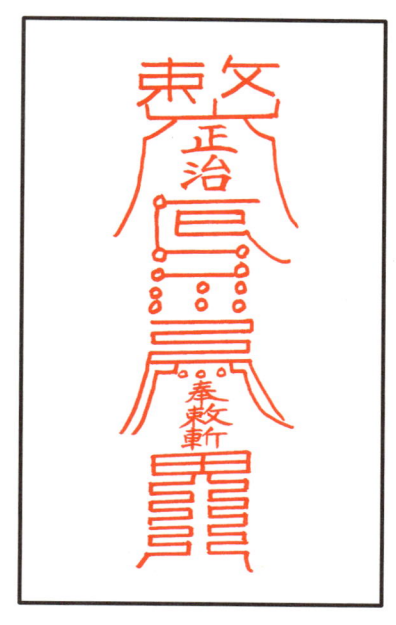

53. 건축과 집수리

(1) 성조운(집 짓는 운)에 대하여

여기에서 집이란 주택 빌딩 및 모든 건조물(建造物)을 포함한다.

그런데 양택법(陽宅法)에는 주인공의 양년 연령에 따라 집을 짓는데 길한 나이가 있고 불리한 나이가 있는바, 특히 자신의 주택용(살림집)으로 집을 짓는 경우에 길흉 작용이 중한 것이라 하겠다(빌딩 상가 영리를 목적으로 짓는 건물도 가급적 운을 맞추는 게 바람직하다).

아래 일람표를 참고하라.

8 17 26 34 43 53	(巽) 牛우 馬마 四사 角각	62 71 80 89	9 18 27 36 44 54	(离) 吉 (길)	63 72 81 90	1 10 19 28 37 46	(坤) 妻처 子자 四사 角각	56 64 73 82
7 16 24 33 42 52	(震) 吉 (길)	61 70 79 88	5 15 25 35 45 50	(中) 蠶잠 四사 角각 (흉)	55 65 75 85	2 11 20 29 38 47	(兌) 吉 (길)	57 66 74 83
6 14 23 32 41 51	(艮) 自자 四사 角각 (흉)	60 69 78 87	4 13 22 31 40 49	(坎) 吉 (길)	59 68 77 86	3 12 21 30 39 48	(乾) 父부 母모 四사 角각	58 67 76 84

안의 아라비아 숫자는 남녀를 막론하고 당년 연령이다. 길(吉)이라 쓴 곳에 들어 있는 숫자는 집을 짓는데 가장 좋은 연령이다. 나이가 부모사각에 해당할 경우 부모님이 안 계시면 집을 지어도 무방하며, 나이가 처자사각에 들면 처자에게 해로우므로 집을 지어서는 안 된다. 그리고 우마사각에 해당하는 나이에는 축사만 짓지 않으면 되니 다른 건물을 짓는 데는 무해무익하다.

나이가 만일 중앙 잠사각 및 간궁(艮宮) 자사각에 들면 성조 불리라 집을 짓는 데 매우 꺼린다.

(2) 집을 수리할 때

새로운 집을 짓는 데만 운을 보는 게 아니라 어느 쪽 한 군데를 수리하거나(개수) 부건물을 달아내는 데도 운을 보아야 한다. 실은 집수리 및 부건물을 짓는 것이 새로 짓는 것보다 더 까다롭다. 그렇다면 무엇 무엇을 보아야 하나?

첫째, 삼살방·대장군방·세파방에 부건물을 짓거나 개수(改修)를 못한다.

둘째, 신황살(身皇殺)·정명살(定命殺)이 닿는 방위에 부건물을 짓거나 고치지 못한다.

셋째, 15세 미만의 어린이가 있는 경우 소아살방(小兒殺方)을 범(犯 — 부건물을 짓거나 수리)해서는 안 된다. 삼살·대장군·신황·정명·소아살은 다음의 표를 참고하라.

● 삼살 · 대장군살

태 세	子	丑	寅	卯	辰	巳	午	未	申	酉	戌	亥
삼 살(三 殺)	남	동	북	서	남	동	북	서	남	동	북	서
대장군(大將軍)	서	서	북	북	북	동	동	동	남	남	남	서

● 신황 · 정명살

연령 \ 남녀	남 자	여 자
1, 10, 19, 28, 37, 46, 55, 64, 73	중앙	동북 · 서남
2, 11, 20, 29, 38, 47, 56, 65, 74	서북 · 동남	정서 · 정동
3, 12, 21, 30, 39, 48, 57, 66, 75	정서 · 정동	서북 · 동남
4, 13, 22, 31, 40, 49, 58, 67, 76	동북 · 서남	중앙
5, 14, 23, 32, 41, 50, 59, 68, 77	정남 · 정북	동남 · 서북
6, 15, 24, 33, 42, 51, 60, 69, 78	정남 · 정북	정동 · 정서
7, 16, 25, 34, 43, 52, 61, 70, 79	서남 · 동북	서남 · 동북
8, 17, 26, 35, 44, 53, 62, 71, 80	정동 · 정서	정북 · 정남
9, 18, 27, 36, 45, 54, 63, 72, 81	동남 · 서북	정남 · 정북

예를 들어 38세인 남자는 서북쪽과 동남쪽 여자는 정서 · 정동방에 부건물을 짓거나 수리를 못한다.

月의 大小 \ 태세 \ 월	正	二	三	四	五	六	七	八	九	十	十一	十二
小月 (29일) 子·寅·辰·午·申·戌年	중	서북	서	동북	남	북	서남	동	동남	중	서북	서
丑·卯·巳·未·酉·亥年	남	북	서남	동	동남	중	서북	서	동북	남	북	서남
大月 (30일) 甲·癸·丁·庚年	동북	서	서북	중	동남	동	서남	북	남	동북	서	서북
乙·辛·戊年	중	동남	동	서남	북	남	동북	서	서북	중	동남	동
丙·壬·己年	서남	북	남	동북	서	서북	중	동남	동	서남	북	남

부건물을 짓거나 개수하는 음력 달이 작으면(29일까지 있는 달) 태세의 지지를 기준하고 크면(30일까지 있는 달) 태세의 천간을 기준한다. 예를 들어 기묘년 음력 8월에 집수리를 하려는데 혹 소아살방을 범할지 우려되는바 8월은 小月이라 卯年 8월을 보니 서쪽에 소아살이 있다 하였다. 그러므로 기묘년 8월에는 집 서쪽을 손질 못한다. 기묘년의 경우 서가 삼살이므로 소아살을 범하지 않더라도 서쪽 수리는 못한다.

(3) 양택삼요에 대한 상식

음택은 묘에 관한 것이고 양택은 산 사람이 사는 주택에 대한 것을 다루는 일인데 주택에 있어 대문(大門)과 주방과 세대주가 거처하는 방(房 — 혹은 건물의 坐라고도 함) 세 가지를 삼요(三要)라 한다.

그런데 양택에는 건(乾)·태(兌)·이(离)·진(震)·손(巽)·감(坎)·간(艮)·곤(坤)의 八方으로 분리하여 門과 灶(조 — 주방)와 주(主 — 坐 또는 세대주의 거실)가 어느 괘방(卦方)에 속하는가로 동사택(東四宅)·서사택(西四宅)으로 구분, 삼요(門·主·灶)의 배분이 잘 되었는가 못 되었는가를 참고한다.

<팔괘도(八卦圖)>

巽 ☴ 東四宅	离 ☲ 東四宅	坤 ☷ 西四宅
震 ☳ 東四宅	中	兌 ☱ 西四宅
艮 ☶ 西四宅	坎 ☵ 東四宅	乾 ☰ 西四宅

간단히 말해 동사택인 坎·离·震·巽門은 주방과 거실과 坐도 坎·离·震·巽方에 위치해

야 길하고, 서사택인 乾·坤·艮·兌門은 주방·거실 坐가 모두 乾·坤·艮·兌方에 위치해야 문(門)·주(主)·조(灶)가 제대로 된 집이라 한다.

동사택(東四宅) : 坎·离·震·巽
서사택(西四宅) : 乾·坤·艮·兌

※나침반을 구 한옥은 안마당 중앙에 놓고, 빌딩·아파트·빌라는 건물 전체의 중앙이 아니라 자기 집 중앙에 놓는데, 한옥은 문을 대문으로 보고 아파트·빌딩 등은 그 건물 자체를 출입하는 정문(正門)으로 본다.

나침반, 즉 패철을 볼 줄 아는 이라면(실은 지남철로 정북의 위치만 정하면 24방을 8방으로 나누어 누구든지 八卦方 위치를 알 수 있다) 자신이 살고 있는 주택의 문과 주방과 거실의 위치가 제대로 된 주택인가 아닌가를 알기가 어렵지 않다. 요는 門·主·灶가,

감리진손(坎离震巽 — 東四宅)끼리 만나야 하고
건곤간태(乾坤艮兌 — 西四宅)끼리 만나야 한다.

뿐만 아니라 그 집과 세대주(혹은 자신)와 운이 맞는가 맞지 않는가도 자신(혹은 세대주)이 東四宅命인가 西四宅命(간단히 東命 西命)인가를 알아서 東命人은 東四宅 집을 만나야 길하고 西命人은 西四宅 집을 만나야 길한 것이지 東과 西가 혼잡되면 불길이라 한다.

〈남자〉

甲子 (戊午)	戊辰 (壬戌)	丙寅 (庚申)
癸酉 (丁卯)	丁丑 (辛未)	乙亥 (己巳)
壬午 (丙子)	丙戌 (庚辰)	甲申 (戊寅)
辛卯 (乙酉)	乙未 (己丑)	癸巳 (丁亥)
庚子 / 己酉 (東命)	甲辰 / 癸丑 (東命)	壬寅 / 辛亥 (西命)
乙丑 (己未)	壬申 (丙寅)	庚午 (甲子)
甲戌 (戊辰)	辛巳 (乙亥)	己卯 (癸酉)
癸未 (丁丑)	庚寅 (甲申)	戊子 (壬午)
壬辰 (丙戌)	己亥 (癸巳)	丁酉 (辛卯)
辛丑 / 庚戌 (東命)	戊申 / 丁巳 (西命)	丙午 / 乙卯 (西命)
己巳 (癸亥)	丁卯 (辛酉)	辛未 (乙丑)
戊寅 (壬申)	丙子 (庚午)	庚辰 (甲戌)
丁亥 (辛巳)	乙酉 (己卯)	己丑 (癸未)
丙申 (庚寅)	甲午 (戊子)	戊戌 (壬辰)
乙巳 / 甲寅 (西命)	癸卯 / 壬子 (東命)	丁未 / 丙辰 (西命)

〈여자〉

丙寅 (庚申)	辛未 (乙丑)	甲子 (戊午)
乙亥 (己巳)	庚辰 (甲戌)	癸酉 (丁卯)
甲申 (戊寅)	己丑 (癸未)	壬午 (丙子)
癸巳 (丁亥)	戊戌 (壬辰)	辛卯 (乙酉)
壬寅 / 辛亥 (東命)	丁未 / 丙辰 (東命)	庚子 / 乙酉 (西命)
乙丑 (己未)	丁卯 (辛酉)	己巳 (癸亥)
甲戌 (戊辰)	丙子 (庚午)	戊寅 (壬申)
癸未 (丁丑)	乙酉 (己卯)	丁亥 (辛巳)
壬辰 (丙戌)	甲午 (戊子)	丙申 (庚寅)
辛丑 / 庚戌 (東命)	癸卯 / 壬子 (西命)	乙巳 / 甲寅 (西命)
庚午 (甲子)	壬申 (丙寅)	戊辰 (壬戌)
己卯 (癸酉)	辛巳 (乙亥)	丁丑 (辛未)
戊子 (壬午)	庚寅 (甲申)	丙戌 (庚辰)
丁酉 (辛卯)	己亥 (癸巳)	乙未 (己丑)
丙午 / 乙卯 (西命)	戊申 / 丁巳 (東命)	甲辰 / 癸丑 (西命)

( )안의 干支는 1984년, 즉 하원갑(下元甲)에 출생한 생년이다.

(4) 양택을 위한 부법(符法)

아래는 모두 집을 짓거나 수리할 경우 이러한 일을 한 것으로 인한 모든 탈을 예방하고(또는 모르고 범했거나 알고도) 부득이 건축 수리에 불리한 연월일에 공사하게 되거나 살방을 범하게 될 때 여러 가지 흉살을 예방·퇴치하는 데 쓰이는 부적이다. 해당되는 부(符)를 사용하면 피흉취길(避凶就吉)의 묘법이 될 수 있다 한다.

1) 개공부(開工符)

건축 또는 집수리를 하기 위해 땅을 파고 흙을 운반하거나 땅을 다지거나 기초공사를 위해 일을 시작할 때 연월일시 및 방위의 길흉을 막론하고 오른쪽 부적을 미리 써서 공사장 적당한 곳에 붙여놓고 공사를 진행하면 하는 일이 순조로울 뿐 아니라 공사가 끝난 뒤에도 아무런 탈이 생기지 않는다고 한다.

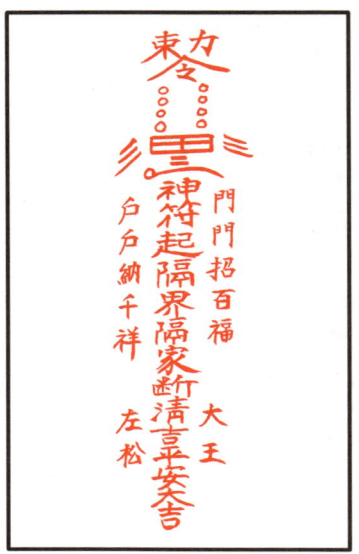

2) 조왕동토부

조왕(竈王)이란 부엌·부뚜막, 즉 솥이 걸려 있는 위치다. 이곳을 고치려 손대거나 함부로 손질한 일로 인해 집안에 우환이 발생한 경우 오른쪽 부적을 써서 방쪽 벽 중간쯤에 붙이고 기도하면 무사하다.

3) 대장군방부

대장군방(大將軍方)은 亥·子·丑年에 서쪽, 寅·卯·辰年에 북쪽,

巳·午·未年에 동쪽, 申·酉·戌年에 남쪽에 머문다. 이 방위에다 집을 달아내거나 수리하는 것을 매우 꺼리는바, 모르고 이 방위를 범했거나 이미 범해서 탈이 생겼을 경우 오른쪽 부적을 써서 달아내고 수리한 곳에 붙이면 탈이 해소된다.

4) 삼살방부

집을 짓거나 수리하는 데 될 수 있으면 대장군방(大將軍方) 및 삼살방(三殺方)을 범하지 말아야 한다. 그럼에도 불구하고 이미 삼살방을 범했거나 부득이 범하게 될 경우 다음의 삼살부를 보고 해당되는 것을 골라 사용하면 탈이 예방되거나 이미 생긴 우환이 해소된다고 한다.

<申·子·辰年 삼살부>

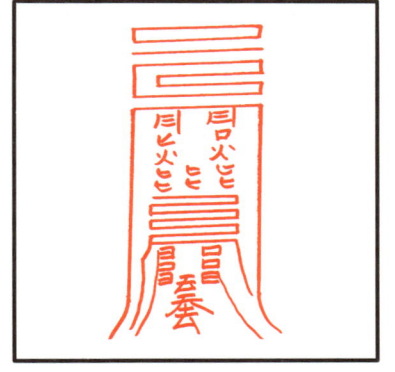

남방이 삼살이므로 남쪽 손댄 곳에 붙인다.

<巳·酉·丑年 삼살부>

동쪽이 삼살이니 동쪽 손댄 곳에 붙인다.

<寅·午·戌年 삼살부>

북쪽이 삼살이므로 이 부적을 북쪽 손댄 곳에 붙인다.

<亥·卯·未年 삼살부>

서쪽이 삼살이므로 이 부적을 서쪽 손댄 곳에 붙인다.

5) 성조운이 불리할 때

집(모든 건물)을 지을 때 가능하면 잠사각(蠶四角)·자사각(自四角)과 처자사각(妻子四角)에 드는 나이를 피해야 되지만, 부득이 이를 범하지 않을 수 없을 때 오른쪽 부적을 현장에 붙여놓고 공사를 시작하면 탈이 예방된다고 한다.

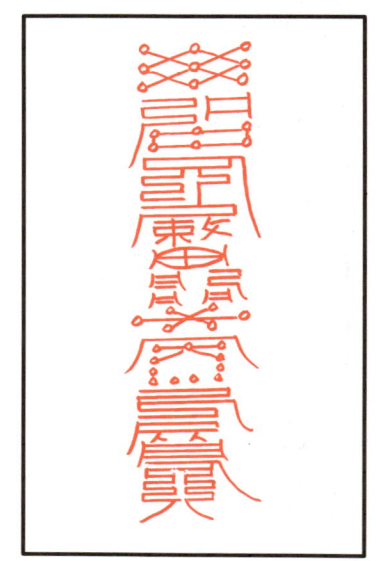

54. 질병에 대하여

현대문명에서 모든 병(病)을 부적으로 물리친다고 주장한다면 믿을 사람이 별로 없을 것이다. 병은 불치병이 아닌 질병에 한해서 의사의 정확한 진단과 처방으로서만 고치는 게 과학적인 상식이다. 그러나 더러는 비록 치료가 가능한 질병을 앓더라도 진찰이나 처방의 실수 또는 체질적인 특성으로 인해 잘 낫지 않는 수도 있다. 때문에 대수롭지 않은 병에 걸리더라도 면역성이 약하거나 좋은 의사(의원)를 만나지 못하면 오래 고생하는 수가 있고 면역성이 강하거나 좋은 의사를 만나 정확한 처방을 하면 빨리 건강을 회복할 수 있다. 질병을 속히 치료할 수 있는 요는 환자 자신의 노력과 정신력, 면역성, 의사의 올바른 처방 등 이상의 여러 가지 조건이 구비되어야 하는데, 여기에 또 한 가지 조건을 첨부한다면 신명(神明)의 가호(加護)다. 왜냐하면 질병뿐 아니라 우리 인생의 행불행은 인과(因果)도 중요하지만 신명 가호의 유무(有無)에서 좌우되는 예가 고금을 통한 경험에서 많이 보게 된다. 쉽게 말해서 재수없는 사람은 뒤로 넘어져도 코가 깨진다는 식으로 운이 나쁘면 가벼운 병도 악화되어 고생하고 운이 좋으면 중병도 쉽게 고칠 수 있는 것이다.

부(符)는 실상 물리(物理)나 역학적(力學的) 작용은 못한다. 그럼에도 부(符)를 써서 부(符)에 기대해 보는 심리는 천지신명의 가호가 있기를 바라는 것, 즉 기원(祈願)의 효를 얻고자 하는 데 의의가 있다고 보겠다.

어쨌거나 부서(符書)에 질병치료에 대한 것이 많이 수록되어 있다. 백병치료, 만병통치에 외과·내과 등 못 고치는 병이 없게 소개되어 있으나, 그 가운데 대표적인 부(符) 몇 가지만 소개한다.

사람이 물에 빠지면 지푸라기도 잡아본다는 식으로 병이 들어 고생하는 입장에 방법만 있다면 무슨 짓인들 아니 해보랴. 비록 미신적인 것이라 생각되면서도 혹 효과를 볼 수 있을지도 모른다는 희망도 배제할 수 없으며, 부적을 사용한 뒤 요행히 기적 같은 신효(神效)가 일어나지 않는다고 단언할 수 없는 일이기 때문이다.

● 질병치료부

오른쪽 그림은 어느 병을 막론하고 치료의 효과가 있다는 부적이다. 물론 병원이나 약의 치료를 받아야 하겠지만 치료중에도 이 부적을 주사로 써서 하룻밤 요 속에 넣고 자다가 다음날 아침 불에 태워 마시면 신효가 있다 한다.

다음의 부적 ①, ② 가운데 마음 내키는 대로 하나를 골라 주사로 써서 환자의 몸에 지니면 치료가 빠르다 한다.

①

②

중환자 혹은 중상을 입어 의식을 잃고 생사의 기로에 처하여 깨어나지 못할 경우(생명이 경각간에 있을 때) 한백지〔韓白紙〕에다 진짜 경면주사로 오른쪽 부적을 써서 불에 태운 재를 온수에 타서 환자의 입 속에 흘려넣으면 의식이 회복된다고 한다.

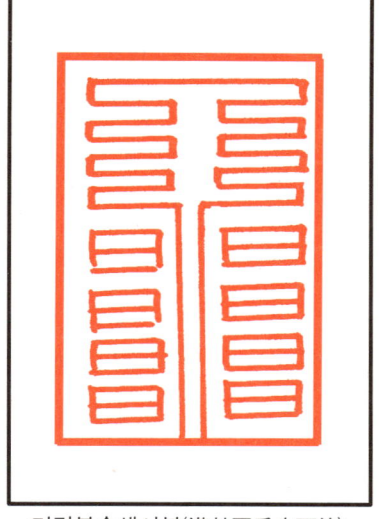

<만겁불수생사부(滿劫不受生死符)>

55. 여러 가지 응급 처방

(1) 어린이가 밤에 몹시 울면

갓난 아기가 우는 것은 이상한 일이 아니다. 배고파도 울고 어딘가 불편해도 울며 아무렇지도 않은데도 주위의 관심을 사기 위해서도 운다. 그러나 낮에는 잘 웃고 자고 놀다가 밤만 되면 몹시 울어대는 것은 산모로서는 무척 괴롭다. 특별히 까닭이 있어서라기보다 버릇이 그렇다(사주학적 신살론에 의하면 밤에 우는 살이 있기 때문이라 한다). 오른쪽 부적 가운데 마음에 내키는 것을 사용하되 부적 ①은 두 장을 써서 한 장은 침실 어린이를 재우는 곳 가까운 벽에 붙이고, 한 장은 아기의 부적에다 성명을 써서 불살라 없앤다. 부적 ②는 상위에 명돈(命錢 — 돈) 약간과 같이 놓고 축원한 뒤 불사른다.

①

②

(2) 어린이가 동전을 삼켰을 때

갓난 어린이는 아무것이나 손에 잡히기만 하면 입에 넣는 버릇이 있다. 만약 동전(주화)을 삼켜 고통을 받고 있으면 당연히 급히 병원으로 데려가 응급조치 해야 한다. 그러나 더 급하여 병원에 데려갈 시간적 여유가 없을 때는 한백지에 오른쪽 부적을 주사를 이용해 급히 쓴 뒤 불에 태운 재를 온수에 타 마시게 한다.

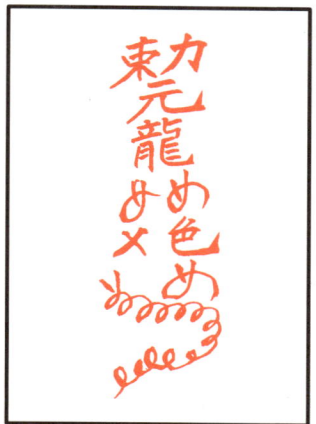

(3) 어린이의 경기에

5~6세 이전의 어린이에게 많이 생기는 병인데, 증상은 열이 높았다 내렸다하고 깜짝깜짝 놀라며 밤에 잠을 자지 못한다. 심한 경우 때때로 토하고 코피가 나오고 눈동자가 뒤틀리고 사지를 뒤튼다.

치료법은 먼저 양쪽 엄지손가락 가운데 마디에 침을 꽂아 피를 뺀 다음 하루 세 차례씩 웅담(熊膽 — 곰 쓸개)을 물에 개어 먹인다.

또는 참뽕나무 벌레 한 마리를 참기름에 달여 하루 세 차례 먹여도 신효하다(뽕나무 벌레는 오래 묵은 뽕나무 좀 똥 있는 자리를 쪼개면 그 안에 벌레가 있다).

또는 질경이 풀과 초련자를 같이 찧어 즙을 만든 다음 아래 부적 글씨 태운 재를 타서 꿀물에 섞어 먹이면 경기가 멈춘다.

또는 어린이 경기에 오른쪽 부적을 진품의 경면주사로 한백지[韓白紙]에 써서 불에 태운 재를 젖이나 우유에 타 먹이면 경기가 멈춘다고 한다.

급경풍에는 돼지기름에 주사(朱砂)와 우황(牛黃) 가루를 개어서 먹인다. 또는 우황을 콩알만큼씩 죽력이나 박하 달인 물에 먹인다.

(4) 오줌싸개 어린이

어린이뿐 아니라 15세 이전에는 자다가 오줌싸는 경우가 많다. 연잎(蓮葉) 두 개를 구해다가 음지에 말린 다음 감초와 같이 한 홉쯤 되는 물을 붓고 30분쯤 달여 세 차례로 나누어 먹이면 신효하다.

(5) 기타 처방

산후복통(產後腹痛)에는 잉어를 구워 먹으면 아픈 배가 낫거니와 젖도 잘 난다. 또는 메밀을 볶아 가루를 만든 다음 다시 볶아 따뜻한 물에 타 먹어도 좋다.

산후하혈(產後下血)이 좀처럼 멈추지 않을 때는 녹각 약간을 2홉 가량의 물을 부어 달이되 한 홉쯤 남도록 달여지면 두 차례 나누어 마신다.

유방(乳房)에 암 비슷한 종기가 나면 미꾸라지를 녹란하게 짓이긴 다음 흑설탕에 반죽해서 환부에 붙인다.

산모의 젖을 멈추게 하려면 엿길금 가루를 복용하라.

자궁병(子宮病)에는 생파 5~60본을 삶아 그 물로 환부를 자주 씻는다.

월경불순(月經不順)에는 청부자(靑附子) 뿌리를 구해다가 껍질을 벗겨 한 차례 20g씩 달여 먹으면 신효하다.

대하증(帶下症)에는 호장근(虎杖根) 삶은 물로 감주를 만들어 먹으면 효력이 있다.

난산(難產)에는 사향(麝香) 한 돈쭝을 따뜻한 물에 타 먹거나 백미탕에다 송이를 담갔다가 담황색(淡黃色)이 되거든 그 물을 복용하라.

산후 자궁(속칭 공알)이 빠져나오면 우슬(牛膝) 5전을 물에 달여 먹는다.

위경련(積病)이 일어나거든 마늘을 생즙내어 조금씩 먹어 보라.

위암(胃癌)에는 가지꼭지나 산두근(山豆根)을 달여 먹는데 오래도록 복용하면 좋다고 한다.

음식을 먹은 뒤 체한 데는 엿기름을 생즙내거나 달여 적당한 양을 먹어 보라.

구체(舊滯)에는 창출·백출을 가루내어 자주 복용한다.

주체(酒滯)는 인삼을 달여 먹는다. 또는 칡가루를 아침 먹기 전 공복으로 세 숟가락씩 오래 장복한다.

쇠고기에 체한 데는 능이버섯을 달여 먹는다. 또는 삼씨〔麻仁〕를 가루내어 먹는다.

개고기에 체한 데는 살구씨〔杏仁〕나 자줏빛 나는 들깻잎〔紫蘇葉〕을 달여 먹는다.

돼지고기에 체한 데는 산자(밥풀과자)나 홍시, 곶감을 먹으면 좋다고 한다. 또 새우젓국을 먹어도 된다.

늑막염(肋膜炎)에는 무 말린 것을 달여 먹거나 파초 뿌리를 달여 먹는다.

황달(黃疸)에는 민물조개 한 되 가량에 물을 같은 비율로 부어 3홉쯤 남게 달인 뒤 장물(간장)을 조금 타 마신다. 하루 세 차례씩 병이 나을 때까지 복용하라.

소변불통에는 뽕나무 뿌리를 말렸다가 달여 먹는다. 또는 지렁이 두 마리를 꿀에 짓이겨 엷은 천에 싸서 음부에 붙이고 잠퇴지를 태워 주사·용뇌·사향을 섞어 맥문동과 골속 달인 물에 먹는다.

대변불통에는 무화과를 달여 먹거나 매일 아침 전에 냉수를 한 그릇씩 마시면 좋다. 또는 파즙과 유즙을 등분해서 먹는다.

딸꾹질이 멈추지 않으면 부인의 젖을 한 컵쯤 짜서 마시거나 곶감을 달여 먹는다.

목에 가시가 걸렸을 때는 물엿을 먹어 보라. 또는 이를 치료하는

주문(呪文)과 부적이 있
다.

아래 주문을 외운 뒤
오른쪽 부적을 써서 맑
은 물에 타 마신다.

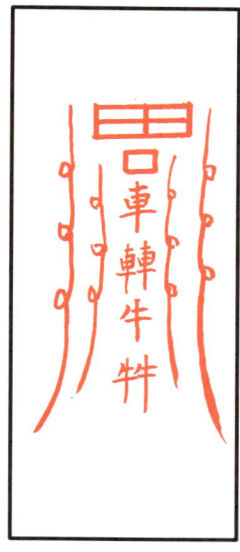

문설산동자도 목살장류귀, 아사탄오귀 탄거만물화성수 하위 양
대해 오봉태상로군칙 신장신병 화급여율령

연장에 다치면 머루잎[蘿葉]을 찧어 붙인다. 또는 다친 곳과 그 주
위에 옥도정기를 바른 뒤 생달걀 속껍질을 다친 곳에 붙이고 붕대로
감아 두면 웬만한 상처쯤은 낫는다.

손이나 발을 삐었을 때는 파초잎이나 파초 뿌리를 생즙내어 바르
면 좋다.

뜨거운 물이나 불에 데었을 경우에는 달걀 기름을 하루 한 차례씩

환부에 바른다(냄비에다 달걀 노란자위만을 넣고 타도록 달달 볶으면 기름이 나온다).

뱀에게 물렸을 때는 감메기(청어를 소금에 절이지 않고 그냥 말린 것)를 구워 먹거나 상처에 바르면 효과가 있다. 또는 지렁이 5마리에 지네 한 마리를 짓찧어 붙인다. 또 뱀한테 물리지 않도록 예방하는 법은 감색양말과 각반을 착용하면 된다.

복통(腹痛)에는 배잎〔梨葉〕을 달여 먹는다.

토사곽란(吐瀉霍亂)에는 양귀비를 달여 먹으면 신효하다. 또는 뽕나무 벌레 한 개를 노랗게 되도록 구워 가루를 만든 다음 젖이나 우유에 개어 먹는다. 또는 진피(陳皮)와 생강을 달여 먹으면 좋다. 또는 익모초를 생즙내어 먹기도 한다. 배잎〔梨葉〕 또는 미나리를 달여 먹는 수도 있다. 여름 토사에는 향유(香薷) 1돈쭝 생강 한쪽, 박하 반 푼을 함께 달여 먹는다.

설사(泄瀉)에는 양귀비 대 말린 것을 약간 달여 먹으면 신효하다. 또는 모과잎〔木瓜〕을 즙내어 먹는다. 또는 잣나무 잎을 달여 먹는다. 또는 도토리나 상수리 2냥을 볶아 가루 낸 뒤 마른 잣나무 잎 반 냥을 가루내어 함께 섞어서 따뜻한 물에 타 먹는다. 또는 질경이씨(車前子)를 가루내어 끓인 꿀물에 타서 먹는다.

귀에 벌레가 들어갔을 때는 생강즙이나 돼지기름을 끓여 식은 뒤에 귓속에 흘려 넣는다. 개미가 귓속으로 들어갔을 때는 기름진 고기를 구워 귓속 입구에 놓아 두면 개미가 스스로 나온다.

머리에 비듬이 많아 몹시 가려우면 누에똥을 태운 뒤 물을 붓고 끓여 물만 따라 머리를 감는다. 또는 뽕나무 잿물로 머리를 감는다. 또는 우엉씨와 잎을 찧어 즙낸 물을 머리에 바른다.

입에서 냄새가 나는 사람은 참외씨를 볶아 가루로 만든 뒤 꿀에 반죽하여 앵두알만큼 환을 지어 매일 아침 공복에 한 알씩만 먹는다.

이가 아플 때는 주엽나무열매 1개를 구워서 껍질은 버리고 천초(川椒) 7개와 같이 갈아서 1돈쭝씩 솜에 싸서 아픈 이에 물었다가 침이 생기면 뱉는다. 닭똥 흰 것을 태워 솜에다 싸서 아픈 이에 문다.

버짐〔癬瘡〕에는 고련근(苦練根)을 초에 개어 바른다. 개 쓸개를 발라도 좋다. 또는 누에똥을 어린이 오줌에 개어 바른다.

마른버짐에는 복숭아나무 껍질을 짓찧어 초에 개어 바른다. 또는 누에똥 4냥과 박하 반 냥을 가루로 낸 뒤 날기름에 개어 바른다. 버짐이 습하면 그냥 가루를 환부에 뿌린다.

개한테 물린 데는 살구씨를 삶아 찧어 물린 곳에 붙인다. 또는 쥐똥을 가루로 만들어 돼지기름에다 개어 붙인다.

벌한테 쏘였을 때는 소금을 씹어 붙이거나 오줌으로 닦는다. 또는 고백반(枯白礬)과 석웅황(石雄黃)을 같은 비율로 해서 가루로 만든 뒤 물이나 침에 개어 붙인다.

졸도(卒倒)는 그 원인이 한두 가지가 아니다. 뇌출혈, 심장발작, 간질병 등 질병에 의한 것과 감전, 가스중독, 쇼크, 갑작스런 정신적·신체적 충격 등의 원인으로 졸도현상이 발생한다.

졸도 환자가 생겼을 경우 원인에 따라 응급조치를 해야 되지만 우선 구급차를 불러 병원으로 운반하여 의사의 치료를 받도록 해야 한다.

뇌졸중에 의한 졸도는 얼굴이 붉어지고 호흡이 급하다. 이런 증세에는 환자를 붙들고 흔들거나, 이름을 불러대서는 안 된다. 우선은 큰 소리와 강한 광선을 차단하고 병원으로 급히 이송해야 된다. 구급

차가 오기 전에는 상반신이 약간 높도록 요 위에 눕히되 토하기 쉽도록 얼굴을 옆으로 돌려 놓는다.

열사병으로 졸도한 경우는 환자를 서늘한 곳으로 옮긴다. 그리고 옷을 늦추어 주거나 벗겨서 몸을 차갑게 해 준다. 또는 얼음주머니를 가슴에 얹어준다.

발이나 손에 경련이 일어났을 때는 발과 손가락을 잡아당기고 경련을 일으킨 부분을 더운물로 찜질하면 빨리 낫는다.

몸을 다쳐 출혈을 하면 먼저 동맥출혈인지 정맥출혈인지를 알아야 한다. 동맥출혈은 맥박과 함께 선혈이 폭폭 솟아 나오고 정맥출혈은 암적색(暗赤色)의 피가 샘솟듯 연속 흘러나온다. 동맥출혈은 피가 통하지 않도록 상처 위쪽을 꼭 잡아 매고 정맥출혈이면 상처에다 붕대로 단단히 두르면 지혈된다.

인공호흡법은 다음과 같다.

① 환자를 똑바로 눕혀 턱을 곧추세우고 얼굴을 젖혀 놓는다.

② 엄지와 검지(식지)를 뺨 위로부터 이[齒] 사이에 밀어 넣고 입을 벌려서 다물지 않도록 한다. 환자의 입안에 침이나 토한 것이 있으면 손가락에 휴지나 손수건을 감아 잘 닦아낸다.

③ 물에 빠져 가사된 경우는 물을 토하도록 하고 출혈이 있으면 우선 지혈(止血)부터 시킨 다음 입으로 공기를 불어넣는 인공호흡을 실시해야 된다.

④ 환자의 코를 잡고 입을 환자의 입에다 밀착시켜 공기(실시자의 숨)를 힘껏 불어넣는다. 만약 환자의 앞가슴이 부풀어오르지 않을 때는 뱃속의 공기 때문이므로 턱이 똑바로 세워져 있는가를 확인한 뒤에 공기주입을 또 한번 되풀이한다. 환자가 숨을 내 쉴 때까지 5초마

다 한 번씩 인공호흡을 계속한다(어린이는 숨을 약하고 부드럽게 불어넣어야 한다).

⑤ 인공호흡을 연속해도 환자가 숨을 쉬지 않을 때는 환자를 옆으로 돌려 눕히고 견갑(어깨) 사이를 몇 차례 세게 치고 목 안에 무엇이 걸려 있으면 그것을 제거한 다음 다시 숨을 불어 넣는다(어린이는 실시자의 팔이나 무릎에다 한참 동안 거꾸로 매어 달게 하여 견갑을 세게 때린다).

⑥ 심장의 고동이 멈춰진 경우에는 흉골 아래쪽에다 두 손을 겹쳐 얹고 심장이 움직이도록 호흡하는 간격을 두고 강하게 밀어 심장마사지를 해야 한다. 인공호흡과 심장마사지를 동시에 해도 된다.

물에서 건져낸 환자에게는 환자를 엎어놓고 옷 등속을 뭉쳐 위장 부근 밑에 베개처럼 고인 뒤 등을 두들긴다. 물을 어느 정도 토한 뒤 인공호흡을 실시한다. 또는 물에 빠진 환자를 엎어놓고 환자 등 뒤에 올라타고 양쪽 겨드랑이로부터 두 손을 넣어 가슴 아래 부분에서 손을 맞잡고는 환자를 들었다 놓았다 한다(물론 인공호흡도 실시한다).

제3부

흉살막이

56. 사주관살 퇴치법

사주법(四柱法)에는 각자 태어난 연월일시에 의해 길신(吉神)과 흉살(凶殺)이 있다. 길신은 주인공에게 복록과 기타 여러 가지 상서로운 일만 안겨주므로 많을수록 좋지만, 흉살은 관재 · 구설 · 질병 · 실패 · 손재 · 이별뿐 아니라 심한 경우 횡사 · 악사로 인해 수한도 제대로 누리지 못하도록 나쁜 작용을 한다. 때문에 사주에 고약한 흉살이 있으면 살(殺)을 제압(制壓)해서 물리쳐야만 일신의 안전(건강 · 수명 등)을 지키는 동시에 전화위복(轉禍爲福)이 된다고 한다. 제살(制殺) · 압살(壓殺) · 진살(鎭殺)은 경(經)을 읽고 굿을 해서 살을 물리친다고 하나 무속인(巫俗人)이 아닌 사람은 능히 할 수 없는 일이며, 또는 효과야 어찌 되든지를 막론하고 밀집해서 사는 주택구조에서 북치고 징치며 굿하는 것은 이웃의 심한 반발로 인해서도 쉽지 않은 일이다. 그래서 가장 조용하고, 간이한 방법이 부(符)를 사용하는 것으로 부법(符法)은 사주신살(四柱神殺)에 관해 기록에 있는 것만을 수록해 둔다.

(1) 백살제압부

다음의 부적 그림 ①은 모든 살을 제압하는 부적이다. 주사로 두 장을 써서 아래와 같은 주문(呪文)을 외운 뒤 부적을 잘 접어 주머니에 넣어 한 장은 몸에 지니고, 한 장은 요나 이불 속에 넣거나 침대 시트 밑에 넣어둔다. 매년 입춘일에 새것으로 갈되 3년간 계속한다

(묵은 것은 불에 태운다).

　부적 그림 ②, ③도 살을 누르는 부적[壓殺符]이다. ②, ③ 중 마음 내키는 것을 골라 두 장을 쓰되 한 장은 이불 요 속에 넣고, 한 장은 항시 몸에 지니면 대길하다(선신수호부와 같이 지니면 더욱 좋다).

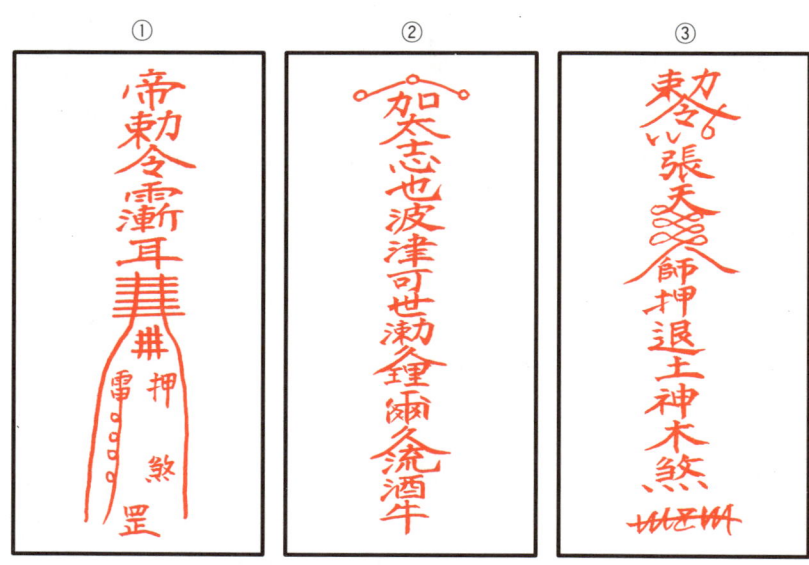

(2) 말두살

子・午年生 ― 八月,

丑・未年生 ― 九月,

寅・申年生 ― 十月,

卯・酉年生 ― 十一月,

辰・戌年生 ― 十二月,

巳・亥年生 ― 正月

이상에 해당하면 말두살(抹頭殺)이다. 이 살이 있으면 걸핏하면 남과 충돌이 잘 일어나므로 되는 일이 적을 뿐 아니라 관재·시비가 자주 일어난다. 가정에서도 부부간의 트러블이 잦고, 여자는 신액도 있게 된다.

위 사주에 해당되는 사람은 위 부적을 주사로 써서 몸에 항시 지니라. 3년쯤 새것으로 갈아가며 지니면 살이 제거된다고 한다.

(3) 오귀살

오귀살(五鬼殺)은 다음과 같다.

申·子·辰年生 — 酉·戌,
巳·酉·丑年生 — 丑·午,
寅·午·戌年生 — 卯·辰,
亥·卯·未年生 — 子·丑

예를 들어 申·子·辰年生이 月日時 支에 酉나 戌이 있으면 오귀살이라 한다.

이 오귀살이 있는 사람은 진행하는 일에 장애가 따르고, 몸도 건강치 못하며, 인덕이 없어 남은 많이 도와주어도 잘 남의 도움은 잘 받지 못한다.

해마다 입춘일에 위 부적을 써서 5년간 몸에 지니되 새로 바꿔 지닐 때는 묵은 부적은 불에 태워 없앤다.

(4) 삼형살

삼형살(三形殺)은 다음과 같다.

寅·巳·申 가운데 두 자 이상 있는 것,
丑·戌·未 가운데 두 자 이상 있는 것,
子·卯, 두 자가 모두 있는 것,
辰이 두 자, 午가 두 자, 酉가 두 자, 亥가 두 자 있는 것

예를 들어 寅·巳·申이 삼형인데 年月日時支 가운데 寅·巳·申 세 자가 다 있거나, 寅巳·巳申·寅申 이렇게 두 자가 있거나(丑·戌·未 삼형도 동일한 예), 子와 卯가 다 있거나, 辰과 辰, 午와 午, 酉와 酉, 亥와 亥가 둘씩 있으면 이를 삼형이라 한다. 귀격을 이룬 사주에 이 삼형(三形)이 있으면 형관(刑官 — 법관), 군인으로 출세한다. 그러나 사주가 중화(中和)를 못 이룬 가운데 이 삼형을 놓으면 관재·부상·질병·파패(破敗)·이별 등의 액이 따른다. 오른쪽 부적을 주사로 써서 몸에 지니면 좋다.

(5) 육해살

육해살(六害殺)은 다음과 같다.

子와 未, 丑과 午, 寅과 巳,
卯와 辰, 申과 亥, 酉와 戌
이 육해다.

예를 들어 年月日時支 가운데 子
와 未가 다 있으면 육해라 한다. 또
십이살(十二殺) 가운데 육해살(六害
殺)이 있는데, 다음과 같다.

申·子·辰年生 ― 卯,　巳·酉·丑年生 ― 子,
寅·午·戌年生 ― 酉,　亥·卯·未年生 ― 午

사주에 육해살이 있으면 육친간의 정이 없어 고독하고, 재물이 따르지 아니하며, 평생을 이곳저곳 돌아다니며 바쁘고 고달프게 살아간다. 위 부적을 해마다 한 차례씩 갈아가며 몸에 지니면 이상의 액이 사라진다고 한다.

(6) 상문살

상문살(喪門殺)은 다음과 같다.

子年 寅, 丑年 卯, 寅年 辰,
卯年 巳, 辰年 午, 巳年 未,
午年 申, 未年 酉, 申年 戌,
酉年 亥, 戌年 子, 亥年 丑

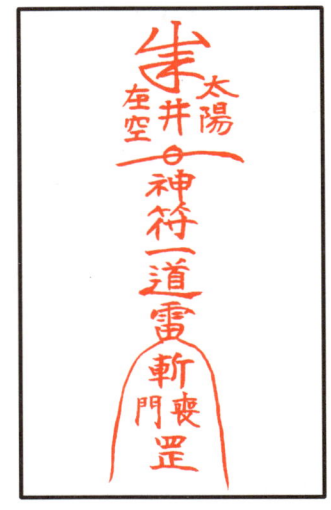

예를 들어 子년에 출생한 사람이 月
日時 가운데 寅이 있으면 상문이라 한
다. 사주에 상문살이 있으면 질병이 따
르고, 재수가 없어 항시 잘 되어가는
일에도 장애가 생겨 어긋난다고 한다.
오른쪽 부적을 1년간 몸에 지녔다가 불태우기를 세 차례 한다.
　또는 상문방(喪門方)을 범하여 탈이 생겼을 때는 위 부적을 응접실
이나 내실 벽에 붙이면 우환이 사라진다.

(7) 조객살

조객살(弔客殺)은 다음과 같다.

子年 戌, 丑年 亥,
寅年 子, 卯年 丑,
辰年 寅, 巳年 卯,
午年 辰, 未年 巳,
申年 午, 酉年 未,
戌年 申, 亥年 酉

예를 들어 甲子·丙子·戊子 등 자년생이 月日時支에 戌이 있으면 조객살이다. 작용력은 위 상문살과 같으므로 사주에 조객살이 있으면 위 부적을 1년에 한 차례씩 3년간 갈아 지니며, 만일 조객방을 범하여 우환이 발생하면 내실 문 위에 붙이면 우환이 사라진다.

(8) 백호살

백호살(白虎殺)은 다음과 같다.

子年生 申, 丑年生 酉, 寅年生 戌, 卯年生 亥, 辰年生 子, 巳年生 丑, 午年生 寅, 未年生 卯, 申年生 辰, 酉年生 巳, 戌年生 午, 亥年生 未

또는 正·二月 申·酉時, 三月 子·戌時, 四·六月 卯·丑時, 八·十月 卯時에 태어나도 백호살이라 한다. 백호살의 작용력은 질병과 살상의 액을 초래한다. 위 부적 ①을 항시 지니면 이러한 우환이 침범하지 않는다. 또한 오른쪽 부적 ②를 사용해도 좋은바 소, 닭, 돼지고기를 차려놓고 제사를 지낸 뒤 아래와 같은 주문을 외우고 나서 한

장은 침실 벽 위에 붙이고, 한 장은 몸에 지니면 모든 재난이 침입하지 않는다.

주문(呪文)

'천령지령 무사신명 축사겁괴 승화무종 급급여율령'

(9) 구교살

구교살(句絞殺)은 다음과 같다.

子生 卯,　丑生 辰,　寅生 巳,
卯生 午,　辰生 未,　巳生 申,
午生 酉,　未生 戌,　申生 亥,
酉生 子,　戌生 丑,　亥生 寅

예를 들어 子年生이 卯月이나 卯日이나 卯時에 해당하면 구교살이다.

이 구교살이 있으면 적당히 넘어갈 일도 장애가 생겨 관재·구설·시비가 자주 발생하고, 몸을 크게 다칠 우려도 있다 한다. 위 부적을 주사로 써서 몸에 지니면 이러한 액을 당하지 아니한다.

(10) 관부살

관부살(官符殺)은 아래와 같다.

子生辰, 丑生巳, 寅生午,
卯生未, 辰生申, 巳生酉,
午生戌, 未生亥, 申生子,
酉生丑, 戌生寅, 亥生卯

이 관부살이 있으면 일생 관재
(官災 — 송사와 형액)가 많이 따
른다.

위 부적을 써서 3년간 몸에 지니면 관부살이 소멸된다고 한다.

(11) 병부살

병부살(病符殺)은 아래와 같다.

子生亥, 丑生子, 寅生丑, 卯生寅, 辰生卯, 巳生辰,
午生巳, 未生午, 申生未, 酉生申, 戌生酉, 亥生戌

사주에 병부살이 있으면 일생 질병이 많이 따르며, 전염병에도 걸
릴 우려가 있다.

다음 부적을 항시 몸에 지니면 질병을 막고, 또는 이미 병을 얻은

경우에도 이 부적을 주사로 써서 불에
태워 약물에 타 마시면 치료에 효과가
빠르다고 한다.

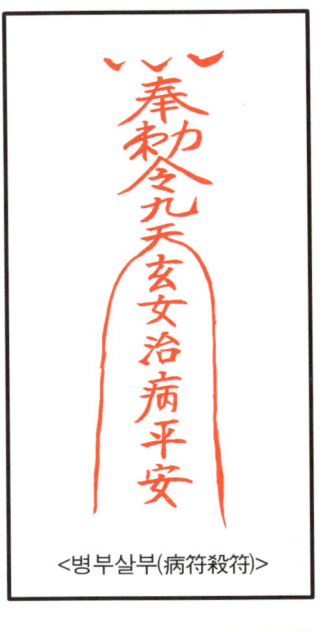

<병부살부(病符殺符)>

(12) 사부살

사부살(死符殺)은 아래와 같다.

子生 巳, 丑生 午, 寅生 未,
卯生 申, 辰生 酉, 巳生 戌,
午生 亥, 未生 子, 申生 丑,
酉生 寅, 戌生 卯, 亥生 辰

사부살이 있으면 일생 동안 죽을 고
비를 여러 번 넘기게 됨으로써 고난을
많이 겪을 뿐 아니라 관재·구설·손
재·질병 등이 따른다(그래야만 명이
연장되기 때문이라 한다).

오른쪽 부적을 매년 정월 초하루나
입춘일에 한 장씩 몸에 지니되, 새것으
로 갈기 전날 지니던 것을 불에 태운
재를 마시면 액이 사라진다고 한다.

(13) 급각살

급각살(急脚殺)은 아래와 같다.

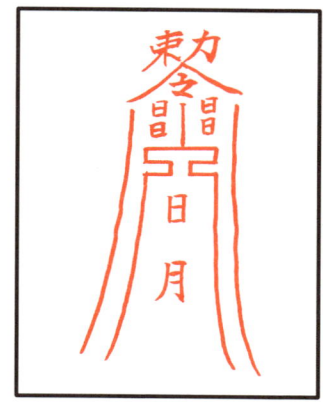

甲·乙日生　申·酉時,
丙·丁日生　亥·子時,
戊·己日生　寅·卯時,
庚·辛日生　巳·午時,
壬·癸日生　辰·戌·丑·未時

　사주에 급각살이 있으면 어릴 적에 소아마비에 걸리지 않도록 예방접종해야 된다. 뿐만 아니라 자란 뒤에도 낙상(落傷) 및 교통사고 등으로 다리를 크게 다칠 우려가 있다고 한다. 그리고 나이가 든 뒤에는 관절염, 신경통으로 고생한다.
　위 부적을 주사로 써서 몸에 지니면 급각살이 해소된다.

(14) 태음살

태음살(太陰殺)은 아래와 같다.

子生亥,　丑生子,　寅生丑,
卯生寅,　辰生卯,　巳生辰,
午生巳,　未生午,　申生未,
酉生申,　戌生酉,　亥生戌

예를 들어 子年生이 月日時 가운데 亥가 있으면 태음살이다. 이 태음살이 있으면 성격이 침울하고, 색정으로 인해 망신당할 우려가 있다 한다.

위 부적을 주사로 써서 1년 동안 매달 26일 밤에 한 장씩 불에 태우면 태음살이 해소된다.

(15) 세파살

세파살(歲破殺)은 아래와 같다.

생 년	子	丑	寅	卯	辰	巳	午	未	申	酉	戌	亥
세 파	酉	辰	亥	午	丑	申	卯	戌	巳	子	未	寅

예를 들어 子年生이 酉月이나 酉日이나 酉時면 세파살에 해당되는데, 이 살이 있는 이는 진행하는 일마다 용두사미격이고, 관직운이 나쁘며, 일가친척은 고사하고 육친의 덕도 없다.

오른쪽 부적을 3년간 몸에 지니는데, 1년에 한 장씩 단오일(음 5월 5일)에 불사른다.

(16) 천공살

천공살(天空殺)은 아래와 같다.

日支	子	丑	寅	卯	辰	巳	午	未	申	酉	戌	亥
時支	亥	戌	酉	申	未	午	巳	辰	卯	寅	丑	子

예를 들어 子日生이 亥時에 출생하고, 丑日生이 戌時에 출생하면 천공살에 해당한다.

천공살은 공허하다는 뜻이 있으므로 이 살이 있으면 육친의 덕이 없고, 무슨 사업을 경영하든지 장애에 부딪혀 어려움을 겪고, 재물이 잘 모아지지 않는다.

음력으로 매월 스무이렛날 오른쪽 부적을 써 들고 동쪽 하늘을 향해 축원한 다음 부적을 불사르면(1년간 열두 차례 계속한다) 천공살로 인한 액이 사라진다.

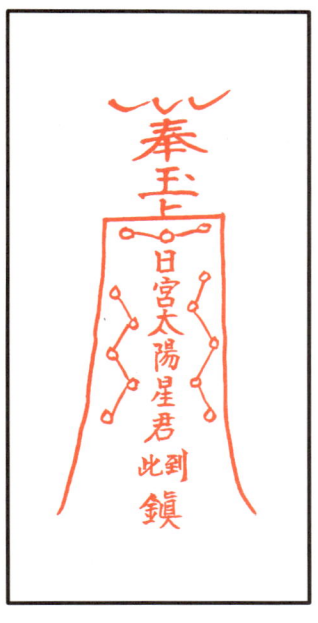

(17) 천구살

천구살(天狗殺)은 아래와 같다.

생월	正	二	三	四	五	六	七	八	九	十	十一	十二
생일	子	丑	寅	卯	辰	巳	午	未	申	酉	戌	亥

예를 들어 음력 정월생이 子日에 출
생하면 천구살이다.

이 천구살이 있으면 항시 잔병이 따
르고, 잘 되어 가던 일에 이상하게도
제동이 걸려 어려움을 겪고, 손재도 자
주 한다.

오른쪽 부적을 몸에 지니고 있다가
백중일(百中日 ─ 음력 7월 15일)에 불
태우는데, 3년쯤 계속하면 이 살이 소
멸된다.

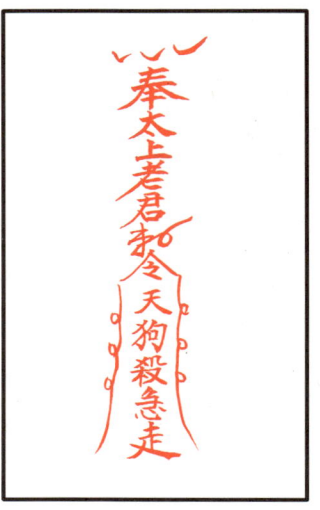

(18) 화개살

화개살(華盖殺)은 아래와 같다.

申·子·辰年生 ─ 辰,
巳·酉·丑年生 ─ 丑,
寅·午·戌年生 ─ 戌,
亥·卯·未年生 ─ 未

예를 들어 申·子·辰年에 辰

月이나 辰日이나 辰時에 출생하면 화개라 한다.

화개는 남자에 한해서는 길한 작용을 하는 수도 있고, 불리한 작용을 하는 수도 있다. 사주에 화개가 많으면 예술적 소질이 있고 학문에도 능하나, 자칫하면 낭만이 심해서 방탕에 빠지기 쉽다. 여자는 화개가 하나쯤이면 무방하나, 셋 이상(辰·丑·戌·未 어느 것을 막론하고 세 개) 있으면 팔자가 세고 고독하기 쉽다. 그러므로 여자 사주에 화개가 많으면 위 부적을 두 장 써서 한 장은 이불이나 요 속에 넣고, 한 장은 몸에 지니면 팔자가 센 것이 해소된다.

(19) 비염살

비염살(飛廉殺)은 아래와 같다.

생 년	子	丑	寅	卯	辰	巳	午	未	申	酉	戌	亥
일 시	申	酉	戌	亥	子	丑	寅	卯	辰	巳	午	未

예를 들어 子年에 申日이나 申時에 출생하면 비염살에 해당한다.

이 비염살이 있고 사주 격국이 맑지 않으면 정신이 건전치 못하거나 건망증이 심하고, 걸핏하면 감기·몸살·전염병 등에 잘 걸려 괴로움을 당한다.

오른쪽 부적을 경면주사로 두

장 써서 한 장은 태워 마시고, 한 장은 몸에 지니면 길하다.

(20) 모재살

모재살(耗財殺)이란 대모살(大耗殺)과 소모살(小耗殺)의 합칭인데 아래와 같다.

생 년	子	丑	寅	卯	辰	巳	午	未	申	酉	戌	亥
대모(大耗)	午	未	申	酉	戌	亥	子	丑	寅	卯	辰	巳
소모(小耗)	巳	午	未	申	酉	戌	亥	子	丑	寅	卯	辰

예를 들어 子年生이고 日이나 時에 巳·午가 있으면(하나만 있어도) 모재살이다. 모재(耗財)란 재물이 소모된다는 뜻이므로 아무리 돈을 잘 벌어도 까닭 모르게 (또는 뜻밖에) 쓸 곳이 생겨 모아지지 않는다. 혹은 애초에 재운이 없어 어떤 사업을 경영하든지 성공이 어렵고, 인덕이 없어 빈궁을 면키 어렵다.

위 부적 두 장을 써서 한 장은 내실 벽 적당한 곳에 붙이고, 한 장은 몸에 지니면 재수가 좋아진다고 한다.

(21) 매아살

매아살(埋兒殺)은 아래와 같다.

생 년	子	丑	寅	卯	辰	巳	午	未	申	酉	戌	亥
생 시	丑	卯	申	丑	卯	申	丑	卯	申	丑	卯	申

즉 子·卯·午·酉年生이 丑時, 丑·辰·未·戌年生이 卯時, 寅·巳·申·亥年生이 申時에 해당하면 매아살이다. 이 살이 있으면 혹 어린 자식을 땅에 묻어 보는 수가 있다는 흉살이므로 기르다가 실패하거나, 유산으로 실패하거나, 낳자마자 잃을 우려가 있으니 예방하는 게 마땅하다.

오른쪽 부적 두 장을 써서 한 장은 부부가 자는 침실 벽에 붙이거나 이부자리 속에 넣어두고, 한 장은 살이 있는 주인공의 몸에 지니면 매아살이 소멸된다.

(22) 현량살

현량살(懸樑殺)은 아래와 같다.

申・子・辰年生 ― 壬子時,　巳・酉・丑年生 ― 辛酉時,
寅・午・戌年生 ― 庚午時,　亥・卯・未年生 ― 乙卯時

예를 들어 申年生・子年生・辰年生 등이 戊・癸日 子時에 출생하면(壬子時가 되려면 戊日이나 癸日 子時라야 한다) 현량살이다.

현량(懸樑)이란 들보에 몸을 매단다는 뜻인바 들보에 몸을 매단다는 것은 즉 자일(自縊―스스로 목을 매는 것)하려는 목적밖에 없다. 그래서 이 살이 있으면 혹 한때 자살을 시도해 볼 수 있다는 뜻이므로 이를 방지해야 된다.

오른쪽 부적 세 장을 써서 기도한 뒤 불사르면 살이 해소된다.

(23) 낙정관살

낙정관살(落井關殺)은 아래와 같다.

甲・己日 ― 巳,　乙・庚日 ― 子,　丙・辛日 ― 申,
丁・壬日 ― 戌,　戊・癸日 ― 卯

예를 들어 생일이 甲日이나 己日에 해당되고, 月日時 가운데 巳가 있으면 낙정관살이라 한다.

낙정이란 어릴 적에 우물에 빠질 수 있다는 뜻인바 우물뿐 아니라 웅덩이가 깊은 개울, 연못 등 물에 빠져 액을 당하는 것도 배제할 수 없다. 또는 자란 뒤에도 수액(水厄)의 우려가 있는 것으로도 해석된다. 그러므로 이 살이 있으면 어릴 적에는 3년간 오른쪽 부적을 몸에 지녀주고,

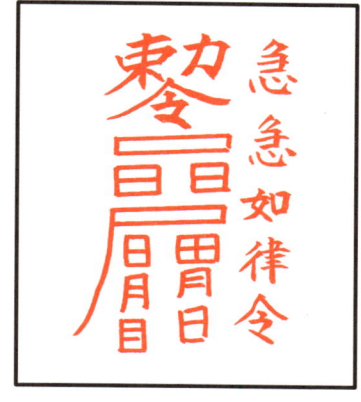

다 자란 뒤에도 배를 타거나 물을 건너거나 물놀이 등을 갈 때는 이 부적을 몸에 지니면 안전하다.

(24) 계비관살

계비관살(鷄飛關殺)은 어린이에게만 해당하는 살인데 아래와 같다.

甲·己日生一巳·酉·丑時,
乙·丙·丁·戊日生一子時,
庚·辛·壬·癸日生一寅·午·戌時

예를 들어 甲이나 己日生이 출생한 時가 巳나 酉나 丑時에 해당하면 계비관살이다. 이 살은 10세 이후는 적용되지 않으나, 10세 이전에 살생

(殺生)하는 광경을 보지 않도록 주의해야지 모르고서 어린이가(이 계비관살이 있는 어린이에 한해서) 살생하는 것을 보게 되면 질병이 따르고, 심한 경우 시름시름 앓다가 생명을 잃는 수도 있다는 흉살이다. 만약 이 살이 있으면 위 부적을 써서 어린이 베개 속에 넣어두면 된다.

(25) 뇌공살

뇌공살(雷公殺)은 아래와 같다.

甲日 — 丑, 乙日 — 午, 丙·丁日 — 子, 戊·己日 — 戌,
庚·辛日 — 壬, 壬日 — 酉, 癸日 — 亥

예를 들어 甲日에 丑時生이면 뇌공살에 해당한다. 이 뇌공살이 있으면 전기에 감전되거나 벼락 맞을 우려가 있으니 항시 주의해야 된다. 특히 하늘에서 우레 치고 비가 쏟아지는 날에는 들에 가지 말고, 높은 위치에도 있지 말아야 한다. 오른쪽 그림은 뇌공살을 방지하는 부적이므로 항시 몸에 지니면 안전하다.

(26) 취명관살

취명관살(取命關殺)은 소아살(小兒殺)인데 아래와 같다.

甲・乙・丙・丁日 ─ 申・子・辰月時,
戊・己・庚日 ─ 亥・卯・未月時,
辛・壬・癸日 ─ 寅・午・戌月時

예를 들어 생일이 甲日, 乙日, 丙日, 丁日이고 申・子・辰月이나 時가 申・子・辰에 해당하면 취명관살이다.

어린 자녀가 이 취명관살이 있으면 10세 이전에 사당(祠堂)이나 묘지(墓地)등에 데리고 가지 말아야 한다. 왜냐하면 그런 데 가서 혹 잡귀에 씔 수 있기 때문이다. 부득이 데리고 갈 일이 생길 경우에는 위 부적을 몸에 지녀주면 탈이 없다고 한다.

(27) 단장관살

단장관살(斷腸關殺)은 어린이에게만 해당되는 살인데 아래와 같다.

甲・乙日 ― 午・未時,
丙・丁日 ― 辰・巳時,
庚・辛日 ― 寅時,
壬・癸日 ― 丑時

예를 들어 甲이나 乙日에 출생하고,
시가 午나 未時면 이 살에 해당한다.
이 단장관살이 있으면 어릴 적에
크게 넘어지거나 높은 데서 떨어져
내상을 크게 입을 수 있는 우려가 있다고 한다. 다 자랄 때까지 위
부적을 주인공의 베개 속에 넣어 두면 액이 예방된다.

(28) 천일관살

천일관살(千日關殺)은 아래와 같다.

甲・乙日 ― 辰・午,
丙・丁日 ― 申,
戊・己日 ― 巳,
庚・辛日 ― 寅,
壬・癸日 ― 亥・丑

천일관살이란 어린이가 태어난 지
천 일째 되는 날 액을 당할 수 있다

는 살이다. 혹은 생후 천 일 이내에 액이 있으므로 천 일간을 각별히 신경써서 잘 길러야 된다고 한다.

　예방책은 위 부적을 써서 베개 속에 넣어주고, 아기 어머니는 남의 집에 가서 숫돌질(칼 따위를 가는 것)이나 맷돌을 갈지 말아야 한다.

　어린이가 천 일을 지난 뒤에는 안심해도 좋다.

(29) 철사관살

　철사관살(鐵蛇關殺)은 아래와 같다.

　甲 · 乙日 ─ 辰,
　丙 · 丁日 ─ 未 · 申,
　戊 · 己日 ─ 寅,
　庚 · 辛日 ─ 戌,
　壬 · 癸日 ─ 丑

　예를 들어 생일의 日干이 甲이나 乙이고 辰時에 출생하면 철사관살이 다. 이 살이 있으면 어릴 적에 마마병(천연두)에 전염될 우려가 있다 고 하니, 예방접종은 물론이고 마마병 환자 가까이 접근시키지 말아 야 한다. 예방을 위한 부적은 항시 이부자리 속에 넣어주거나 몸에 지녀준다.

(30) 귀문관살

귀문관살(鬼門關殺)은 아래와 같다.

생 년	子	丑	寅	卯	辰	巳	午	未	申	酉	戌	亥
생 시	酉	午	未	申	亥	戌	丑	寅	卯	子	巳	辰

예를 들어 子年生의 생일이 酉日
이면 귀문관살이다. 사주에 이 살이
있으면 한때라도 정신착란증을 앓거
나 신들릴 가능성이 있다고 한다.
그리고 어릴 적에는 잡귀에 씔 우려
가 있으므로 사당·묘지·오래 묵은
절터·시왕전(十王殿)·신당(神堂)
같은 데를 데리고 가지 말 것이며,
먼길을 떠날 때는 오른쪽 부적을 몸
에 지녀주면 좋다.

(31) 천조관살

천조관살(天弔關殺)은 아래와 같다.

申·子·辰日 — 巳·午, 巳·酉·丑日 — 子·卯,
寅·午·戌日 — 辰·午, 亥·卯·未日 — 午·申

예를 들어 申이나 子나 辰日生이
고, 年이나 月이나 時에 巳나 午가
있으면 천조관살이다. 이 살이 있으
면 어릴 적에 부모와 이별하거나 단
명할 수도 있다고 한다.

오른쪽 부적을 써서 어린이가 베
고 자는 이부자리 속에 넣어주거나
몸에 지녀주면 이러한 액을 면한다.

(32) 화상관살

화상관살(和尙關殺)은 아래와 같다.

子·午·卯·酉日生 ― 辰·戌·丑·未時,
辰·戌·丑·未日生 ― 子·午·卯·酉時,
寅·申·巳·亥日生 ― 寅·申·
巳·亥時

예를 들어 생일이 子·午·卯·酉
日 가운데 하나에 해당하고, 생시는
辰·戌·丑·未時 가운데 하나에 해
당하면 화상관살이라 한다.

화상(和尙)이란 중의 별명이므로
화상관살에 해당되는 어린이는 육친

과 이별하고 중이 될 가능성이 있다고 한다. 10세 이전에는 절[寺]이나 사당, 신당(神堂) 같은 데를 데리고 가지 말아야 하며, 예방법으로는 위 부적을 항시 몸에 지녀주면 좋다고 한다.

(33) 당명관살

당명관살(撞命關殺)은 아래와 같다.

日支	子	丑	寅	卯	辰	巳	午	未	申	酉	戌	亥
月時	巳	未	巳	子	午	午	丑	丑	午	亥	未	亥

예를 들어 子日生이 月이나 時支에 巳가 있으면 당명관살이다.

이 살이 있으면 어릴 적에 질병이 따른다. 특히 급경기(急驚氣)로 인해 생명이 위험할 수도 있다. 어쨌든 어릴 적에 무사히 기르기가 어렵다는 살이므로 어린 자녀에게 혹 이 살이 있으면 오른쪽 부적을 주사로 써서 어린이가 깔고 자는 요 속에 넣어주라. 부적의 효험으로 질병 없이 잘 자랄 것이다.

(34) 탕화관살

탕화관살(湯火關殺)은 아래와 같다.

子·午·卯·酉日 ― 午,
辰·戌·丑·未日 ― 未,
寅·申·巳·亥日 ― 寅

예를 들어 생일이 子·午·卯·酉
日 중에 해당되고 午年이나 午月이
나 午時면 탕화관살이다.

사주에 이 살이 있으면 화상(火
傷)을 입을 가능성이 있다고 한다.
특히 어릴 적에 끓는 물을 조심해야
지 방심하면 크게 델 우려가 있다.
이러한 화상을 막기 위해서는 오른
쪽 부적을 몸에 지녀주면 좋다.

(35) 야체관살

야체관살(夜啼關殺)은 아래와 같다.

年 日	子	丑	寅	卯	辰	巳	午	未	申	酉	戌	亥
生 時	未	寅酉	未	未	未	未	未	寅酉	未	未	寅酉	未

예를 들어 子年이나 子日생이 未時에 출생하면 야체관살이다.

갓난아이가 생후 1년 이내에 밤만 되면 까닭없이 몹시 울어대는 경우가 있다. 몸이 불편하지 않고 배가 고프지 않은데도 밤에 잠을 자지 않고 우는 것은 이 야체관살을 범한 때문이다. 오른쪽 부적을 경면주사로 써서 아이 몸에 지녀주었다가 하

룻밤 지난 뒤 불에 태워 그 재를 젖이나 우유에 타 먹이면 신효하다. 또는 다음에 해당해도 야체관살이라 한다.

正 · 二 · 三月 — 午時,
四 · 五 · 六月 — 酉時,
七 · 八 · 九月 — 子時,
十 · 十一 · 十二月 —
卯時

이상의 야체관살을 범했을 때는 오른쪽 부적을 두 장 써서 한 장은 아이가 자는 잠자리 가까운 벽에 붙이고, 한 장은 우는 아이의 겨드

랑이 밑에 30분쯤 넣어두었다가 꺼내어 불살라 버린다.

(36) 단명살

단명살(短命殺)은 아래와 같다.

申·子·辰日 — 巳時,
巳·酉·丑日 — 寅時,
寅·午·戌日 — 辰時,
亥·卯·未日 — 未時

예를 들어 申이나 子나 辰日生이
출생한 때가 巳時라면 이 살에 해당
된다.

단명살이란 명이 길지 못하다는 살인데, 어릴 적이 가장 우려되고
혹은 50세 후, 60세 전이 수명의 고비라 한다. 하지만 명은 하늘에
매인 법. 이 살이 있더라도 지나치게 불안해할 필요는 없다. 어쨌거
나 이 살이 있어 기분이 개운치 못하거든 위 부적을 주사로 써서 봉
안(奉安)하고 축수(祝壽)한 뒤 몸에 지니면 수명도 연장되거니와 만
사 대길이라 한다.

(37) 직난관살

직난관살(直難關殺)은 아래와 같다.

正・二月―午, 三・四月―未, 五・六月―卯・戌,
七・八月―巳・申, 九・十月―寅・卯, 十一・十二月―辰・酉

예를 들어 正月이나 二月生에 출
생한 時가 午時라면 직난관살이 된
다. 이 살이 있으면 일생 동안 살아
가면서 자주 궁지에 몰리며, 어릴
적에는 쇠붙이에 몸을 크게 다칠 우
려가 있으니 어린이 손 닿는 곳에
위험한 물건을 두지 말아야 한다.
액을 막으려면 오른쪽 부적을 써서
몸에 지니되 1년에 한 장씩 갈아 지
니고 묵은 것은 불에 태운다.

(38) 수화관살

수화관살(水火關殺)은 아래와 같다.

正・二・三月生―未・戌,
四・五・六月生―丑・辰,
七・八・九月生―丑・戌,
十・十一・十二月生―未・辰

예를 들어 正月이나 二月이나 三

月 중에 태어난 사람이 생일이나 생시가 未나 戌時면 수화관살에 해당된다. 이 살이 있으면 어릴 적에 물이나 불에 놀랄 수가 있으며, 뿐만 아니라 일생 물조심, 불조심을 해야 한다. 예방법은 위 부적을 3년간 계속 지니도록 한다.

(39) 심수관살

심수관살(深水關殺)은 아래와 같다.

正·二·三月生 — 寅·申, 四·五·六月生 — 未,
七·八·九月生 — 酉, 十·十一·十二月生 — 丑

예를 들어 正月이나 二月이나 三月이 생월이고, 생일이나 생시가 寅이나 申에 해당하면 심수관살이다. 이 살은 물에 빠져 액을 당할 수도 있다는 살인데, 일생 깊은 물에 들어가는 것을 삼가고 사나운 날씨에는 배를 타지 말아야 한다. 그리고 어릴 적에는 남의 고사(거리제, 칠성제, 산신제, 용왕제 등) 지내는 것을 보지 못하도록 해야 한다. 예방법은 오른쪽 부적을 몸에 지니면 좋다.

(40) 사주관살

사주관살(四柱關殺)은 어린이에게만 해당되는 소아살(小兒殺)인데
아래와 같다.

生 月	正	二	三	四	五	六	七	八	九	十	十一	十二
日 時	巳亥	辰戌	卯酉	寅申	丑未	子午	巳亥	辰戌	卯酉	寅申	丑未	子午

예를 들어 正月生에 생일이 巳·亥日이거나 생시가 巳·亥時라면
사주관살이다.

이 살이 있으면 어릴 적에 불의의 사고를 당하여 단명할 우려가
있다고 한다. 오른쪽 부적을 해마다
정월 초하룻날이나 입춘일에 써서
주인공이 깔고 자는 요 속에 넣어주
고 묵은 부적은 축수하면서 불에 태
운다. 그리고 가마, 사인교, 리어커
등 불안한 요소가 있는 것은 태우지
말아야 한다. 특히 놀이공원에 가더
라도 10세 이전은 아주 안전하고,
놀라지 않는 것만 골라 태워야지 스
릴이 심한 것을 태우면 좋지 않다.

(41) 장군전살

장군전살(將軍箭殺)은 아래와 같다.

正·二·三月生 — 辰·酉·戌時, 四·五·六月生 — 子·卯·未時,
七·八·九月生 — 丑·寅·午時,
十·十一·十二月生 — 巳·申·亥時

예를 들어 正月·二月·三月生이
출생한 時가 辰·酉·戌時 가운데
해당하면 장군전살이다. 어릴 적에
부모가 데리고 장군묘(將軍廟 — 예
를 들면 동대문 밖 숭인동에 있는
관우장군 사당)나 기타 신(神)을 모
신 신당, 사당 같은 곳을 가지 말아
야 한다. 예방법은 이 부적을 써서
베개 속에 넣어주면 살이 해소된다.

(42) 욕분관살

욕분관살(浴盆關殺)은 갓난아이에게만 해당하는 살인데 아래와 같다.

正·二·三月生 — 辰日時, 四·五·六月生 — 未日時,
七·八·九月生 — 戌日時, 十·十一·十二月生 — 丑日時

예를 들어 생월이 正月·二月·三月 중이고, 태어난 日時가 辰日 혹은 辰時면 이 살에 해당한다.

위 부적을 이부자리 속에 넣어주면 길하며, 봄에는 용날, 여름에는 양날, 가을에는 개날, 겨울에는 소날에 가급적 목욕을 시키지 않는 게 좋다(이를 범하면 뒤에 커서 몹시 바람을 피운다고 한다).

(43) 단교관살

단교관살(斷橋關殺)은 아래와 같다.

生 月	正	二	三	四	五	六	七	八	九	十	十一	十二
日 時	寅	卯	申	丑	戌	酉	辰	巳	午	未	亥	子

예를 들어 正月生이 생일시가 寅日이나 寅時에 해당하면 단교관살이다. 단교란 다리가 절단된다는 뜻으로 물론 사람의 다리가 아니라 건너는 다리이지만, 실제 다리를 건너다 액을 당하는 수가 있고, 혹은 자신의 다리가 크게 다칠 수도 있다고 한다.

가능한 한 작은 배를 타거나 깊은 강을 건너거나 외나무(통나무) 다리를 건너지 않도록 하고, 아울러 위 부적을 몸에 지니라 하였다.

(44) 염왕관살

염왕관살(閻王關殺)은 아래와 같다.

正·二·三月生 — 丑·未,　四·五·六月生 — 辰·戌.
七·八·九月生 — 子·午,　十·十一·十二月生 — 寅·卯

예를 들어 正月·二月·三月이 생월이고, 생일시가 丑이나 未에 해당하면 염왕관살이다. 이 살이 있으면 일찍 염라대왕을 만나본다는 흉살인데, 예방법은 어릴 적에 불상(佛像) 가까이 가지 말아야 한다. 그리고 오른쪽 부적으로 살을 방지하는 방법도 있다.

(45) 무정관살

무정관살(無情關殺)은 아래와 같다.

正·二·三月生 — 寅·酉·子,　四·五·六月生 — 巳·戌·亥,

七・八・九月生 — 丑・申, 十・十一・十二月生 — 子・午

예를 들어 正月・二月・三月生이 寅이나 酉나 子時에 해당하면 무정 관살이다.

이 살이 있으면 육친과의 정이 없다고 하는데, 특히 부모와의 정이 없어 따로 있게 되거나 어릴 적에 아예 부모를 이별하고 외로운 신세가 될 수 있다고 한다. 혹은 좋은 집안에 태어났어도 까닭없이 집을 나가 타향에서 방황하는 수도 있다. 이러한 운을 방지하려면 위 부적을 몸에 지니는데, 갓난아이의 경우에는 깔고 자는 요 속에 넣어두면 된다.

(46) 백일관살

백일관살(百日關殺)은 아래와 같다.

寅・申・巳・亥月生 — 辰戌丑未時,
子・午・卯・酉月生 — 寅申巳亥時,
辰・戌・丑・未月生 — 子午卯酉時

예를 들어 正月・四月・七月・十月生

이 생시가 辰·戌·丑·未에 해당하면 백일관살이다. 아기가 태어나서 백 일째가 위험하고, 또 백 일 이내가 기르기 어렵다는 살이다. 위 부적을 베개 속에다 넣어주고 백 일이 되는 날에는 아기를 안고 문 밖으로 나가지 않는 게 안전하다.

(47) 사계관살

사계관살(四季關殺)은 아래와 같다.

正·二·三月生 — 巳·丑,
四·五·六月生 — 辰·申,
七·八·九月生 — 亥·未,
十·十一·十二月生 — 寅·戌

예를 들어 正月·二月·三月生이 생일시가 巳나 丑이면 사계관살이다. 이 살이 있으면 철이 바뀔 때마다 계절병에 걸려 고생한다고 한다. 예방법은 위 부적을 정월 초하룻날에 써서 몸에 지니다가 섣달 그믐날에 태워 버린다.

(48) 금쇄관살

금쇄관살(金鎖關殺)은 아래와 같다.

正・七月 — 申時,　二・八月 — 酉時,　三・九月 — 戌時,

四・十月 — 亥時,　五・十一月 — 子時,　六・十二月 — 丑時

예를 들어 正月이나 七月生이 申
時에 해당하면 금쇄관살이다.

이 살이 있으면 어릴 적에 쇠붙이
(자물쇠, 못, 동전, 가락지, 망치, 칼
등)를 가지고 놀다가 변을 당할 수
있다는 살이다. 오른쪽 부적을 써서
깔고 자는 요 속에 넣어주면 예방되
거니와 어릴 적에는 이상에서 말한
물건 따위를 가지고 놀지 못하도록
주의해야 한다.

제4부

점풀이 비법

57. 육십사괘상(六十四卦象)으로 본 운세

이 점(占)의 근본 원리는 주역(周易)이다. 괘(卦)는 팔괘(八卦)가 기본이고, 이 팔괘를 상하로 겹치면 육십사괘가 되는데 이를 대성괘(大成卦)라 한다.

주역으로 점을 치는 방법에는 여러 가지가 있다. 본문처럼 육십사괘의 의미로 풀이하는 법이 있고, 단역법(斷易法)이라 하여 일괘육효(一卦六爻)로서, 즉 육십사괘를 육변(六變)하면 삼백팔십사효(三百八十四爻)가 되므로 삼백팔십사효에 따른 괘풀이 점법이 있다.

그런데 더 세밀하고 구체적인 점법으로는 이미 널리 알려진 육효점법(六爻占法)이 있다. 육십사괘에 육효동(六爻動)이 있으니 역시 삼백팔십사효로 분류되지만, 여기에다 점치는 때의 연월일과 점의 종류까지 분리하면 수십만 가지의 다른 풀이가 나올 수 있으므로 육효점을 풀어가는 법칙과 요령은 책자에 수록할 수는 있으나, 수십만 가지의 형태에 대한 답을 기록할 수는 없다.

육효점법을 숙달한 사람에게는 본 점법은 필요치 않다. 그러나 원리를 모르고도 점을 쳐 운세의 길흉을 대략이라도 알고 싶은 분들을 위해 본 점법을 수록하는 바이니, 시험 삼아 활용해 보는 것도 나쁘지는 않으리라 생각된다.

비록 예순네 가지의 단조로운 점이지만, 점치려는 주인공의 정성과 신념에 따라 점의 적중 여부가 결정될 것이다.

●점치는 요령

두 차례의 숫자만 얻어내면 된다.

숫자를 얻어내는 요령은 여러 가지가 있으나, 편의상 한 가지 예를 들어 설명하겠다.

참고 점을 치기 위해 숫자를 얻어내기 전에 반드시 알아둘 것이 있다. 점은 주인공의 운세에 따라 숫자를 얻게 되는 것인데, 반드시 마음속으로 목적을 정해야 한다. 점은 당일점, 앞으로 일주일 정도의 운세를 묻고 싶은 점, 또는 오늘부터 3~4개월 내지 5~6개월 동안의 운세를 묻겠다는 마음가짐을 먼저 해두고 숫자를 얻어내야 한다. 예를 들어 오늘 하루만의 운세를 묻고 싶었다면 점이 아무리 좋고 아무리 나빠도 시효는 오늘 하루뿐이라는 점을 알아두어야 한다. 2~3개월 내다보는 점도 마찬가지다.

1) 밥그릇이나 국그릇 혹은 곡식을 2~3홉쯤 담기에 알맞은 그릇에 콩이나 팥을 담는다(쌀도 무방하나 쌀알의 크기가 너무 작고 반토막 쌀이 있어 숫자 세기가 불편하다).

2) 콩, 팥 등을 담은 그릇을 앞에 놓고 눈을 감는다(눈을 감은 채 잡념을 버리고 손에 정신력을 집중하여 콩이나 팥을 잡히는 대로 자연스럽게 집어낸다).

3) 손에 잡혀 집어낸 콩이나 팥의 숫자를 정확히 세어 기록하고, 같은 요령으로 두 차례 되풀이한다.

4) 먼저 집어낸 것의 숫자를 세어 8알씩 덜어내거나 8로 나누어

나머지 숫자를 윗자리에 써 둔다.

5) 두 번째 집어낸 숫자를 세어 역시 8알씩 덜어내거나 8로 나누어 나머지 숫자를 다음 자리에 써 둔다.

6) 예를 들어 먼저 얻은 개수가 26이고, 나중에 얻은 개수가 37이라면,

$26 \div 8 = 3 \cdots 2$ ⎫ 이를 2·5로 하여 아래 본문의 $\boxed{2 \cdot 5}$ 를
$37 \div 8 = 4 \cdots 5$ ⎭ 찾아 읽으면 된다.

첫 번째 $40 \div 8 = 5 \cdots 0$ (0은 다시 8이 된다)
두 번째 $39 \div 8 = 4 \cdots 7$ 이 경우는 $\boxed{8 \cdot 7}$ 이다.

즉 8로 나누어 나머지가 없이 떨어지면 다시 8을 적용한다. 나온 답이 아니고 답 이외의 나머지 숫자를 쓴다.

$\boxed{1 \cdot 1}$

처음도 1이요 두 번째도 1을 얻으면 주역괘로 중건천괘(重乾天卦)라 한다. 이 점괘는 두 가지의 다른 관점으로 풀이될 수 있다.

귀하가 만일 어떤 단체나 기관의 우두머리가 될 수 있는가 하고 점을 친 경우라면 약간의 불협화음이 있더라도 그 자리에 오를 수 있다. 또 국회의원이나 지방자치단체장, 시의원 등에 출마한 경우라도 당선 가능성이 높다. 그러나 귀하가 이러한 신분이 아니고 보통사람의 신분일 경우에는 도리어 근심이 된다. 왜냐하면 더 이상의 발전이 어렵고, 이제부터는 한 걸음 물러서야 할 때가 이른 것이다.

학업을 닦는 사람, 학문에 종사하는 사람이면 명성을 떨친다. 남과의 타협은 잘 안 되고 의사충돌이 일어날 가능성이 높다. 누군가에게 어떤 일을 청탁하거나 좋아하는 이성에게 프러포즈할 때가 아니니 다음 기회를 이용하라.

오늘 누구를 기다린다면 오후 7~8시 사이에 소식이 이르거나 본인이 올 수 있다.

1·2

먼저 1을 얻고 뒤에 2를 얻으면 주역괘로 천택이(天澤履)라 한다.

이 괘상을 얻으면 호랑이 꼬리를 밟은 형상에 비유한다. 꼬리를 밟힌 호랑이는 깜짝 놀라 주인공에게 덤벼들 것이니 그 위태함이 경각간에 있다. 그러므로 귀하는 처음 가는 길, 처음 손대는 일 등에는 앞서지 말고 기다렸다가 남의 뒤를 따라가는 게 안전하다. 이런 운세에는 직장 같은 데서 침묵을 지키고, 할말이 있어도 남이 먼저 말하도록 기다려야지 앞장서면 화를 자초한다.

재물을 구하려거든 북방으로 가 보라. 낮 11시~1시 사이에 약간의 돈이 생길 수 있다.

현재 건강이 나빠진 경우라면 약을 쓰지 않아도 된다. 면역성으로 인해 자연 낫는다.

소원은 이루기 어렵다. 귀하가 만일 누군가에게 어떤 일을 부탁하더라도 그는 귀하의 청을 들어줄 만한 능력이 없다. 연애는 남성의 경우 귀하 가까운 곳에서 귀하의 프러포즈를 간절히 바라고 있는 여성이 있는 형상이며, 여성의 경우는 지금 좋아하고 있는 남성과는 인연이 아닌 듯하다.

1 · 3

먼저 1을 얻고 뒤에 3을 얻으면 주역괘로 천화동인(天火同人)이라
한다.

귀하는 오늘 어딘가 마음 내키는 곳이 있으면 그곳에 나가 보라.
거기에서 반가운 사람을 만나 어떤 일을 함께 할 것이다. 결과는 좋
아서 서로 이익을 나누어 갖거나, 남녀 사이라면 부부로 맺어지거나
오래 사귈 수 있는 연인관계가 될 것이다. 될 수 있는 한 강이나 내
등 물을 건너가는 곳이 유리하다.

직장을 구하려는 입장이면 대길하나 남과 말썽이 생긴 경우라면
자칫 소송에까지 확대될 수 있으니 주의를 요한다. 그리고 오늘은 문
병을 가지 않는 게 좋으니 다음날로 미루라. 또는 남과 어떤 일을 의
논할 경우에는 자기 주장을 내세우지 말고 상대방이 하자는 대로 따
르는 게 결과를 위해서 유리하다. 결론적으로 이 점괘는 혼자서 하는
일은 탐탁지 않으나 남과 함께 하는 일이라면 무엇이든지 다 좋으니
참작하라.

1 · 4

먼저 1을 얻고 뒤에 4를 얻으면 주역괘로 천뢰무망(天雷无妄)이라
한다.

귀하가 현재 애타게 바라고 있는 일은 시기상조다. 마치 오랜 가뭄

에 비가 내리기를 기다리는데, 공연히 우레 소리만 요란할 뿐 단비가 내리지 않는 형상과 같다. 귀하가 만일 어떤 사람을 만나 타협을 볼 일이 있거나 어떤 일을 부탁하려 마음먹었다면 일단은 단념하고 다음 기회를 기다리는 게 좋다. 왜냐하면 화합은 고사하고 도리어 의견 충돌이 일어나기 쉽고, 또 귀하의 청을 들어줄 만한 기분상태가 아니기 때문이다. 금전 부탁, 취직 부탁, 기타 청탁 등은 아예 단념하라.

귀하가 만일 건강문제로 점을 친 경우라면 염려하지 않아도 된다. 치료를 받지 않아도 자연 낫는다. 오직 체력보강에만 주력하면 건강해진다.

애정이나 연애 문제는 특히 여성에게 좋지 않으니 당분간 단념하고 다음 기회를 기다리라. 현재 사귀는 남성이 있더라도 2~3일 이내에는 만나지 않는 게 좋다. 가정에서는 부부 불화의 징조가 보인다. 백 프로 참고 양보하는 게 상책이다.

| 1 · 5 |

먼저 1을 얻고 뒤에 5를 얻으면 주역괘로 천풍구(天風姤)라 한다.

귀하는 오늘중이나 며칠 이내로 우연한 일을 만날 수 있겠다. 지난 밤에 꿈이 좋았다면 밖에 나가서 무척 반가운 사람을 만나겠지만, 꿈자리가 사나웠으면 원치 않는 사람과 마주쳐 곤란을 당할지도 모른다. 점괘의 의미가 이러한 만큼 누군가 찾는 사람이 있어 찾아다닌다면 찬스라 하겠다. 또한 경영인은 구인광고를 내면 원하는 사람을 구할 수 있고, 연인이 없는 청춘남녀는 밖에 나갔다가 우연히 파트너를 만날 수 있다. 특히 여성 쪽이 희망적이다. 구직자는 면접에 유리하다. 그러므로 실지 귀하가 취직을 위해 면접할 일이 있다면 경영주나 회사 간부에게 좋은 인상을 받을 것이다.

그런데 재수점에 있어서는 왠지 돈이 보이지 않는다. 돈을 구하려면 뱀날이나 원숭이날을 기다려 보라. 그리고 귀하가 현재 절실히 바라는 일이 있다면 아직 때가 아닌 듯하니 2~3개월 기다려야 한다.

1·6

먼저 1을 얻고 뒤에 6을 얻으면 주역괘로 천수송(天水訟)이라 한다.

혼자서 차지해도 양이 차지 않는 재물을 놓고 두 사람 이상이 서로 가지려고 다투는 형상이다. 차라리 먼 사람과의 다툼이라면 좋겠으나 가까운 사이끼리의 싸움이며, 심한 경우 송사, 즉 관청시비로까지 확대될 우려가 있으니 실지로 이익다툼을 해야 될 일이 생긴다면 귀하가 자발적으로 양보해야 된다. 싸워 이겨봤자 대수롭지 않은 이익이므로 더 큰 것을 잃는 셈이 된다.

귀하가 만일 건강이 나쁜 상태라면 아직까지 확실한 증세를 모른다. 뱀날에 진찰을 받아보면 효과적이라 하겠다.

돈은 다소 생기지만 들어오기가 바쁘게 나간다. 시험, 취직, 입찰 등에는 라이벌이 많아서 뜻을 이루기 어렵다.

연애는 남녀를 막론하고 귀하가 현재 좋아하는 이성에게 강력한 라이벌이 있으니 먼 시일을 기다리든지, 아니면 아예 단념하는 게 현명한 일이다.

먼저 1을 얻고 뒤에 7을 얻으면 주역괘로 천산둔(天山遯)이라 한다.

이 점괘를 얻은 주인공은 무슨 일에나 표면에 나서지 말고 은인자중(隱忍自重)해야 된다. 왜냐하면 현재 귀하의 운세가 매우 약해서 그 누구와 맞서도 지는 게임이며, 또는 앞장만 서면 만만한 표적이 되어 남이 맞아야 할 화살을 애매한 귀하가 맞게 될 우려가 있기 때문이다. 어떤 사건의 증인, 빚보증, 지역장 또는 시·도의원 및 국회의원 출마, 어떤 단체의 우두머리로 군림하는 일 등에 불리한 때다. 옛날 현명한 사람은 점으로 1·7이란 숫자를 얻으면 소인을 멀리하고 숨어서 때가 이르기를 기다렸다 한다. 이러한 운세를 만난 이상 사면초가(四面楚歌)의 궁지에 빠지기 쉽고, 또는 아무리 올바르고 좋은 일을 해도 남이 알아주기는 고사하고 도리어 오해를 사서 중상모략을 당하거나 구설수에 오른다. 이런 운세에는 삼십육계 중에 숨거나 도망치는 게 제일이라는 속담적 교훈을 본받아 나서지 말고 자신을 낮추어 겸허한 자세를 취해야 된다.

오직 결혼이나 남녀 애정관계에 있어서는 나쁘지 않은 점괘이니 노력하면 뜻을 이룰 수 있다.

먼저 1을 얻고 뒤에 8을 얻으면 주역괘로 천지비(天地否)라 한다.

비(否)는 부정적(不定的) 의미가 있는 것으로 현재 모든 일에 소통

되지 않고 있음을 말해주는 괘상이다. 가정에서는 가족끼리 뜻이 통하지 않아서 화합을 못 이루고, 직장에서는 직장 내의 동료나 윗사람과 아랫사람 사이가 막혀 숨통이 통하지 않는 것 같다. 뿐만 아니라 젊은 남녀는 이성간의 의사도 통하지 않는다.

이런 상태에서는 자신이 먼저 겸손하고 양보하면서 상대방을 이해하기에 힘써야지 남이 자신을 위해 양보하기를 바라서는 안 된다. 심한 경우에는 최악의 궁지에 몰리는 수도 있다. 차라리 빨리 최악의 상태에 놓인다면 궁하면 통하는 이치가 있어 머지않은 시일 내에 막힌 것이 뚫릴 수 있다. 무언가 될 듯 될 듯하면서도 잘 안 되고 있다면 막힌 상태가 오래가기 때문이다.

겨울밤은 어둠이 길다. 그러나 기다리면 밝음은 반드시 온다. 모든 일에 조급하게 서둘지 말고 때가 오기를 기다리라. 인내는 쓰나 인내가 맺은 열매는 단 것이니, 얼마 안 가서 광선(光線)을 차단했던 벽이 열리면서 눈부신 햇빛이 쏟아질 것이다. 특히 5일이 지나면 인간관계는 소통되고, 8일이 지나면 금전사정이 좋아진다.

2·1

먼저 2를 얻고 뒤에 1을 얻으면 주역괘로 택천쾌(澤天夬)라 한다.

쾌(夬)는 결단 또는 결렬이란 뜻과 통하므로 이 의미를 참작해야할 것이다. 옛날 윗자리(혹은 돈이 많은)에 있는 사람이 이 점괘를 얻으면 재물을 풀어 가난한 사람들에게 나누어주고도 덕을 베푼 것으로 생각하지 않았다 한다. 남에게 덕 베푸는 일이 하찮은 것일지라도 망설이지 말고 결행(決行)하면 음공(陰功)이 되어 반드시 자신에게 되돌아온다.

현재 귀하의 기세는 매우 고강(高强)한 것 같다. 상당한 지위에 있거나, 윗자리에 있지 않더라도 윗사람을 밀치고 올라설 만한 능력을 인정받는 것 같다. 하지만 비록 자신의 능력과 강한 세력만 믿고 무작정 밀고 올라서려 한다면 도리어 화가 되어 현재의 지위마저 지키지 못하기 쉽다. 자신의 지위나 신분이 높을수록 평소보다 더욱 겸손하게 자신을 낮추는 자세를 취해야 한다.

사업은 아직 시작할 때가 아니며, 현재 경영중이라면 규모를 줄인다는 마음가짐으로 지출을 줄이면서 조심스럽게 운영해 나가야 한다.

그리고 가정 내에서 어떤 갈등이 생기더라도 성급하게 대처하지 말 것이며, 특히 부부관계에 있어 감정이 격해져서 어떤 결단을 내리면 곧 후회하게 되리니 참고 결단을 보류해야 한다.

건강은 나쁘지 않으며, 현재 건강이 좋지 않더라도 자연 회복된다. 금전은 머지않아 수입이 활발해진다.

남녀 애정문제는, 남성은 뜻을 이루나 여성은 연애가 순조롭지 못하다. 만약 현재 연애중이라면 사귀는 남성과는 인연이 아닌 것 같으니 미련을 끊는 게 좋을 것 같다.

2·2

먼저 2를 얻고 뒤에도 2를 얻으면 주역괘로 중태택(重兌澤)이라 한다.

태(兌)는 소녀 또는 기쁨이란 뜻이다. 부유한 가정에 태어나 애지중지 자라난 소녀는 찬란한 꿈을 그리면서 인생의 풍상을 모르고 오직 천진난만한 기쁨만 누릴 수 있다. 특히 사춘기에 임한 소녀는 사물 하나하나가 정겹고, 감상에 빠진다. 그러면서도 아련히 마음속의 이성을 그리워하며 고독해 함으로써 자칫 앞뒤 가릴 줄 모르고 이성의 유혹에 빠지기 쉽다. 그러므로 귀하가 실지 소녀이거나 결혼 전의 여성이라면 이성교제를 주의해야 한다. 귀하는 감상에 깊숙이 빠져 냉정을 찾지 못한다. 남성을 냉철하게 볼 줄 모르면 자신의 장래를 망칠 수 있다.

여성뿐 아니라 남성도 이성문제로 들떠 있기 쉽다. 차라리 미혼남성이라면 그래도 좋겠으나 기혼남성인 경우 이성의 유혹에서 냉정을 찾지 못하면 직장, 사업, 어느 분야이건 제대로 임무를 수행할 수 없다.

군인, 경찰, 공관리 등 한 직장에서만 근무하다가 옷을 벗은 이는 남의 감언이설에 속아 사기를 당할 우려가 있으니 주의하라. 또는 허영심에 빠져 투기성 · 모험성 있는 일에 손대면 수습하기 힘든 궁지에 빠지게 된다.

모든 일에 윗사람이나 경험자의 협조를 받아 결행하라. 운세는 나쁘지 않으므로 실속 있는 일만 추구해 나가면 상당한 발전을 가져온다.

작품활동을 하는 음악 · 미술 · 연예인 등에게는 인기를 높일 수 있는 찬스다. 기회를 놓치지 마라.

2 · 3

먼저 2를 얻고 뒤에 3을 얻으면 주역괘로 택화혁(澤火革)이라 한다.

이 점괘는 대폭적인 개혁을 의미한다. 그러므로 낡고 묵은 것을 버리고 새것을 취해야만 유리하고, 또는 현재 귀하의 입장이 무엇인가 개혁하지 않을 수 없는 처지에 있다는 것을 나타내는 점괘다. 지금까지 지지부진한 사업의 진행이었다면 경영방침을 대폭적으로 고쳐 볼 필요가 있고, 샐러리맨의 경우 장래성이 희박한 직장이라면 이 기회에 다른 직장을 구해 보는 게 좋다.

그리고 오랜 지병을 앓고 있는 환자라면 주치의나 병원을 바꿔보면 효과가 있으리라. 하지만 중병환자는 사망의 우려가 있으니 조심해야 된다.

또 연인끼리나 부부간의 갈등·불화가 있는 경우라면 헤어질 가능성이 있다.

현재의 재수는 신통치 않으니 많은 것을 얻으려 욕심내지 말 것이며, 또는 돈이 있을 경우 아무리 가까운 사이라 해도 있는 체를 해서는 안 된다.

귀하가 만일 이사할 계획이 있다면 집은 속히 팔릴 것이며, 전에 누군가가 오래 살던 집보다는 새집이 좋다.

그리고 남과의 어떤 타협은 비교적 순조롭게 이루어질 것이다.

2·4

먼저 2를 얻고 뒤에 4를 얻으면 주역괘로 택뢰수(澤雷隨)라 한다.

귀하의 운세는 현재 바람 없는 물결에 돛을 달고 항해하는 것과 같다. 바람이 없으니 파도가 잔잔해서 풍랑을 만날 위험은 전혀 없으나, 돛을 밀어주는 힘이 없으므로 진행이 느리다. 그러나 머지않아서 잔잔한 바람이 불어 그야말로 순풍에 돛 달고 항해하는 격이 된다. 그러므로 귀하의 현재 운은 그저 평평하다가 날이 지나면 길운으로 향해 간다.

지나친 욕심이 아닌 것, 즉 분수에 맞는 것을 이루고자 한다면 그 소원은 성취된다. 특히 재수가 좋고, 취직에도 유리하며, 승진은 기회만 맞는다면 희망적이다. 특히 남녀를 막론하고 연애, 결혼 다 성공한다. 때를 놓치지 마라. 단 내기, 경주, 스포츠 등 승부를 겨루는 일에는 약세라 할 수 있다. 될 수 있는 한 남의 뒤를 따르는 게 좋으니 앞장서지 말고 앞선 자의 뒤를 추종하는 게 좋다.

그리고 여성은 남성의 유혹에 고분고분 따르지 마라. 리드를 당하되 그 남성의 됨됨이를 먼저 파악한 후에 따라야 한다.

귀하가 혹 환자이거나 현재 건강이 좋지 않을 경우 남이 알려주는 처방이 있다면 대수롭게 여기지 말고 그 처방을 따라보는 것도 효과적이라 생각된다.

2 · 5

먼저 2를 얻고 뒤에 5를 얻으면 주역괘로 택풍대과(澤風大過)라 한다.

대과란 '너무 지나치다'란 뜻이다. 언어나 행동, 그 어떤 것을 막론하고 정도를 넘어서면 모자란 것이나 마찬가지[過如不及]로 좋지 않은 법이다. 귀하의 현재 운세는 약하지 않으므로 무슨 일에나 지나침이 없도록 주의하면 순조로운 진행이 된다. 그런데도 왠지 귀하는 무언가 정도를 넘어선 것 같다. 비유하건대, 자금의 투자나 사업의 규모를 감당키 힘겨울 만큼 지나치게 확대해서 아니 당할 어려움을 당한다거나, 어떤 일에 욕심내어 혼자의 힘으로는 감당키 어려운데도 혼자서 감당해 나가려는 모습일 수도 있다. 그러므로 무슨 일에나 그 정도를 줄여 짐을 가볍게 해서 짊어지면 진행이 어렵지 않을 것이다.

재운은 뜻밖의 횡재를 할 수 있다. 그러나 횡재를 미리 예상하고 투기성·모험성 있는 일에 손대면 도리어 크게 손재한다.

취직을 위한 응시에 좋은 기회이며, 인기가 필요한 사람에게도 인기를 높일 수 있는 기회다.

남녀 애정문제는 현재 파트너가 있다면 오래 사귈 수 있는 인연이라 하겠다.

2·6

먼저 2를 얻고 뒤에 6을 얻으면 주역괘로 택수곤(澤水困)이라 한다.

하늘을 날던 새가 조롱 속에 갇힌 모습이라 현재 심한 자금난에 처해 있거나, 어떤 실수를 범해서 이러지도 저러지도 못하고 상대방의 처분만 바라는 입장에 있거나, 아니면 실지 법망에 걸려 빠져나오기 힘든 처지에 당면할 수 있다. 차라리 귀하가 현재 어떤 형태이던지 실지로 최악의 궁지에 처해 있다면 고진감래(苦盡甘來)요, 궁즉통(窮則通)의 이치가 적용되어 앞으로 곧 활로(活路 — 살아나는 길)가 열릴 것이다.

그러나 귀하가 현재 아무런 근심이 없는데도 이 점괘를 얻었다면 앞으로 곤궁에 처할 것을 미리 가르쳐주는 것이므로 매사에 신중해야 한다. 현재 아무렇지도 않은데 무슨 소리냐고 믿지 않는다면 반드시 크게 후회하게 될 것이니 믿고 안 믿는 것은 귀하의 자유라 하겠다.

혹 어려움이 있을 때 북방 아랫사람에게 구원을 청하면 유리하다. 그리고 현재 건강상태가 좋지 않다면 북방의 약국이나 병원을 이용해 보면 효과가 있겠다.

애정문제는 남성은 현재 매우 가까운 사이이므로 불안해하지 않아도 되며, 여성은 좋아하는 남성이 있다면 먼저 프러포즈해 보라. 귀하의 애정을 기쁘게 받아들일 것이다.

2·7

먼저 2를 얻고 뒤에 7을 얻으면 주역괘로 택산함(澤山咸)이라 한다.

함(咸)은 '다함'이란 뜻인데, 이 함(咸)자에 마음 심(心)자를 받치면 감(感)자가 된다. 이 感은 느낀다, 감응, 감화, 감상 등의 뜻을 나타내는바 신명(神明)의 감응, 사물의 감화·감상이란 의미로 분석해 볼 수 있는 괘상이라 하겠다. 귀하가 만일 천지신명의 도움을 받기 위해 지성을 드리거나 기도를 한다면 반드시 신명의 감응으로 소원이 성취될 것이다. 어느 종교를 막론하고 자신의 신앙대로 기도하거나 어떤 절실한 소원을 위해 최선을 다한다면 그 소원은 곧 이루어질 것이다.

또는 가족끼리건 남이건 서로 뜻이 통하는 상태이다. 그러므로 자신의 마음을 상대가 알고 상대의 마음을 자신이 알면 서로 화합이 되어 친밀해지고, 친밀하면 서로 협력하게 되니 부모·자식·부부의 화목은 물론이려니와 남과 손잡고 하는 일에도 손발이 맞아 성공적으로 이끌게 된다.

특히 문학·예술 방면에 종사하는 사람이라면 좋은 아이디어가 창출되어 모든 사람이 감동할 수 있는 명작(名作)이 나오거나 최고의 인기를 얻을 수 있는 기회다.

그러나 이 점괘는 이상과 같이 좋은 방면으로만 해석할 수 없다. 남의 감언이설에 넘어가 손해를 당할 수도 있고, 여성은 음흉스런 남성의 제스처에 속아 유혹될 수 있으므로 애정면에서는 냉정을 기하여 상대 남성의 모든 면을 자세히 관찰한 뒤에 사귀어야 후회됨이 없으리라.

2 · 8

먼저 2를 얻고 뒤에 8을 얻으면 주역괘로 택지췌(澤地萃)라 한다.

사방의 시냇물이 흘러 모여 강을 이루니 이에 따라 모든 물고기들이 강으로 모여든다는 뜻의 괘상이다. 그러므로 귀하는 주식 설립을 위해 주주(株主)들을 모은다거나, 어떤 큰 목적을 위해 자금을 모으는 데 유리하다. 뿐만 아니라 당(黨)을 창설하거나 기타 목적을 위해 뜻이 같은 사람을 모으는 일, 그리고 기업주는 필요한 인원을 모집하는 일에 매우 좋은 기회라 하겠다.

이곳저곳 돈을 빌려주었거나 풀어놓은 돈을 모아들이는 데도 유리하므로 신분이 높으면 높은 대로 이러한 찬스를 잘 이용하면 좋겠고, 신분이 낮더라도 협력자를 구하고, 흩어진 가족을 모으는 데 힘쓰면 매우 효과적이라 하겠다.

남녀 결혼·연애에 유리하며 취직·승진에도 좋은 기회다.

귀하가 만일 선거 때가 되어 지역장이나 의원직에 출마한 경우 이 괘를 얻었다면 많은 표를 모아 반드시 당선될 것이다.

3·1

먼저 3을 얻고 뒤에 1을 얻으면 주역괘로 화천대유(火天大有)라 한다.

이 괘는 눈부신 태양이 하늘 한복판에 떠 있는 형상에 비유되므로 운세가 매우 밝음을 나타낸다. 밝은 빛 아래에서는 모든 사물이 환하게 드러나보이는 법이므로 처세에 공명정대(公明正大)하면 대길하지만, 조금이라도 남의 눈을 감추려 하거나 어떤 일을 기만한다거나 남 모르게 하려 든다면 곧바로 그 일이 드러나 지금까지 얻은 인심이나 신뢰를 한꺼번에 다 잃고 사회나 남 앞에 떳떳하게 나설 수 없을 것이다. 그러므로 이 점괘는 매우 길하지만 공명정대한 사람에게만 자신의 능력을 세상 사람들이 알아주는 때를 만난 것이고, 소인(小人)에게는 지금까지 숨겨온 흑심(黑心—검은 마음)이 백일하에 드러남으로써 도리어 궁지에 빠질 수 있다고 풀이해야 한다.

그러나 소인을 제외하고는 대길한 운세라 모든 일에 장애가 없다. 만일 재판관이 이 괘를 얻었다면 명판결(名判決)을 내릴 수 있다. 어떤 일이든지 큰 무리가 아닌 것은 다 이루어진다. 태양이 중천에 항시 머물 수 없는 법. 이와 같이 좋은 운세가 언제까지나 계속되는 것은 아니니 기회를 놓치지 마라.

취직·승진·연애·결혼·사업 등에 다 성공하며 전망이 밝다.

먼저 3을 얻고 뒤에 2를 얻으면 주역괘로 화택규(火澤睽)라 한다.

규(睽)란 '눈을 흘긴다'는 뜻인바 미운 사람, 싫은 사람을 바라볼 때는 눈을 바로 보지 않고 곁눈질로 슬쩍슬쩍 훔쳐보거나, 한쪽 눈을 가늘게 뜨고 흘겨보게 된다. 이 괘의 주인공이 현재 실지로 미운 사람, 싫은 사람이 있다는 뜻도 되지만 누군가가 주인공을 몹시 미워하거나 싫어한다는 뜻도 된다. 사람끼리 서로 미워하고 싫어하거나 혹은 둘 가운데 한 사람만 싫어해도 화합이 안 되고 두 사람 사이가 멀어지기 마련이다. 그러므로 이 점괘가 나온 이상 도저히 남과 뜻을 같이 할 수 없다. 남이건 자신이건 비록 올바른 일을 한다 해도 서로 곱게 보이지 않으니 어찌하랴.

혹 동업하는 일이 있다면 결렬되기 쉬우며, 가정에서는 가족끼리, 특히 부부간에 찬바람이 분다. 때문에 이 시점에 동업, 결혼, 연애는 물론이고 당을 결성하거나 회합을 갖는 일 등에는 마땅치 않으니 한 2개월쯤 기다렸다가 일을 도모하는 게 좋다.

현재 이상에서 언급한 일이 아직 대두되지 않았더라도 앞으로 가족이건 남이건 불화의 징조가 보이니 가능하면 상대방의 비위에 거슬리는 언어나 행동을 삼가라.

여성은 누군가 귀하를 몰래 훔쳐보는 남성이 있기 쉬우니 사람이 드문 밤거리나 호젓한 곳을 혼자서 걷지 않기를 바란다.

3·3

먼저 3을 얻고 뒤에도 3을 얻으면 주역괘로 중이화(重離火)라 한다.

이(離)는 태양의 상징이다. 그런데 이 태양이 위아래로 거듭되었으니 두 개의 해가 하늘에 떠서 자리를 다투고 있는 형상이다. 원칙적으로 하늘에 해가 두 개 뜰 수 없고, 나라에 두 임금이 있을 수 없으며, 가정에 두 아버지가 있을 수 없으니, 이 괘상의 형태는 무언가 상도(常道)를 벗어나고 있음을 나타낸다. 가령 두 임금이 자리를 다툰다면 나라가 성할 리 없고, 두 아비가 가정을 다툰다면 그 집안은 망조가 분명하다. 때문에 현재 누군가 귀하의 자리(직위, 사업장)를 탐내어 귀하를 밀어내려고 호시탐탐 약점을 노리고 있을지 모르며, 심지어 귀하의 배우자, 연인을 탐내어 묘계(妙計)를 꾸미고 있을지도 모르는 일이니 세심히 관찰해서 이를 미연에 방지할 필요가 있다.

또는 귀하의 주변에 겉이 밝고 속이 검은 사람이 귀하를 기만할 수 있으므로 이 점에도 주의해야 된다. 이런 운세에서는 모든 일을 숨기지 말고 공명(公明)하게 처세해야지 남을 속이려 든다면 상대방이 쳐 놓은 올가미에 걸릴 수 있다.

태양은 온 천하 만상(萬象)에 골고루 열과 빛의 혜택을 베푸는 것이므로 귀하도 이를 본받아 많은 사람에게 봉사하고, 은덕을 베푸는 일에 종사하면 그 명성이 천하를 진동할 수도 있다.

항시 중용(中庸)의 도를 지키면서 부드럽고 화평하게 사람들을 대하고 겸손하면 그 누가 귀하를 적대시하겠는가. 그래서 인자무적(仁者無敵)이라 하지 않았는가.

걸핏하면 충돌되기 쉬운 점괘라 가정·사회를 막론하고 화합에 노력할 것이며, 당분간은 누군가에게 어떤 일을 부탁하거나, 타협을 보려거나, 자금 부탁을 의뢰하거나, 연애·결혼 등을 보류하고 이 시점이 지나가기를 기다리는 게 좋겠다.

3·4

먼저 3을 얻고 뒤에 4를 얻으면 주역괘로 화뢰서합(火雷噬嗑)이라 한다.

'서합'은 '씹는다'라는 뜻이다. 어떤 음식물을 막론하고 물 같은 액체를 제하고는 일단 입 속에 넣으면 잘게 씹어 삼켜야 위(胃)에 부담을 주지 않아서 소화가 잘된다. 특히 딱딱하고 질긴 음식물은 오래도록 잘게 씹어야만 체하지 않는다. 마찬가지로 주인공은 무슨 일에나 대충대충 해치우지 말고 음식을 잘 씹듯이 하나하나 차근차근히 완전무결하게 처리해 나가야지 바쁘다고 해서 적당히 얼버무리면 반드시 탈이 생기리라는 교훈적 괘상이다.

괘의 글귀에 이르기를 "음식할 일이 연달아 생겨나리라" 하였으니 구복(口腹)을 채우는 데는 근심이 없으며, 아울러 재물이 몸에 바싹 붙어 있으므로 돈 걱정은 아니해도 된다. 그러나 한편으로는 이〔齒〕 사이에 무엇이 끼어 개운치 않은 일이 있다는 뜻도 된다. 자주 음식물을 씹노라면 이 사이에 찌꺼기가 끼는 것은 당연한 일, 아무리 차근차근 일을 처리해 나갈지라도 이것저것 여러 가지 일을 한꺼번에 진행하노라면 한두 가지 꺼림칙한 일이 있기 쉽다. 이 점도 감안해서 조급하게 서두르지 말고 일의 순서를 정해 놓은 뒤 순서에 따라 계획성 있게 처리해 나가면 하자가 없다.

혹 구설수도 있으니 괜한 일에 간섭하거나 남의 비방 따위를 하지 않도록 주의하라.

미혼의 젊은 남녀일 경우 배우자는 가까운 곳에 있으며, 본인이 원한다면 결혼이건 연애건 쉽게 이루어진다.

그리고 환자의 입장에서 점을 친 경우라면 치료는 된다. 하지만 병에 약한 체질적 취약성이 있으므로 특히 체력유지에 노력하는 게 급선무라 하겠다.

3·5

먼저 3을 얻고 뒤에 5를 얻으면 주역괘로 화풍정(火風鼎)이라 한다.

정(鼎)은 솥이요, 솥은 생것(날것)을 익혀 먹는 도구이다. 배가 고파도 좀 참고 날것을 익혀 먹어야 탈이 없듯이 모든 일을 급히 서두르지 말고 완벽하게 처리해 나가라는 교훈적 괘상이다. 또 솥에 불을 지피되 너무 화력을 돋우면 음식이 익기도 전에 넘쳐 버리므로 음식이 거의 익을 무렵에는 화력을 줄여 서서히 완숙하도록 해야 된다. 마찬가지로 빨리 진행하는 일은 반드시 실패가 따름을 지적함이다.

괘상에 "옛것을 새롭게 고쳐야 길하다" 하였으니 오래 되어 낡은 것에 연연하지 말고 과감하게 버리고 개혁해야 좋다. 또 솥은 발이 셋이다. 발 셋 중에 하나만 없어도 솥은 기울어져 걸 수가 없다. 때문에 귀하는 항시 셋이란 숫자를 채워야만 일을 안전하게 성취한다. 그러므로 3일, 13일 등을 참작해 볼 것이며, 어떤 일이든 혼자서 하는 것보다는 셋이 뜻과 힘을 모아 경영한다면 성공하리라 믿는다.

그리고 남성은 두 여성과의 교제로 인해 삼각관계의 고민에 처할 수 있다.

환자가 이 괘를 얻었다면 지병이므로 고치기 어렵고, 구직·승진에는 좋은 기회인 것 같다.

3·6

먼저 3을 얻고 뒤에 6을 얻으면 주역괘로 화수미제(火水未濟)라 한다.

이 괘는 불과 물의 배합이다. 물과 불을 상극이라 하나 남과 여, 즉 남녀·부부로도 상징되므로 남녀는 화합하는 게 이상이듯이 물과 불은 서로 만나야 뜨거운 기운(火)은 식혀지고, 차가운 기운(水)은 더워져서 중화(中和)를 이루는 법이다. 원래 불이란 위로만 솟구쳐 오르는 특성이 있고, 물은 아래로만 흘러내리는 특성이 있으므로 이 괘상처럼 불이 위에 있고, 물이 아래에 있으면 불과 물(남녀)은 화합은 고사하고 점점 거리가 멀어질 뿐이다. 그래서 이 괘상을 미완성의 형태로 간주한다.

부부나 연인관계, 나아가 사회에서의 대인관계는 지금 화합을 못 이루고 있는 것 같다. 서로서로 양보하면서 가깝게 다가가야 하는데 저쪽에서 먼저 양보하고 다가오기를 바라지 말고 귀하가 먼저 양보하고 겸허한 자세로 상대방에게 접근하라. 그리하면 상대(남녀, 부부, 타인)도 마음이 풀려 자기의 고집을 꺾고 이쪽으로 향해 올 것이다. 그러면 일은 자연 순조롭게 이루어지는 법, 무엇을 근심하랴. 단 이 괘는 '아직 덜 익었다', '아직 때가 이르다'의 뜻이 있는 만큼 무슨 일에나 참고 때가 오기를 기다려야 한다.

3 · 7

먼저 3을 얻고 뒤에 7을 얻으면 주역괘로 화산려(火山旅)라 한다.

이 점괘는 마음을 안정 못하고 방황하고 있는 주인공의 상태를 나타내고 있다. 누구 하나 자신의 마음을 알아주는 이가 없다 해서 고독해하고 있다. 가족이 있고, 친구가 있고, 직장 동료가 있는데도 사람을 대하기가 짜증스럽게 느껴질 수 있다. 그러나 이러한 심정은 주인공의 생각일 뿐 실지는 그렇지 않다. 가족 · 친구 · 직장 동료 누구를 막론하고 귀하에게 호의를 갖고 있다. 마음속에 근심이 있거나, 어려운 일에 처해 있다면 속에 담아두지 말고 털어놓으라. 그리하면 누구든지 귀하를 도와주기 위해 노력할 것이다.

현재 운세도 나쁘지 않고 근심이라야 대수롭지 않은데도 귀하는 괴롭고 어려운 것으로 생각하고 있는 것 같다. 주말을 이용하거나 휴가를 내어 먼 곳으로 여행을 떠나보는 것도 기분전환을 위해 효과적일 것이다. 그리고 여행중 새로운 사상, 멋진 아이디어 등을 얻어낼 수 있으니 일거양득이라 하겠다.

그간 마음을 둔 일이 있었다면 해외여행도 순조롭다. 혹은 여행중 연인을 만날 수도 있다. 취직 · 승진은 어려워도 외지로 나가면 돈은 생길 수 있다.

먼저 3을 얻고 뒤에 8을 얻으면 주역괘로 화지진(火地晋)이라 한다.

이 점괘는 용맹한 장수가 군사를 이끌고 적과 싸우기 위해 출전하는 형상에 비유된다. 지혜롭고 무예가 출중한 장수가 잘 훈련된 군사를 거느리고 싸움터에 나선다면 반드시 승리의 개가를 부르면서 금의환향할 것이다. 귀하가 얻은 괘상으로 보아 귀하는 실지로 지능과 용기와 과단성을 겸비하여 목적지를 향해 전진하고 있는 것 같다. 즉 운세가 강하므로 현재 진행중인 일은 성공한다. 아무리 그렇긴 해도 자신의 능력과 강한 운세만 믿고 무모하게 돌진해서는 안 된다. 싸움에 임할 때 적의 복병이 없는가를 살피며 전진하듯이 급히 서두르다가 운영상의 실수를 범해서는 안 된다.

건강은 과로로 인한 득병이 우려된다. 일단 건강이 나빠진 뒤에는 회복이 매우 늦으리니 체력관리에 주의하라. 재수는 먼저 나가고 뒤에 들어온다. 운영자금을 충분히 준비해 둘 필요가 있다. 결혼 · 연애는 여성에게는 좋으나 남성은 시기상조. 현재 사귀는 여성이 있더라도 의사가 엇갈리고 있다.

먼저 4를 얻고 뒤에 1을 얻으면 주역괘로 뇌천대장(雷天大壯)이라 한다.

이 점괘는 비유하건대 염소가 뿔을 울타리에 박고 옴쭉달싹 못하는 상이라 하였다. 그러므로 주인공은 현재 어떤 실수나 시행착오를 저질러 놓고 이러지도 저러지도 못하고 있는 것 같다.

또는 현재 무엇인가 애타게 기다리고 있는데도 기다리는 일은 되지 않고, 사람일지라도 오지 않는다. 마치 오랜 가뭄에 시달리는 초목이 비가 오기를 기다리는데, 공연한 우레 소리만 요란하게 들릴 뿐 비는 오지 않는 것과도 같다. 그런데도 귀하를 바라보는 남의 입장에서는 사업이건 지위건 매우 좋게 보인다. 예를 들어 하나를 얻으면 열을 얻은 것으로 소문나니 그럴 수밖에……

하지만 사업으로 말하면 범위만 크다뿐이지 실속이 없고, 직장에서는 허울 좋은 직명뿐이고 실권이 없는 모습이다. 그렇긴 해도 어쨌거나 귀하는 현재 남의 부러움을 받고 있는 위치에 있다. 겉보기에 비해 실속이 없다는 것일 뿐 아무래도 예삿사람보다는 높은 신분, 괜찮은 경영주라는 선망을 받고 있지 않은가. 때문에 그 아무도 귀하를 업신여기지 못할 것이며, 어느 면에서나 현상유지는 족하다.

예술·학문 계통에 종사하는 경우라면 명성을 얻을 수 있고 허가 취득, 시험, 계약 체결 등에도 유리하다.

재물은 소문에 비해 실속이 없지만 들어오는 편이며, 이성교제는 단지 여성에 한해서만 뜻을 이루겠다.

4·2

먼저 4를 얻고 뒤에 2를 얻으면 주역괘로 뇌택귀매(雷澤歸妹)라 한다.

이 점괘를 얻은 이는 "처음에는 기뻐하다가 뒤에 근심한다" 하였으니 무언가 끝이 좋지 않음을 지적함이다. 마치 40대의 남자와 10대 소녀가 부부로 맺어져 서로 정상적 상대가 아닌 남녀 결합의 모순성에 비유될 수 있다. 그러므로 귀하가 남자이건 여자이건 간에 실지로 이와 비슷한 환경에 처해 있다고 볼 수도 있고, 아니면 무언가 첫 단추를 잘못 끼워 일마다 어긋나고 있을지 모른다.

귀하는 무슨 일에나 시작에 세심한 주의가 필요하다. 사업, 연애, 결혼, 취업 등등의 일에 있어 즉흥적으로 판단하고 가볍게 결정을 내리면 뒤에 뉘우쳐도 소용이 없다. 긴 안목으로 미래를 내다보고 일을 착수해야 된다.

분수에 맞는 일, 정상적인 운영방침을 따른다면 재수는 나쁘지 않다.

현재 사귀는 이성과 결혼한다면 남성은 뒷날 공처가가 되기 쉽고, 여성은 부부간의 금슬은 좋으나 이별할 가능성이 있다.

4·3

먼저 4를 얻고 뒤에 3을 얻으면 주역괘로 뇌화풍(雷火豐)이라 한다.

풍(豐)은 '풍족하다', '풍성하다', '가득 채워져 있다'의 뜻으로 앞으로 그렇게 된다는 게 아니라 현재의 상태가 더 이상 채울 수 없는, 즉 발전의 한계에 이르렀다는 것을 알려주기 위함이다. 실지로 귀하가 현재 사업, 지위 어느 방면이거나를 막론하고 만족한 상태에 있다면 이는 한껏 둥근 보름달에 비유될 수 있다. 달은 만월(滿月)이 되면 차츰 그 모습이 줄어들기 마련이다. 귀하의 운세도 마찬가지라는 뜻이다.

산의 정상을 정복하기 위해 산에 오르더라도 중간쯤에 이르렀다 해서 계속 정상에 오른다고 장담할 수 없다. 산 중턱에서 장애물에 부딪혀 더 오르지 못할 경우에는 내리막길을 선택할 수밖에 없는 것과 같다. 더 이상 전진하려 말고 겸허한 마음으로 재물을 풀어 의로운 일에 쓸 것이며, 현재까지 누리고 있던 지위도 양보할 때라 생각되거든 아낌없이 후배에게 양보하는 게 이보 전진을 위해 일보 후퇴하는 슬기가 된다. 당분간은 이상과 같은 처세로 물러서는 자세를 취하다가 때가 오면 초승달이 점점 둥글어지는 것같이 성운이 다시 이르리라 믿는다.

애정문제는 여성은 유리하나 남성은 여의치 않으니 다음 기회를 기다리라.

4 · 4

먼저 4를 얻고 뒤에도 4를 얻으면 주역괘로 중진뢰(重震雷)라 한다.

이 점괘는 우레를 상징한다. 하늘에서 번갯불이 번쩍거리며 '우르릉 쾅쾅' 하고 우레가 진동하면 천하 사람이 다 놀라며 공포에 떤다.

귀하가 만일 영웅적 재능과 포부를 지녔다면 천하 사람이 다 놀랄 만한 큰일을 해낼 수 있다. 나라에 큰 공을 세운다거나 혁명에 성공하여 온 백성이 벌벌 떨 만한 지위에 오를 수 있다. 그러나 영웅이 아닌 보통사람이 이 괘를 얻은 경우는 자신의 실수나 과오 때문에 여러 사람을 놀라게 할 수 있다는 뜻이 되므로 행동 하나하나에 주의력을 기울여야 한다.

귀하의 운전 실수로 남을 크게 다치게 할 수 있고, 아니면 남의 실수로 자신이 교통사고 등을 당할 우려가 있다. 그러므로 위험한 코스의 등반, 여름 바캉스시 깊은 물에서의 수영 등은 자제해야 한다.

만에 하나 있는 일이겠지만 경마, 복권 등에 1등으로 당첨하여 자신과 주변 사람들을 놀라게 할 수도 있다. 어쨌거나 이 시점에 주인공의 운세는 강하다. 그래서 스포츠 등 승부를 결정하는 일에 유리한 점도 있다. 하지만 대개는 소문에 비해 실속이 적다.

건강은 불의의 사고만 주의하면 근심이 없다. 재수는 한 차례 투기성·모험성 있는 일에 성공할 수는 있으나 자연스러운 기회가 왔을 때 손을 댈 일이지 억지로 기회를 만들어 투기에 손을 대면 최악의 궁지에 빠질 수 있다. 결론적으로 이 시점은 자신이 아니면 남을 크게 놀라게 할 수 있다는 점을 참작해서 처세하기 바란다.

4·5

먼저 4를 얻고 뒤에 5를 얻으면 주역괘로 뇌풍항(雷風恒)이라 한다.

항(恒)이란 종전의 상태가 변함 없이 오래 지속된다는 뜻이다. 그러므로 현재 나쁘지 않은 상태에 있다면 뒤에도 근심할 일이 없으나, 현재 건강이 나쁘다거나 운영의 부진으로 자금난에 처해 있다면 그 난관은 오래 지속된다고 보아야 한다. 하지만 괘상에 "해와 달이 항시 밝은 상이다" 한 것으로 보아 나쁜 일이 아닌 좋은 일이 계속될 것이며, 귀하의 현재 운세가 순조롭다고 보아야 한다.

거듭 말하여 현재 환자의 입장에 있거나 자금난에 처해 있는 입장이면 오랜 시일을 기다려야 한다. 그리고 직장의 지위, 성업중인 경영은 안심해도 좋다.

그런데 사람의 심리는 변화 없는 상태가 오래 지속되고 보면 그것이 비록 안전해서 좋을지라도 권태로워서 달리 바꿔보고 싶은 유혹의 충동이 일어나기 쉽다. 만약 운세적 교훈을 어기고 변화·개혁을 단행한다면 반드시 수습하기 어려운 궁지에 빠질 것이다. 그러므로 모든 일에 자연스럽게, 변화하는 대로 따라야지 종전의 상태를 개혁·변화하지 말기를 바란다. 연인·부부 사이의 권태증도 꾹 참고 기다려야 한다.

4·6

먼저 4를 얻고 뒤에 6을 얻으면 주역괘로 뇌수해(雷水解)라 한다.

해(解)는 '풀린다'의 뜻으로 추위에 꽁꽁 얼어붙었던 대지가 따뜻한 봄을 만나 언 땅이 풀리는 형상이다. 조롱 속에 갇혔던 새가 조롱 밖으로 풀려나 하늘을 날고, 옥에 갇혔던 죄수가 옥중에서 풀려 나온다. 뿐만 아니라 자금난이 풀리는 등 모든 엉켰던 일이 풀려남으로써 몸이 자유롭고 근심걱정이 말끔히 해소되는 운세라 하겠다. 그러므로 귀하가 만일 4와 6이란 숫자를 얻었다면 바야흐로 속박과 고난에서 풀려나리니 이제부터는 안심해도 좋다.

하지만 한편으로는 주인공의 처지에 따라 좋지 않은 의미도 포함되어 있다. 갑자기 나을 수 없는 중병환자나 오랫동안 지병으로 시달려 오던 노인의 경우 갑자기 고통에서 해방된다면 어떤 의미로 풀이 되겠는가. 직설적으로 말하지 않아도 짐작하리라 믿는다.

또 해괘(解卦)의 의미는 '취소된다'는 뜻도 가미되어 있으므로 계약·약속의 취소, 심지어는 약혼이나 결혼의 취소로도 볼 수 있다. 부부 중에 남녀 어느 쪽을 막론하고 이혼을 원해 왔다면 이혼을 원하는 편에서 소원이 이루어질 수도 있다. 그러나 이 점괘는 나쁜 의미보다 '근심거리가 해소된다'는 의미의 확률이 더 높은 만큼 귀하는 이제부터 마음 편히 살아갈 수 있는 때가 이르렀다 하겠다.

수입은 자금난을 해결할 만큼 생기며 젊은 환자, 중병이 아닌 환자는 곧 낫는다.

그리고 남녀 모두 결혼·연애에 성공할 수 있고, 부부간이나 가족간 또는 남과 어떤 오해가 생겼다면 오해가 풀릴 것이다.

4·7

먼저 4를 얻고 뒤에 7을 얻으면 주역괘로 뇌산소과(雷山小過)라 한다.

소과는 '약간 정도에서 지나치고 있다'의 뜻이다. 귀하로서는 현재 혹은 앞으로 처세나 어떤 일의 결행에 있어 그 정도를 약간 넘어섬으로써 손실을 당하게 된다는 것을 알려주는 점괘이므로 사업의 규모, 임금이나 물건값의 청구 등에 욕심을 줄여 평소의 생각보다 규모를 줄이는 게 도리어 실속이 있겠고, 혹 남이나 가족을 나무라는 일에 있어서도 적당히 꾸짖고 말아야지 정도를 지나치면 역작용이 생긴다.

어떤 면에서든 운세는 과히 나쁘지 않으므로 지나침이 없도록 분수를 지키면 어려움을 당하지 않는다. 특히 남이건 애인·가족이건 약간의 실수나 과오쯤은 모르는 체 눈감아 주어야 할 것이다. 과소비를 하거나, 환자의 경우는 약의 과다복용이 없도록 하라. 그리고 어떤 타협이나 계약 등은 서로 조금씩 양보하면 무난히 이루어진다.

4·8

먼저 4를 얻고 뒤에 8을 얻으면 주역괘로 뇌지예(雷地豫)라 한다.

예괘는 농부가 가을의 알찬 수확을 위해 봄에 씨를 뿌리고 근면과 정성으로 곡식을 가꾸는 형상에 비유된다.

모든 일에 원인이 있으면 결과가 있는 법. 당장은 이익이 없더라도 뒷날의 이익을 위해 미리 덕을 닦고 공을 쌓으면 뒤에 반드시 흐뭇한 수확을 보게 된다는 뜻이다. 누구나 다 그러한 것이지만 귀하에게 특히 이를 강조한 것은 원하면 이루어지고 구하면 얻게 되지만 노력과 투자가 없이는 저절로 이루어지고 저절로 얻게 되는 운이 아니라는 것이다.

그러므로 4와 8을 얻었다면 주인공은 모든 일에 앞으로의 사태를 짐작해서 인원이건 자금이건 미리 준비해 둔다면 머지않아 그 준비해 둔 것을 적절하게 사용할 수 있는 기회를 만나게 된다. 진학을 앞둔 학생, 국가고시를 치르려는 고시생이 실력보강을 위해 꾸준히 공부에 노력한다면 어김없이 합격의 영예를 누린다.

가정적으로는 출산의 경사요, 사회적으로는 입신 출세의 기회가 오며, 신규 적금·주식의 투자·부동산 매입 등에 관심을 가져볼 때다.

남성은 여난(女難)이 아니면 삼각관계로 난처한 입장에 처할 수도 있으며, 여성은 혹 짝사랑하는 남성이 있다면 망설이지 말고 접근하라. 상대는 귀하를 무척 반기리라 믿는다.

5·1

먼저 5를 얻고 뒤에 1을 얻으면 주역괘로 풍천소축(風天小畜)이라한다.

이 점괘는 "보검이 궤 속에 숨겨진 격이고, 구름은 빽빽이 끼었는데도 좀처럼 비가 오지 않는 형상에 비유된다" 하였다. 무언가 애타게 기다려도 소식이 없어 답답한 주인공의 입장을 나타내고 있다. 남이건 가족이건 의사소통이 안 될 뿐 아니라 오해만 깊어져서 좀처럼 화합이 안 된다.

옛날에 훌륭한 사람은 점을 쳐서 5와 1의 숫자를 얻으면 모든 일의 진행을 일단 멈추고 물러나와 학문에 힘쓰고 덕을 닦으며 마음 수양에 노력하면서 때가 이르기를 기다렸다 한다. 즉 운이 막혔을 때, 운이 열릴 때를 대비하여 자신의 능력을 기르고 앞으로 처세할 일을 꼼꼼히 생각해 두라는 뜻이다. 귀하가 현재 무엇인가를 새로이 해 보려고 계획을 세웠다면 아직은 시기상조다. 이미 진행하거나 운영중인 일이 있더라도 종전의 상태를 유지하기에 최선을 다하고, 규모를 늘리거나 변화를 단행해서는 안 된다.

한번에 수십 층짜리 빌딩이 이루어지는 게 아니라 벽돌 하나하나를 쌓아 한 층이 이루어지고, 한 층 한 층을 쌓아 올라가면 결국에는 고층건물이 완성된다. 아무리 마음이 급해도 순서를 밟아 계단을 올라가듯 해야지 서두르면 안 된다. 특히 현 시점에서 좋은 일이 하찮더라도 남을 위해 할 수 있는 일이라면 주저없이 해야 된다.

한 방울씩 떨어지는 낙수(落水)에도 세월이 장구하다 보면 구멍이 팬다. 작은 친절, 작은 은덕을 베푸는 일은 비록 눈에 띄지 않으나, 뒷날 몇 배의 덕이 되어 돌아온다. 귀하는 대인관계에 있어서도 당분간은 손해를 보는 방향으로 처세하라. 그리하면 나중에 반드시 이익이 되어 돌아온다.

예술·학문의 창작과 수련 등에 좋은 기회라 하겠다.

5·2

먼저 5를 얻고 뒤에 2를 얻으면 주역괘로 풍택중부(風澤中孚)라 한다.

이 점괘는 잔잔한 물결에 돛을 달고 항해하는 형상에 비유되므로 매우 평화로운 모습을 나타냄이다. 추울 때 춥고 더울 때 더우며 비가 적당히 내리면 만물이 번성한다. 마찬가지로 주인공은 모든 일에 지나치고 부족함이 없이 순탄히 진행될 것이다.

이 괘의 주인공은 가족, 친구, 직장, 거래처를 막론하고 모든 사람과 의사소통이 잘 된다. 그러므로 남에게 청탁하는 일을 잘 들어주게 되어 있다. 허가·인가의 신청, 출품, 아이디어의 발표, 구애, 구혼, 구인 등에 매우 유리한 운세다.

단, 재물에 있어 당장은 넉넉한 돈이 생기지 않는 것이 아쉽지만, 뒷날에 반드시 적지 않은 수입이 보장되리라 믿는다.

먼저 5를 얻고 뒤에 3을 얻으면 주역괘로 풍화가인(風火家人)이라 한다.

이 괘는 "바다 속에서 구슬을 얻은 격이고, 꽃이 지고 열매를 맺는 상"이라 하였으니 백에 하나도 이루기 힘든 어떤 일이 기적적으로 성취될 수 있다 함이고, 그간의 노력이 착실한 결실을 맺게 된다는 뜻이다.

특히 가인괘는 '가정·가족·집사람'이란 의미가 있으므로 이 점괘의 주인공은 현 시점에서는 외부 일이 아닌 가정사에 대해서 어떤 암시를 받고 있다고 보아야 한다. 즉 헤어졌던 가족과의 상봉, 가정 내의 재산관리, 자녀나 형제자매의 결혼문제, 미혼일 경우 자신의 결혼문제, 임신·출산 등에 관한 일들이 일어난다. 이렇게 볼 때 가정 내의 경사만 생기는 것 같지만 꼭 그런 것만은 아니다. 부부간의 불화, 자녀들의 탈선 우려, 가출문제 등 나쁜 일이 생길 수 있다는 뜻이므로 이 시점에서는 외부의 일은 제쳐두고 우선적으로 가정 내의 일에 관심을 기울여야 한다.

사업은 가내공업 계통이나 가족끼리 운영하는 것이면 더 좋다.

미혼남녀는 결혼이 성립되며, 연애도 뜻대로 된다. 단 여성은 결혼 전 임신의 우려가 있으니 주의해야 한다.

먼저 5를 얻고 뒤에 4를 얻으면 주역괘로 풍뢰익(風雷益)이라 한다.

익(益)이란 이익이란 말과 직결되지만 그것보다도 이곳저곳에 흩어져 있는 것을 모으는 데 효과적인 때를 만난 것이라 풀이하는 게 더 정확하다. 가령 실지 흩어진 가족이 있다면 가정으로 돌아와 가족끼리 모이게 되고, 이곳저곳에 받을 돈이 있다면 이를 수금해 들이는 데 효과적인 시점이다.

또는 봄에 뿌린 씨가 열매를 맺어 가을에 수확하는 형상이라 하였으니 지금까지 소모하였던 노력과 자금이 이익이 되어 돌아옴으로써 창고에 곡식이 가득하고, 통장의 저금액이 불어나게 된다.

이 괘의 주인공은 무슨 일에나 성공할 수 있다는 확신을 갖고 적극성을 띠어야 한다. 뭇사람들에게 따뜻한 정과 은혜를 베풀고, 또는 자선사업 등 공익적인 일에 투자를 해 두면 좋다. 그리하면 봉사나 투자에 대한 이익이 당장에는 나타나지 않더라도 이러한 일들이 좋은 일[因]이 되어 뒤에 몇 배의 이익으로 돌아올 것이다.

여행을 떠나도 좋고, 현재 앓고 있는 환자에게는 증상이 더해 갈 가능성이 있으니 부작용이 없도록 주의하라.

재물은 나가서도 얻고, 집에 가만히 있어도 들어오게 되어 있다. 단 남에게 부탁하는 일은 상당한 보수를 미리 제공해야 들어준다.

연애나 결혼상대는 남자의 경우 가까운 곳에 있으며, 여성도 마찬가지이나 그가 누구인지 깨닫지 못한다. 용날이나 토끼날에 나타나는 남성을 눈여겨보라.

먼저 5를 얻고 뒤에도 5를 얻으면 주역괘로 중손풍(重巽風)이라 한
다.

손(巽)은 바람인데 거세게 부는 바람이 아니라 풀이나 연약한 나무
만을 흔들 수 있는 산들바람이다. 바람은 기류(氣流)에 따라 움직이
므로 줄곧 한 군데로만 부는 게 아니라 이리도 불고 저리도 불어 그
부는 방향이 일정하지 않다. 그런데 바람은 두 가지의 의미로 비유하
는바 주체성이 없이 마음이 잘 흔들리는 사람에의 비유가 그 하나요,
또 하나는 잠잠하던 마음이 흔들리고 있음을 비유하여 '바람났다'고
하는 경우이다.

사람은 누구나 바람이 날 가능성이 있다. 비록 철석간장(鐵石肝腸)
을 지녔더라도 인정의 유혹이 맹렬하면 마음이 흔들릴 수 있다. 그러
나 웬만한 유혹에는 잘 흔들리지 않는 사람이 있는가 하면 조금만
유혹을 받아도 마음의 동요를 일으키는 사람이 있는데, 원래 바탕이
그런 경우도 있거니와 그때그때 처해 있는 심리적 작용 때문에 유혹
을 잘 받는 경우도 있다. 귀하가 바로 이 시점에서 인정이나 유혹에
잘 흔들리기 쉽다고 보아야 한다.

바람에는 각양각색이 있는바 갑자기 어떤 일에 평소와 달리 몰두
하게 되면 이것이 바람이다. 연애바람, 춤바람, 놀음바람, 낚시·등산
바람 등의 예를 들 수 있다. 특히 건전한 일에 취미를 붙여 몰두하는
것보다 건전치 못한 일에 바람이 나면 탈이 된다.

귀하는 현재 무엇인가에 바람이 나서 마음이 흔들리고 있는 것 같
다. 심리적으로 약해지고 외롭다 보니 이곳저곳에서 이끄는 대로 끌

려가는 모습이다. 그만큼 주체성이 상실된 증거이며, 현재 흔들리기 쉬운 환경에 처해 있기 때문이다. 이럴 때일수록 정신을 똑바로 차려야 한다. 특히 여성은 남성의 달콤한 유혹에 넘어가지 않도록 주의해야 된다.

잘 모르는 사람과의 접촉을 피하고, 평소에 잘 알고 지내거나 믿을 만한 친구나 동료 또는 선배나 윗사람에게 흔들리는 마음을 고백하고 그의 조언을 들어야 한다. 얼마 동안 기간이 지나면 귀하는 원상태로 돌아가 안정을 찾을 것이다.

5 · 6

먼저 5를 얻고 뒤에 6을 얻으면 주역괘로 풍수환(風水渙)이라 한다.

환(渙)은 '흩어지다'의 뜻으로 풀이되는바 재물 또는 사람이 흩어지는 게 아니라 쌓인 티끌이 흩어지듯이 자질구레한 근심걱정이나 장애물 따위가 바람에 먼지가 흩날리듯이 말끔하게 해소된다는 뜻이다. 이 점괘의 글귀대로 해석하면 아래와 같다.

거친 물결이 흩어져 잔잔하니 이제부터 어려움이 사라진다. 흉악한 일이 내 몸에서 떠나가니 마치 옥중에서 풀려나는 것 같다. 냇물 건너에 좋은 일이 있어 가려는데 안성맞춤으로 배가 물가에 대기하고 있다. 오나가나 어려움이 없으니 바야흐로 고난에서 벗어난다.

그러므로 주인공은 지금까지의 고난이 해소되고 점차 좋은 운으로 나아가고 있다. 부진했던 사업은 활기를 띠겠고, 실업자는 좋은 직장이 마련된다. 특히 환자에게 유리한 운세로서 지금까지 지녔던 지병이 완쾌될 수 있다.

특히 강 건너, 바다 건너 등에 유리하다는 의미가 있으니 그곳에 가면 귀인을 만나거나, 돈이 생기거나, 미혼이면 결혼상대자를 만날 수도 있으니 마음에 두고 관망해 보는 게 좋겠다.

5·7

먼저 5를 얻고 뒤에 7을 얻으면 주역괘로 풍산점(風山漸)이라 한다.

점(漸)은 '점점 앞으로 향해 나아간다'는 뜻으로 묘목이 점점 자라 재목감이 되고, 작은 것을 쌓아 큰 것이 이룩되는 형상이라 하였다.

그러므로 주인공은 한꺼번에 많은 것을 얻으려 하거나 큰 것을 이룩하려 하지 말고 무슨 일에나 작은 것에서부터 시작하여 꾸준히 노력해야만 소원을 이루고 목적을 이룬다.

어떤 사업을 경영하려거든 작은 규모로 시작하라. 적은 수입이 양이 차지 않는다 해서 시초부터 큰 자본을 투자하면 불리하다. 괘상이 알려주는 교훈에 따라 비록 규모가 작더라도 분수에 맞도록 운영해 나가면 세월의 흐름과 더불어 자신이 깨닫지 못하는 사이에 많은 발전이 있게 될 것이다.

기술을 익히기 위한 입문(入門), 입학 및 고시 등을 준비하려는 경우에도 매우 좋은 운세다. 일취월장(日就月將) 성적이 오르고 실력이 늘기 때문이다. 뿐만 아니라 무슨 일을 막론하고 한 계단씩 밟아 올라가듯이 서두르지 말고 침착하게 순서를 밟아 올라가면 중도에서 절대 후퇴는 없다.

연애·결혼·여행 등에도 매우 유리한 운세다. 다만 현재 앓고 있는 환자일 경우 병이 점점 가중해질 우려가 있으며, 소송에도 불리하다. 왜냐하면 지방법원에서 대법정까지 끌고 갈 가능성이 있기 때문이다.

5·8

먼저 5를 얻고 뒤에 8을 얻으면 주역괘로 풍지관(風地觀)이라 한다.

이 점괘는 검은 구름이 걷히니 하늘이 맑아지는 격이고, 봄을 만난 초목이 아름다운 자태를 뽐내는 상이라 하였다. 그러므로 귀하의 운세는 매우 희망적이고 기쁜 일이 이르리라는 것을 가르쳐주고 있다.

하지만 운세가 좋다 해서 그냥 가만히 앉아서 좋은 일이 이르기만을 기다려서는 아무런 효과가 없다. 가령 눈앞에 아무리 아름다운 풍광이 펼쳐져 있다 해도 누워서 눈을 감고 있다면 아름다운 풍광이 눈에 들어오지 않으니 무슨 소용이 있으랴. 마찬가지로 이 시점에 이르러서는 우선 눈을 크게 뜨고 이곳저곳 부지런히 돌아다니며 세상이 돌아가는 추세와 인심의 동향 그리고 사물에 대해 자세히 살펴야만 큰일을 이루고 큰 것을 얻을 수 있다. 특히 현재 자신이 행하고 생각하는 일에 잘못된 것이 없는가를 냉철히 판단해서 잘못된 것이 있다면 망설임 없이 고쳐야만 큰일을 이룰 것이며, 뭇사람들에게 신망과 존경을 받아 귀하의 지위가 확보되거나 기반이 반석같이 다져진다. 귀하가 만일 교육자나 지도자의 입장에 있다면 지금 그리고 앞으로도 명성을 떨칠 수 있는 운세다.

재운도 길하며, 건강에도 우려가 없다. 단 소송은 오래 끌겠으니 화해함이 상책이다.

연애·결혼은 희망적인데, 남성보다 여성이 더 유리하다.

6·1

먼저 6을 얻고 뒤에 1을 얻으면 주역괘로 수천수(水天需)라 한다.

수(需)는 '기다리라'는 뜻과 통한다. 그러므로 귀하가 바라는 일이 무엇이건 간에 기다려야 한다는 뜻이다. 아무 희망 없이 무작정 기다리는 게 아니라 얼마쯤 기다리다 보면 귀하가 갈망하는 일이 이루어지는 것이다. 가뭄에 비를 기다리는데 햇볕이 쨍쨍하므로 비를 기다리는 입장에서는 가망이 없어 보이나, 햇볕이 뜨거울수록 수증기의 증발이 빠르고 많은 수증기가 위로 올라가면 비구름이 되어 기다리는 비가 내리는 이치와 같으니 당장은 어려워도 고난을 참고 인내로 기다리면 반드시 바라는 일이 이루어진다.

특히 실지로 사람을 기다리는 입장이라면 가까운 시일에는 오지 않으나 좀 먼 시일을 두고 기다리면 그는 반드시 오며, 귀하에게 좋은 소식을 가지고 올 것이다. 무슨 일이든 당장은 빡빡하게 돌아가리니 물자와 돈과 힘을 아껴 좀 오래 지탱해 나갈 수 있도록 해야 한다. 예를 들어 나라에 전쟁이 일어났다고 가정하자. 만약 그 전쟁이 하루 이틀 사이에 끝나지 않고 한 달 이상의 장기전에 돌입할 경우를 대비해 현재 비축한 무기, 군량미 등을 감안하여 절약하면서 전쟁에 임한다면 전력 물자 부족으로 인한 패망은 당하지 않는 것과 같다.

결론적으로 귀하의 운세는 좋은 때가 반드시 온다. 다만 그 때를 맞이할 때까지 견딜 수 있도록 인내하면서 모든 일에 대비해야 한다. 귀하가 만일 경영주로서 현재 자금난에 처해 있다면 자금이 풀릴 때까지 운영해 나갈 수 있는 방법을 모색하라. 얼마 동안 시일이 지나면 자금난이 풀리기 때문이다. 만약 현재 최악의 처지에 놓였더라도 끝이 아니고 반드시 소생할 수 있는 희망적인 운세이니 절망하지 말기 바란다.

건강은 장기적인 치료가 필요할 뿐 생명에는 지장이 없다.

재물은 현재 자금난에 처한 입장이라도 그럭저럭 풀릴 때까지 지탱할 만큼 수시로 돈이 들어온다.

취직 시험은 다음 기회를 기다리고, 애정면에서는 결혼은 남성에게만 유리하고, 여성은 상대방과 의사소통이 안 되거나, 아니면 사귈 만한 남성이 아직 눈에 띄지 않는 것 같다.

6 · 2

먼저 6을 얻고 뒤에 2를 얻으면 주역괘로 수택절(水澤節)이라 한다.

사시(四時)의 순환, 즉 봄 · 여름 · 가을 · 겨울이 순서를 어기지 않고 이어가듯이 분수를 지키면서 법칙과 이치를 어기지 않으면 모든 일이 순리대로 풀려나간다는 것을 알려주는 괘상이다. 현재 어려움에 처해 있더라도 급히 그 어려움을 탈피하고자 무리를 한다면 회생 불가능의 처지에 돌입하게 된다. 또한 현재 아무 탈이 없어 지내는 사람이 변화 없는 생활에 지루함을 느껴 무언가 색다른 일을 해보고자 엉뚱한 짓을 한다면 긁어 부스럼을 만드는 식으로 어려움을 자초하게 된다.

그러므로 이 점괘를 얻은 주인공은 자신의 분수를 지키면서 순리를 따라야 한다. 즉 이 괘의 의미인 절(節)은 절제·절도·절약을 지시하는바 돈·물자의 낭비를 절약하고, 절도 있는 생활을 해 나가면서 지나친 욕심을 견제하여 순리대로 살아가야 길하다는 뜻이다. 또한 음식의 절제, 힘의 비축, 즉 과음·과식·과로를 범한다면 곧 건강을 해친다.

그리고 사회생활에 있어서도 윗사람, 아랫사람을 대할 때 반드시 예절을 지키는 데 신경을 써야지 자칫 예절을 잃으면 이로 인한 마이너스가 오게 되므로 주의해야 한다.

그렇다고 해서 주인공의 운세가 나쁜 것은 아니다. 오직 이상에서 지적한 몇 가지만 지키면 모든 일은 순탄하다. 즉 콩을 심으면 콩을 얻고 팥을 심으면 팥을 얻는 격이니, 횡재는 못할지라도 어찌 나쁘다 하랴.

건강은 과음·과식·과로를 하지 말고, 특히 섹스의 조절을 요한다.

대인관계는 강경하면 손해니 유화책으로 상대하는 게 좋다.

남녀 애정면은 남성이면 원하는 상대와 교제가 쉽겠고, 여성은 자신의 큰 결점이 무엇인가를 깨달아서 그것만 고치면 상대방 쪽에서 기꺼이 받아들여 줄 것이다.

6 · 3

먼저 6을 얻고 뒤에 3을 얻으면 주역괘로 수화기제(水火旣濟)라 한다.

이 점괘는 남녀간의 화합 그리고 윗사람과 아랫사람과의 화합을 권유하고 있다. 사람은 가장 친밀해질 수 있는 사이가 도리어 화합이 잘 이뤄지지 못하는 경우가 많다. 왜냐하면 자존심 대결이 있기 때문이다. 남녀간 또는 위아래 신분관계를 막론하고 서로 한 발씩 양보한다는 마음가짐으로 겸허하게 자신을 낮추고 상대방을 높여주면 두 사람의 관계는 매우 좋아지며, 아울러 그로 인해 크고 보람있는 일을 합작으로 이루어낼 수 있다.

이 괘의 주인공은 현재 왕성한 운에 놓여 있다. 다만 더 이상 보탤 수가 없고 더 이상 올라갈 수가 없으므로 이제부터는 채워진 것이 감소되고 올라선 정점에서 내려가게 되니, 자칫하면 한껏 피었다가 지는 꽃과 같은 꼴이 되기 쉽다. 그러므로 귀하의 왕성한 운을 지속하려면 있는 것을 덜어 어려운 사람에게 베풀고, 자신을 낮추는 대신 남을 높여줌으로써 타인과의 화합을 이루도록 노력해야 한다.

건강은 현재 어떤 증세가 있을 경우 가볍더라도 방심하지 말고 서둘러 치료하는 게 좋다.

경쟁입찰, 경쟁시험 등 경쟁성이 있는 것은 불리하니 다음 기회를 기다리라.

누군가에게 어떤 부탁을 한다면 그에게 상당한 보수를 내걸어야 청을 들어준다.

연애는 어렵다. 단 결혼은 남성일 경우 노력하면 이루어진다.

먼저 6을 얻고 뒤에 4를 얻으면 주역괘로 수뢰둔(水雷屯)이라 한다.

이 점괘를 비유하여 용이 좁은 웅덩이에 갇혀 있는 격이라 하였다. 용은 넓고 깊은 물에 있어야 마음껏 능력을 발휘하고 때가 오면 하늘에 오를 수 있는 것이지 얕은 물이나 좁은 웅덩이에 있으면 미꾸라지나 피라미 따위의 하찮은 물고기한테도 깔보여 괄시를 당한다.

귀하는 아무리 풍부한 재능을 지니고 원대한 이상을 지녔더라도 현재로서는 불우한 처지에 놓인 만큼 주변 사람들에게 업신여김을 당하는 것 같다. 아니면 귀하의 재능을 발휘할 수 없는 처지에 놓여 있다고 보겠다. 그러나 '썩어도 준치'요 어떤 상태에 처해 있든지간에 미꾸라지나 피라미가 아닌 용인지라 때가 오면 한 걸음에 수십 계단을 껑충 뛰어오를 수가 있으니 어찌 절망할 수 있겠는가. 어려움을 참고 견디면 반드시 쨍하고 햇볕 들 때가 온다. 당분간은 무리하지 말고 물이 지형을 따라 흐르듯이 순리를 따르면 재앙이 없다.

인간관계, 특히 남녀 연인관계나 부부관계는 어떤 오해가 생겨 쉽게 풀리지 않는 모습이지만, 시일이 지나면 자연 오해가 풀린다. 갈 길이 급하더라도 체증된 고속도로로 진입하지 말고 체증이 없는 일반도로를 택하는 게 유리하듯이, 조금 일이 느리고 어렵더라도 확실성 있는 방법을 추구해 나가는 게 좋다.

먼저 6을 얻고 뒤에 5를 얻으면 주역괘로 수풍정(水風井)이라 한다.

정(井)은 우물이다. 아무리 주거환경이 좋고 고대광실 훌륭한 집이 갖추어졌다 해도 우물이 없으면 살 수가 없다. 그만큼 중요한 것이 귀하에게 갖추어져 있는데도 귀하는 그것이 얼마나 중요한지 깨닫지 못하여 소홀히하고 있음을 지적해 주는 괘상이다. 또한 비유로 우물물이 아무리 많이 솟아도 강이나 호수를 이룰 수는 없다. 그저 식수용과 목욕·세탁용으로 쓰이는 데 불과하지만, 그 소중함이 호수나 강물에 비할 수 있겠는가.

귀하의 현재 입장이 잘 풀리고 있는지 아닌지는 확실히 모른다. 하지만 분명한 것은 귀하의 가장 가까운 주변에 우물물처럼 소중한 일, 소중한 물건, 소중한 사람이 있는데도 그것을 소중하게 활용하거나 소중함을 몰라서 소홀히하고 있다. 그것이 무엇이며 누구인가를 깨닫거나 찾아낸다면, 현재보다 몇 배의 보탬이 되거나 귀하에게 다시없는 귀인이 될 것이다.

혹 물과 관계있는 사람, 물과 관계있는 물건이나 사업 등을 생각해 보라. 또한 井은 40이니 40 숫자에도 귀하를 유익하게 하는 요건이 있을 수도 있다. 재운은 꾸준하나 낭비가 크면 수요를 감당하지 못하니 물을 아껴 쓰듯 하라.

연애·혼인·청탁 등은 '삼수(氵)'변 성을 가진 사람이거나 水와 관계되는 지명(地名), 물가에 사는 사람이면 좋은 인연이 될 수 있다(하찮게 보여도 귀하에게는 매우 소중한 인물이 되어 줄 것이다).

먼저 6을 얻고 뒤에도 6을 얻으면 주역괘로 중감수(重坎水) 또는 습감(習坎)이라 한다.

감(坎)은 '진흙 구덩이' 또는 '물 건너 물'이라는 뜻이므로 좋은 괘상을 얻어낸 것이 못 된다. 특히 빠져서는 아니될 곳에 깊이 빠져 헤어나지 못하는 형상을 뜻하기도 한다.

그래서 이 괘를 64괘 가운데 사대난괘(四大難卦)의 하나로 지적하였다. 이 괘의 주인공은 최소한 어려움을 두 차례 겪는다. 깊은 물 하나를 건너고 보니 또 하나의 깊은 물이 앞에 놓인 것과 같다. 현재 아무 일이 없다고 방심하지 말아야 한다. 앞으로 거듭 난관에 봉착하거나 신변에 위험이 닥쳐올 우려가 있다. 아니면 남의 꾐에 빠져 사기를 당하거나, 빠져서는 안 될 이성의 유혹에 깊이 빠져 헤어나지 못하는 것은 고사하고 지금까지 닦아온 명예나 이미지를 더럽힐지도 모르니 모든 행동을 주의할 필요가 있다.

사업의 시작은 보류하는 게 좋고, 특히 남의 권유에 의한 사업은 하지 말아야 후회가 없다.

재물은 절약이 최선의 방법이고, 건강은 환자일 경우 합병증이 우려된다.

연애는 이 시점에서는 남녀를 막론하고 피하는 게 좋다. 한번 실수가 평생을 그르칠 우려가 있으니 지금부터 1개월 이내에 만나게 되거나 소개받는 이성은 사귀지 마라.

먼저 6을 얻고 뒤에 7을 얻으면 주역괘로 수산건(水山蹇)이라 한다.

이 건괘(蹇卦)는 기러기가 갈대꽃을 물고 무리 속에 섞여 날아가는 형상에 비유한 것으로, 남이 하는 대로 따라가면 무사할 것을 남다른 짓을 함으로써 재앙을 자초한다는 것을 지적한 말이다.

옛날 한량들이 모여 활솜씨를 겨루는데 목표가 마땅치 않던 중 하늘을 바라보니 수십 마리의 기러기가 날아가고 있었다. 어떤 놈으로 표적을 정할까하는 참에 마침 기러기 한 마리가 유독 갈대꽃을 입에 물고 날아가는지라 "저 갈대꽃을 물고 가는 기러기를 맞추기로 하자" 정해 놓고 한량들이 그놈을 표적 삼아 활을 쏘았으므로 갈대꽃을 문 기러기만 화살을 맞아 죽게 되었다는 고사(故事)가 있다.

그러므로 귀하는 무슨 일이든 남이 하지 않는 일을 해서는 안 된다. 운이 좋을 때는 당연히 남이 하지 않는 아이디어를 창안해서 추진하는 게 성공 확률이 높고 남보다 앞서간다. 하지만 운이 불리한 때는 될수록 남의 뒤를 조심스럽게 따라가야 한다. 주인공은 갈 길이 먼데 가는 길 앞에는 산과 물이 가로막힌 형태. 전진할 수도 되돌아 설 수도 없는 진퇴양난에서 당장은 구해 줄 은인이 나타나지 않으니 혼자서 난관을 타개해야 한다. 사람은 누구나 생애중 이와 같은 난관을 겪으며 살아가게 된다. 당황하지 말고 침착·냉철하게 타개할 슬기를 짜내야 한다.

무슨 일이든 신규적인 것은 손대지 말고 지금까지 해 오던 일에만 최선을 다하라.

건강에 유의할 것이며 당분간 누구에게 청탁 같은 것도 하지 마라. 입만 아프다.

연애·결혼·취직 등은 생각할 때가 아닌 듯하다. 단 현상유지, 즉 어제까지 해 오던 일을 그대로만 행해 나가면 요행도 불행도 없다. 변화만 모색하지 않으면 무사하다. 그러므로 운세의 불리함을 미리 겁낼 필요는 없다.

6·8

먼저 6을 얻고 뒤에 8을 얻으면 주역괘로 수지비(水地比)라 한다.

예나 지금이나 사회는 주종(主從) 관계가 있다. 옛날에 비유한다면 임금과 신하 서로가 잘 만나야 한다. 임금은 충성되고 유능한 신하를 만나야 하고, 신하로서는 어질고 밝은 임금을 만나야 자신의 지위가 확고함은 물론이고 아울러 나라가 부흥하고 백성들이 평안하게 살아간다.

귀하가 만일 윗자리에 있어 아랫사람을 거느린다면 좋은 인재를 만나 하는 일이 순조롭겠고, 윗사람을 섬기는 신분이면 어진 상사를 만나 귀하가 지닌 능력을 마음껏 발휘할 수 있으리니 신분의 여하를 막론하고 좋은 사람을 만나 화합하고 뜻을 이루는 운세다.

현재 누군가와 갈등이 생겼거나 불화의 상태에 있다면 상대가 가족이건 남이건 간에 자신이 솔선하여 화합에 힘써야 한다. 특히 남과의 화합이 더 요구된다. 왜냐하면 이 괘가 나온 이상 아무래도 귀하는 어떤 면에서든지 사람을 거느리고 이끌어 나가는 신분일 가능성이 높기 때문에 더 그러하다. 여러 사람이 함께 하는 공동사업, 공동

체 형성에 유리하니 실제 공동업체를 운영할 경우 가장 좋은 운세다.

결론적으로 운세가 왕성하고, 남들과의 타협이 잘 이루어지며, 귀하가 부탁하는 일이면 대개 잘 들어줄 것이다.

부부간의 갈등 해소, 이성교제에 희망적이며, 친구에게 부탁하면 연애·결혼 파트너를 쉽게 구할 수 있다.

7·1

먼저 7을 얻고 뒤에 1을 얻으면 주역괘로 산천대축(山天大畜)이라 한다.

이 점괘는 작은 것을 쌓아 큰 것을 이루는 상이라 하였으니 작은 규모로서의 사업 시작, 당의 창설, 회원모집, 입학, 평사원으로의 입사, 미관말직의 등용, 적금 등 무슨 일에나 첫걸음을 내딛는 데 유리한 운세다. 팥알만한 크기의 솔씨가 싹이 트고 자라서 세월이 흐른 뒤에는 낙락장송이 되어 큰 건물의 재목감으로 쓰일 수 있듯이, 시작은 보잘것없어도 장래에는 엄청나게 크고 보람된 결과를 성취할 수 있다. 즉 현재의 징조가 장래의 대성을 약속하는 운세다. 그러므로 시작이 작거나 시시하다 해서 망설이지 말고 무슨 일이든지 이 시점에서 첫발을 내딛도록 하라. 물론 평소부터 꼼꼼히 생각해 둔 일에 한해서이지 무턱대고 즉흥적으로 시작해서는 안 된다.

소원은 무리한 부탁이 아니면 이루어질 것이며, 기다리는 소식은 늦긴 해도 반가운 소식이 이른다.

연애, 결혼은 원하는 사람과 이루어진다. 단 연애에 있어 자칫 임신될 가능성이 있으므로 엄마 아빠의 신분으로 결혼식을 올릴지도 모른다.

먼저 7을 얻고 뒤에 2를 얻으면 주역괘로 산택손(山澤損)이라 한다.

손(損)은 손해를 뜻하는데, 여기서는 계속 손해를 보는 게 아니라 뒷날의 이익을 전제로 하는 손해라 하겠다. 모든 것은 먼저 손해 보는 과정을 거쳐야 후일에 몇 배의 이익이 되어 돌아온다. 당분간 계속적인 자금의 투자, 농부가 논과 밭에 씨를 뿌려 곡식을 가꾸는 일, 과일나무 · 묘목의 재배, 자녀의 교육 등 투자한 것의 소득이 하루 이틀에 생기는 게 아니라 가까우면 반년에서 멀면 10년, 20년 뒤에 이익이 되어 돌아오는 법이다. 그러므로 이 괘를 얻은 주인공은 현재 시점에서 앞서 지적한 일들 가운데 계획을 세워온 것이 있다면 망설이지 말고 실행에 옮기도록 하라. 당장 손해라는 생각에 망설이고 주저한다면 후일에 얻을 이익이 없다. 계속적인 투자와 노력에 어려움도 있겠지만, 인내로 어려움을 극복해야 한다.

그리고 누군가를 도울 일이 있으면 물질적 · 심적으로 돕고, 남을 위해 협력을 아끼지 마라. 역시 후일 그로부터의 보은이 있을 것이다 (물론 그것을 바라고 착한 일을 한다면 덕이 아니다).

취직이나 승진은 아직 시기상조이니 다음 기회를 기다리라. 그리고 남녀 애정이나 결혼문제는 상대방에게 부담을 주지 않도록 순수하게 대하라. 즉 연애나 결혼을 전제로 하지 말고 진실한 우정으로 대하면 나중에 일생의 고락을 같이할 파트너가 되는 수도 있다. 즉 결혼도 먼저 손(損)이 있은 뒤에 덕을 얻게 되기 때문이다.

7 · 3

먼저 7을 얻고 뒤에 3을 얻으면 주역괘로 산화비(山火賁)라 한다.

비(賁)는 '아름답게 꾸미다'의 뜻과 통한다. 그러므로 이 괘를 얻으면 글을 짓고 소설을 쓰는 저술가, 배우, 가수, 무용가, 화가, 디자이너에게는 매우 좋은 운세로 그 예술성·문학성이 모든 사람들을 감동시킴으로써 인기와 명성을 높일 수 있는 찬스라 하겠다. 또는 주택이나 사무실, 점포 등의 인테리어를 하는 데도 효과 백 퍼센트.

단, 이 괘는 '가식(假飾)'이란 의미도 내포하고 있으니 문인이나 예술인은 겉치레보다 내면의 실(實)에 충실하도록 힘써야 인기의 생명력이 장구한 것이지 겉치레만 잘 한다면 그 명성이나 인기는 아침에 피었다가 저녁에 지는 꽃과 같을 것이다.

또 '꾸미다'는 거짓을 진실처럼 꾸며댄다는 뜻이 있으므로 남의 감언이설(甘言利說)에 의한 속임수에 넘어갈 우려도 있다. 또는 주인공 자신이 허례허식이나 사치에 마음을 쏟아 쓸데없는 시간의 낭비, 재물의 낭비로 인해 후회막급이 되는 경우도 없지 않으니 이 점을 유의해야 될 것이다.

이 괘의 주인공이 남녀를 막론하고 미혼일 경우 혼담이 생기거나 누군가 교제를 청해 온다면 상대는 자신의 약점을 그럴싸하게 위장하여 귀하를 감쪽같이 속일 가능성이 많으니, 아예 이 시점에서는 잘 모르는 이성과의 교제나 혼인 결정은 그만두는 게 좋다.

거듭 말하건대 귀하의 운세는 인기·명예를 높이는 데는 절호의 찬스요, 그 외는 남에게 사기당할 우려가 있으니 이 점을 꼭 유의하는 게 좋다.

7·4

먼저 7을 얻고 뒤에 4를 얻으면 주역괘로 산뢰이(山雷頤)라 한다.

이(頤)는 '턱'을 말한다. 턱을 놀리면 입도 움직이고, 입을 움직이려면 턱을 놀려야 하니 여기에서는 입과 턱을 하나로 여긴다.

상법(相法)에 입은 화복(禍福 — 재난과 복록)이 출입하는 문(門)이라 하였으니, 입으로 인해 재앙도 부르고 복도 부르는 것은 다름이 아니다. 입은 몸에 이로운 음식을 받아들이는 곳이지만 독(毒)을 마실 수도 있고, 또 입은 말을 하는 곳으로서 말을 잘 하면 복을 불러오지만 잘못하면 화를 자초하게 되므로 "턱과 입을 놀리는 것을 신중히 하라" 하였다. 그러므로 이러한 괘상을 얻은 이상 음식에 체하거나 부패한 음식을 먹어 부작용이 생길 수 있고, 말을 잘못하여 큰 손해를 당하거나 궁지에 몰릴 우려가 있다.

그렇다고 해서 귀하의 운세가 나쁘다고 평하지 않는다. 주의만 하면 좋은 음식만을 가려 구복(口腹)을 즐길 수 있고, 말만 잘 하면 천냥 빚도 갚는다는 식으로 그 말을 잘 한 효과가 백 퍼센트 발휘되니 말이다.

현재 생활이 궁핍하다면 머지않아 의·식은 충분히 해결될 징조다. 소원은 귀하의 말에 따라 성불성(成不成)이 정해지는데 될수록 말을 줄이는 게 유리하다.

연애·혼인이 성립되는바 좋아하는 상대가 있으면 망설이지 말고 프러포즈하거나 청혼해 보라. 반응이 좋으리라 믿는다.

7 · 5

먼저 7을 얻고 뒤에 5를 얻으면 주역괘로 산풍고(山風蠱)라 한다.

고(蠱)는 '벌레먹다', '일하다'의 뜻이다. 그러므로 요즘처럼 아직 일할 나이에 정리해고를 당하거나, 하청업자로서 일거리가 없거나, 취직을 못해 놀고 있는 사람에게는 많은 일거리가 생길 수 있다.

그러나 한편으로 이 괘는 점점 좀먹어 들어간다는 의미가 있는 만큼 사업의 부진, 재산상의 적자, 신체 내부의 질병 등 좋지 못한 일이 생길 수 있다는 예고로도 풀이된다. 마치 보이지 않는 이면에서 좀벌레가 야금야금 갉아 먹어감으로 인해 성하던 것이 하루하루 부패하고 줄어드는 형상이다. 귀하가 만일 사업을 경영중이라면 내부에 숨어 있는 좀이 무엇인가를 발견해서 제거·정비해야 되고, 건강에 약간이라도 이상이 느껴지면 서둘러 병원을 찾아 세밀한 진단을 받아야 '가래로 막을 일을 호미로 미리 막는 것'이 된다.

연애, 결혼 등은 희망이 있다. 상대를 딴 데서 찾지 말고 귀하의 가까운 주변에서 찾아보라.

7 · 6

먼저 7을 얻고 뒤에 6을 얻으면 주역괘로 산수몽(山水蒙)이라 한다.

귀하가 당면한 운세는 마치 알 속에서 갓 깨어난 새끼 새에 비유할 수 있다. 새끼 새는 적으로부터 도망쳐 날 수도 없고, 세상 밖에 자신을 먹이로 노리는 적이 있다는 것도 모르므로 얼마 동안은 어미새의 보호를 받아야 한다.

또는 갓 땅 속을 헤치고 나온 어린 싹과 같다. 어린 싹은 곱게 가꾸지 않으면 망가지기 쉽다. 귀하가 아무리 뛰어난 재능과 영웅적 포부를 지녔더라도 지금은 성공할 때가 아니다. 모르긴 해도 현재 어찌해야 좋을지 몰라 고민하고 있는 모습이다. 평소에는 빠른 두뇌회전을 자부해 왔더라도 매듭이 풀리지 않을 때는 어쩌는 도리가 없다. 귀하가 만일 어떤 일이든 간에 어려움에 처하여 해법을 찾기 어렵거든 혼자서 고민하지 말고 속히 선배나 유능한 사람을 찾아가 협조를 구해야 한다. 정신적으로 혼란이 올 때는 잘 알던 길도 잃어버리기 때문이다.

이성교제는 상대방에게 기만을 당하고 있는 모습이다. 이 시점에서 새로이 만나 교제하는 이성이 있다면 일단 접촉을 보류하고 친한 벗이나 경험이 많은 사람에게 상의해 보는 것이 좋겠다.

7·7

먼저 7을 얻고 뒤에도 7을 얻으면 주역괘로 중간산(重艮山)이라 한다.

간(艮)은 산이다. 산이 겹쳐 산 넘어 산이요, 산 넘어 산을 넘으려면 고난이 따르고 힘에 겨워 가다가 멈추는 수도 있다. 그래서 진행 도중에 더 나아가지 못하고 멈추게 된다는 의미로 풀이한다. 그러므로 이 점괘의 주인공은 앞길이 산 넘어 산이다. 힘과 재력은 모자라고 타개해야 될 일은 태산과 같다. 어차피 피해 갈 수 없는 일인 만큼 하는 데까지 해 보지 않을 수 없지 않은가. 그렇더라도 급히 서두르면 아무것도 안 된다. 백절불굴의 강한 의지와 신념을 가지고 차근히 일을 처리해 나가되, 경우에 따라서는 한 걸음 물러서서 나아갈 길을 재정비하여 재도전한다면 난관을 극복하고 정상 도전의 깃발을 꽂을 것이다.

하지만 당분간은 전진하기 어려운 운세에 처해 있으므로 분수를 지키면서 추세의 흐름을 따라 행동하는 게 상책이다. 건강은 좋은 편이지만, 환자인 경우 치유가 오래간다.

연애·결혼은 남성의 경우 북방에 인연이 있으며, 여성은 동쪽 가까운 곳에 연애나 결혼 대상자가 있으니 참작하기 바란다.

7·8

먼저 7을 얻고 뒤에 8을 얻으면 주역괘로 산지박(山地剝)이라 한다.

박(剝)은 '깎이다'의 뜻이다. 현 시점에서 누군가 귀하를 시기하여 명성과 인격을 깎아내리고 있음을 알려주는 점괘다. 분수 밖의 일에 욕심을 내거나, 교만한 행동은 상대방에게 귀하를 무너뜨리는 구실거리가 된다. 이런 운세에서는 한 걸음 물러서서 겸손히 행동하고 양보하는 게 현재의 위치를 지켜나가는 방법이다.

문학이나 예술 계통을 전공하는 분이라면 얼마 동안 활동을 중지하고 때를 기다렸다가 적당한 기회에 작품을 내거나 무대에 등장하는 게 유리하다.

또한 공관직에 근무하는 입장이라면 하찮은 금품도 받지 말아야지 만약 일을 잘 봐달라는 명목으로 금품을 받는다면 바로 그 자리에서 물러나게 되는 원인이 된다.

그리고 가능하면 근무처 출퇴근 이외는 외출을 삼가고, 특별한 일이 없는 한 사람 접촉을 하지 않는 게 좋다.

건강은 현재 앓고 있는 중이라면 악화될 우려가 있으니 주의하라. 단 수술에 의한 치료는 유리하다.

시험·취직은 다음 기회를 이용하는 게 좋다.

이성교제는 상대방을 만날 때 친구나 동료를 함께 참석시키지 않는 게 좋다. 결혼은 남성에게만 희망이 있다.

8·1

먼저 8을 얻고 뒤에 1을 얻으면 주역괘로 지천태(地天泰)라 한다.

태(泰)는 '크다', '태평하다', '형통하다'의 뜻과 통하므로 64괘 가운데 가장 좋은 괘상이다. 그러므로 귀하의 운세는 아무런 근심이 없이 순조롭게 진행되면서 아울러 천우신조(天佑神助)의 행운까지 있다.

글에 이르기를 "하늘과 땅이 합심하여 천지간에 있는 만물을 양육하니, 땅에는 백곡이 풍성하여 온 백성이 배불리 먹고 행복하게 살아간다" 하였으니 이 점괘를 얻은 주인공은 순풍에 돛단배와 같이 모든 일이 순조롭게 진행된다. 가정에서는 가족간의 화목이 이루어지고, 직장에서는 윗사람과 아랫사람 그리고 동료들 간에도 화합이 잘 이루어지므로 그야말로 화기애애한 모습이다.

한편 이 점괘가 너무 좋기 때문에 도리어 우려가 없지는 않다. 근심걱정이 없으므로 자칫 나태해지기 쉽고, 지나친 낙천성으로 현실이야 어떻든간에 천하태평으로 살아가는 주인공의 무책임한 모습도 일면에 보인다. 근심해야 될 일을 근심해야지 근심거리가 있는데도 근심하지 않는다면 어려움에 처하였을 경우 타개해 나갈 수 없기 때문이다.

이 시기에는 과분한 소원이 아니면 쉽게 이루어지며, 웬만한 골칫거리는 해소된다. 건강은 좋은 상태이나, 노인이 병을 얻었거나 오래 앓던 중병환자는 생명이 위태롭다.

연애는 라이벌이 있다. 그러나 기다리면 성공하며, 현재 오고가는 말이 있는 혼사라면 이루어진다.

8 · 2

먼저 8을 얻고 뒤에 2를 얻으면 주역괘로 지택림(地澤臨)이라 한다.

임(臨)은 '군림하다'의 뜻으로서 관직에 있는 사람은 지위가 올라 거느리는 아랫사람이 늘게 되고, 어떤 모임이나 단체에서는 윗자리에 추대받는 데 좋은 기회라 하겠다.

이 괘의 글귀에 "큰 인물이 작은 인물들 위에 군림하니 윗사람이 아랫사람 위에 군림한다. 안에는 기쁨이 있고, 밖에서도 순조로우며, 혼인을 바라는 자에게 가장 좋다. 벼슬에 있는 이는 지위가 오르고 안팎으로 사람들과의 화합이 잘 이루어진다. 설사 어떤 재난이 이른다 해도 별탈이 없이 무마된다" 하였다.

국회의원, 지방자치단체장, 시 · 읍 · 면 의원 등에 출마한 사람이

이 점괘를 얻었다면 틀림없이 당선되리라.

한편 일은 매우 바쁘게 전개된다. 그러나 급하다 해서 대충대충 해 나가면 모처럼 이른 기회를 아깝게 놓친다. 서두르지 말고 하나하나 침착·성실하게 처리해 나가면 크게 발달한다.

모든 것은 대체로 귀하가 원하는 대로 이루어진다. 단 분수껏 바라고 무리가 아닌 소원에 한해서이다.

8 · 3

먼저 8을 얻고 뒤에 3을 얻으면 주역괘로 지화명이(地火明夷)라 한다.

이 괘상이 나온 이상 운세는 하향하고 있음을 알 수 있다. 그러므로 모든 일을 벌여 놓기보다는 규모를 줄여가면서 수습해 나가는 데 힘써야 한다. 이 괘상을 붕새가 날개를 접는 데 비유하였다. 붕새는 한번 날개를 펼쳐 날기 시작하면 만 리를 난다 하였다. 그렇더라도 바람이 거세고 하늘에서 뇌성벽력이 일어나면 일단 날개를 접고 기다렸다가 천후(天候)가 순해진 뒤에 다시 날개를 편다.

마찬가지로 귀하가 아무리 뛰어난 재능과 큰 포부를 지녔더라도 운이 쇠퇴할 무렵에는 진행을 멈추거나 한 걸음 물러났다가 기회가 이르면 다시 움직여야만 깊은 수렁에 빠지지 않는다. 좋은 길로 간다는 것이 왠지 모르게 험난한 길로 들어서게 되고, 밝은 곳을 뒤로 하고 어두운 곳으로 향해 가는 모습이라 하겠다. 아무리 슬기를 짜내도 일이 엇갈리고, 좋은 일을 해도 비난을 받으리니 어찌하랴. 이런 운세에는 바보처럼 져 주고 이익을 양보하며 자신을 낮춰야 소인의 모함에 빠지지 않는다. 그랬다가 쇠운(衰運)이 지난 뒤에 기지개를 켜고 일어나면 그간에 잃은 것을 다시 찾고 아울러 몇 계단 더 오르게 될 것이다.

연애·결혼 등 남녀를 막론하고 이성교제를 시작할 때가 아니며, 혼인 결정도 보류하라. 속임을 당하기 쉽다.

8·4

먼저 8을 얻고 뒤에 4를 얻으면 주역괘로 지뢰복(地雷復)이라 한다.

이 괘는 모래를 일구어 금을 얻는 상이요, 모든 일이 몇 번이고 되풀이되는 격이라 하였다. 모래를 일구어 금을 얻는 것은 노력한 보람이 있으나 그 얻는 것이 많지 않으며, 일이 되풀이되는 것은 노력해도 제자리걸음이 되리라는 뜻이다.

그러나 이 점괘는 또 다른 의미가 있다. 주인공은 지난날 무엇인가 잃은 것을 다시 찾고자 노력하는 모습이다. 예를 들어 길을 가다가 돈지갑을 잃어버렸다면 그것을 찾기 위해 몇 번이고 왔다갔다하게 된다. 그러나 요는 이 잃은 것을 반드시 다시 찾는다는 데 이 괘의 핵심적인 의미가 있다. 아무리 찾을 수 있는 물건이라도 집안에 가만히 앉아서 누가 찾아다 주기를 기다린다면 소용이 없다. 찾으려는 성의와 노력만 있다면 되찾기가 가능한 운세라 지난날 재물, 지위, 명예, 사람 등 어느 것을 막론하고 잃은 것이 있을 경우 그것을 찾으려고 노력만 한다면 반드시 찾을 수 있는 찬스이니 어찌 나쁘다 하랴.

뿐만 아니라 이 점괘의 주인공은 겨울을 만나 고생하던 초목이 다시 새봄을 맞이한 것에도 비유된다. 지난날과 같은 곤액(困厄)이 거의 사라지고 머지않아 밝은 미래가 다가오고 있다.

특히 이 운세는 고향을 떠나 타향에서 방황하던 사람은 금의환향한다. 운수가 좋으므로 어두운 곳에서 밝은 곳으로 향하고, 소원이 이루어지며, 그간 건강이 나빴다면 회복된다.

헤어진 애인, 부부, 가족 등이 있다면 다시 만날 수 있는 기회다.

8 · 5

먼저 8을 얻고 뒤에 5를 얻으면 주역괘로 지풍승(地風升)이라 한다.

이 괘는 초목의 싹이 땅을 뚫고 밖으로 솟아나오는 기상에 비유되므로 매우 강성한 운세라 하겠다. 그러므로 웬만한 장애물쯤은 앞에서 가로막는다 할지라도 두려울 게 없다. 강한 운세가 그 장애물을 밀어내고 전진할 수 있기 때문이다.

귀하의 운세는 입신출세(立身出世)하는 데 상승(上昇)의 기운이 다가오고 있음을 알려준다. 처음에는 보잘것없는 지위나 위치에 있던 사람이 능력을 인정받아 동료·경쟁자를 물리치고 승진하게 되며, 또는 처음에 적은 자본으로 시작한 사업이 일취월장 규모가 늘어날 징조라 하겠다. 그런데 운세가 이와 같이 강하다 해서 더 빨리 발전하려고 서두른다면 도리어 중도에서 좌절당한다는 점을 알아야 한다. 봄에 심은 곡식은 아무리 급해도 가을을 기다려야 열매를 얻을 수 있는 이치와 같기 때문이다.

남녀 모두 연애나 혼인 원하는 대로 이루어진다. 특히 여성은 미혼이면 좋은 배필감을 만나고, 기혼이면 임신될 가능성이 많다.

8 · 6

먼저 8을 얻고 뒤에 6을 얻으면 주역괘로 지수사(地水師)라 한다.

이 괘는 용맹한 장수가 군사들을 거느리고 보무 당당하게 싸움터를 향해 가는 모습이다. 그래서 이 점괘의 주인공은 현재 자신감이 넘치고 기개가 장대함을 알 수 있다. 그러나 싸움에는 숱한 어려움과 위험을 수반하는 것처럼 지금 귀하의 처지가 고난과 위험 속에 처해 있는지도 모른다.

귀하가 그저 남의 밑에서 일이나 해주고 월급을 받아 평범하게 살아가는 입장이라면, 그리고 평범한 가정주부라면 운세가 좋다 나쁘다 할 수 없다. 다만 가정 내에서 자녀교육 문제로 신경을 써야 할 일이 생길 수는 있다. 그러나 귀하가 어느 기관의 높은 신분이거나 경영주라면 기밀이 새지 않도록 단속하고, 아랫사람들과 허심탄회한 의견교환을 해서 사업이 더 발전할 수 있는 묘책을 얻어낼 때다.

귀하는 이 괘를 얻은 것으로 보아 아무래도 평범한 신분이 아닌 것 같다. 뿐만 아니라 군졸을 거느린 장수와 같이 귀하 혼자가 아닌 여러 사람의 생활까지도 책임져야 할 무거운 짐을 지고 있는 입장인 것 같다. 그래서 더욱 일을 추진함에 있어 신중하고 망설여지고 있는 것이지만, 이제는 나아갈 뿐 물러설 수 없는 처지이므로 거느린 사람들과의 화합과 협력에 힘써야 한다.

싸움이란 위험스럽고 겁나는 일이지만 이기기만 하면 전리품도 상당한 법이라 용기와 지혜로 필승을 기하기를 바란다. 아니 귀하는 현재 이길 수 있는 강한 운세다. 스포츠, 일 대 일의 게임 등에도 유리하고, 정적(政敵)이나 연적(戀敵)도 이 기회에 물리치면 좋겠다.

8·7

먼저 8을 얻고 뒤에 7을 얻으면 주역괘로 지산겸(地山謙)이라 한다.

이 괘상의 교훈은 현 시점에서 겸양하는 것보다 더 좋은 방법이 없다는 뜻이다. 주역 계사전의 겸괘(謙卦) 글귀에는 다음과 같은 내용이 기록되어 있다.

天道는 虧盈而益謙하고,
地道는 變盈而流謙하고,
鬼道는 害盈而福謙하고,
人道는 惡盈而好謙이니라.

즉 "하늘은 가득한 것을 덜어 겸손한 이에게 보태주고, 땅은 가득한 것을 변화시켜 겸손한 이에게 흘러넣어 주며, 귀신은 가득한 이를 해롭게 하고 겸손한 이를 복 주며, 사람은 가득한 이를 미워하고 겸손한 이를 좋아한다" 하였다.

하늘과 땅이란 천지신명(天地神明)이다. 모르긴 해도 귀하는 여러 사람들에게 시샘으로 인한 미움을 받고 있는 것 같다. 지위가 높아도 시기하고, 돈이 많아도 시기하며, 명예나 인기가 높거나 인물이 잘생겨도 시기하여 미움을 받는 수가 있다. 그러므로 이 점괘를 얻은 이상 돈이 많으면 그것을 덜어 가난한 이에게 보태주고, 지위·인기·지식 등이 높으면 평소보다 더욱 겸손하게 처세하면서 이익 따위를 양보해야만 천지신명과 귀신, 사람의 미움을 받지 않아 재난을 미연에 예방하고 아울러 복을 받는다 하겠다.

겸(謙)은 겸손·양보를 뜻하니 당분간은 가능한 한도 내에서 모든 것을 양보하는 게 좋다.

8 · 8

먼저 8을 얻고 뒤에도 8을 얻으면 주역괘로 중곤지(重坤地)라 한다.

곤(坤)은 땅이요, 땅은 만물을 거부하지 않고 수용하고 생장하는 덕이 있으며, 또 곤괘는 자비로운 어머니의 상이다. 그러므로 이 괘의 주인공은 많은 사람들에게 덕을 베풀고 있는 인물이거나, 앞으로 덕을 베풀면 큰 복을 받으리라는 뜻이다.

또 곤(坤)이 뜻하는 땅은 하늘 아래 낮은 곳에 위치한 것이므로 신분적으로 매우 낮은 위치에 있다고도 보겠다. 말하자면 관공서, 회사 등의 신입관료나 신입사원 또는 경험이 적은 사업초년생으로도 볼 수 있다. 땅은 만물을 생장시키는 거룩한 덕을 지니고 있으면서도 하늘의 뜻에 따르고 하늘을 받듦으로써 하늘과 땅의 평화를 이룬다.

현재는 낮은 신분 혹은 초보적인 위치에 있어 이로 인한 곤액과 약간의 수모를 받게 되나, 겸허한 마음으로 참으면서 성실하게 살아가면 장차 무한한 발전이 따른다.

모든 것을 순리대로 따르고, 오직 성실과 신뢰로써 처세하면 귀하가 세운 모든 이상은 반드시 성취된다.

청탁, 연애, 결혼, 취직 같은 소원은 당장은 어렵지만 머지않아 이루어진다.

비 법 사 전

2013년 12월 20일 발행

지은이 | 한중수

펴낸이 | 박준기

펴낸곳 | 도서출판 동반인

＊동반인은 도서출판 맑은소리의 동양학 관련 출판 부문입니다.

주　소 | 서울시 금천구 가산동 550-1 롯데 IT 캐슬 2동 1105호

전　화 | 02) 857-1488

팩　스 | 02) 867-1484

등　록 | 제 10-618호(1991.9.18.)

ISBN 978-89-7952-162-7　03140